CONTROLO DAS CONCENTRAÇÕES DE EMPRESAS

(DIREITO COMUNITÁRIO E DIREITO PORTUGUÊS)

CAROLINA CUNHA

CONTROLO DAS CONCENTRAÇÕES DE EMPRESAS

(DIREITO COMUNITÁRIO E DIREITO PORTUGUÊS)

O CONTROLO DAS CONCENTRAÇÕES DE EMPRESAS
(DIREITO COMUNITÁRIO E DIREITO PORTUGUÊS)

AUTOR
CAROLINA CUNHA

EDITOR
EDIÇÕES ALMEDINA SA
Rua da Estrela, n.º 6
3000-161 Coimbra
Telef.: 239 851 905
Fax: 239 851 901
www.almedina.net
editora@almedina.net

EXECUÇÃO GRÁFICA
G.C. – GRÁFICA DE COIMBRA, LDA.
Palheira – Assafarge
3001-453 Coimbra
producao@graficadecoimbra.pt

ABRIL 2005

DEPÓSITO LEGAL
223988/05

Toda a reprodução desta obra, por fotocópia ou outro qualquer processo,
sem prévia autorização escrita do Editor,
é ilícita e passível de procedimento judicial contra o infractor.

NOTA DE APRESENTAÇÃO

Este trabalho retoma e desenvolve as matérias leccionadas aos três primeiros Cursos de Pós-Graduação em Direito das Empresas organizados pelo IDET, no âmbito da segunda parte da disciplina Direito das Empresas, em cuja docência tivemos o gosto de colaborar com o Prof. Doutor Coutinho de Abreu. A ele se deve o incentivo para a publicação, sob a forma de livro, de uma versão (bastante) alargada dos apontamentos que foram sendo disponibilizados aos alunos.

O direito da concorrência está longe de ter atingido, entre nós, um grau de divulgação consentâneo com a sua importância jurídico-económica. Gostaríamos que este livro fornecesse a todos os interessados uma ferramenta concisa e actualizada para o estudo do regime aplicável ao controlo das concentrações de empresas – não apenas no plano comunitário, propenso a atrair as luzes da ribalta, como também no plano nacional, amiúde negligenciado.

Foram tidos em conta os dados normativos anteriores a Janeiro de 2005 – incluindo, naturalmente, o Regulamento (CE) n.º 139/2004 do Conselho, de 20 de Janeiro de 2004, e a Lei n.º 18/2003, de 11 de Junho. As decisões das autoridades de defesa da concorrência e dos tribunais são abundantemente referidas para ilustrar a abordagem prática dos temas em análise.

Coimbra, Fevereiro de 2005

CAROLINA CUNHA

SIGLAS E ABREVIATURAS

AACS	– Alta Autoridade para a Comunicação Social
AdC	– Autoridade da Concorrência
CC	– Conselho da Concorrência
CCiv	– Código Civil
CE	– Comunidade Europeia
Cfr.	– Confira
CObj	– Comunicação de Objecções
Col.	– Colectânea da Jurisprudência do Tribunal
ComCCct	– Comunicação da Comissão relativa ao conceito de concentração de empresas
ComConsP	– Comunicação da Comissão relativa às regras de procedimento interno para o tratamento dos pedidos de consulta do processo
ComEmpC	– Comunicação da Comissão relativa ao conceito de empresas em causa numa operação de concentração
ComMRv	– Comunicação da Comissão relativa à definição de mercado relevante para efeitos do direito comunitário da concorrência
ComPrSimp	– Comunicação da Comissão relativa a um procedimento simplificado para o tratamento de certas operações de concentração
ComRA	– Comunicação da Comissão relativa às restrições directamente relacionadas e necessárias às operações de concentração

ComRemss	– Comunicação da Comissão sobre a remessa de casos relativos a concentrações
ComSols	– Comissão sobre as soluções passíveis de serem aceites nos termos do Regulamento das Concentrações
ComVNegs	– Comunicação da Comissão relativa ao cálculo do volume de negócios
CPA	– Código do Procedimento Administrativo
CRP	– Constituição da República Portuguesa
DecFAud	– Decisão da Comissão de 23 de Maio de 2001 relativa às funções do auditor em determinados processos de concorrência
ECA	– European Competition Authorities Network
ed.	– Edição
EsttAdC	– Estatutos da Autoridade da Concorrência
FormNtf	– Formulário de Notificação de Operações de Concentração de Empresas
I&D	– Investigação e desenvolvimento
JO	– Jornal Oficial das Comunidades Europeias
LADA	– Lei de Acesso aos Documentos Administrativos
LDC	– Lei de Defesa da Concorrência
"Orientações"	– Orientações para a apreciação das concentrações horizontais nos termos do regulamento do Conselho relativo ao controlo das concentrações de empresas
reeimp.	– Reimpressão
RegCct	– Regulamento das Concentrações
RegExec	– Regulamento de Execução
RGCO	– Regime Geral das Contra-Ordenações
Tratado	– Tratado de Roma
TPI	– Tribunal de Primeira Instância
TJ	– Tribunal de Justiça das Comunidades Europeias

I. A DEFESA DA CONCORRÊNCIA E AS OPERAÇÕES DE CONCENTRAÇÃO

A) *A teoria económica e os fundamentos normativos do direito da concorrência*

O direito da concorrência fornece o quadro e as ferramentas para uma intervenção jurídica do Estado na economia, destinada a controlar e sancionar certos comportamentos das empresas.

Dado o alcance e as consequências de semelhante intervenção – que pode impor restrições significativas à liberdade empresarial e sancionar pesadamente os comportamentos reputados ilícitos –, compreende-se a importância de nos interrogarmos, previamente, sobre o *fundamento do direito da concorrência* e sobre as concepções que legitimam a actuação das entidades encarregadas de o aplicar.

É comum avançar-se a ideia de que este ramo do direito visa salvaguardar a estrutura concorrencial dos mercados, tutelando, nessa medida, *a concorrência como um valor em si*. E tal opção alicerça-se nos benefícios que a teoria económica demonstra estarem associados ao modelo da concorrência perfeita, em contraste com o carácter nocivo dos monopólios e oligopólios[1].

---

[1] Não pretendemos, na breve resenha explicativa que fazemos no texto, «concorrer» com os manuais de economia que detalhadamente abordam o assunto – e nos quais, aliás, amplamente nos baseamos. Julgamos, apenas, útil e conveniente, como ponto de partida da nossa exposição predominantemente jurídica, recordar as linhas gerais do ensinamento da teoria económica, dada a importância que assume em sede de direito da concorrência. Pelo que, como fonte dos conteúdos que no texto abordamos e para o desenvolvimento das ideias

1. CONCORRÊNCIA PERFEITA, MONOPÓLIO E OLIGOPÓLIO

I – Funcionamento de um mercado em concorrência perfeita; II – Funcionamento de um mercado monopolista; III – Funcionamento de um mercado oligopolista.

I – É um dado adquirido que os bens são escassos, tendo em conta as necessidades humanas. Se a sua distribuição for feita através de um sistema de mercado, os preços serão, simultaneamente, o reflexo das e a resposta às decisões tomadas por produtores e consumidores. Ora, *um mercado em situação de concorrência perfeita* tende a atingir um grau óptimo de eficiência na produção e distribuição dos recursos[2], maximizando o bem-estar dos consumidores (*consumer welfare*). Os recursos existentes na economia serão repartidos pela produção dos diversos bens e serviços na proporção adequada, tomando como indicador as preferências expressas pelos consumidores através do preço que estão dispostos a pagar no mercado. Não há desperdício de recursos produtivos e os bens e serviços tendem a ser produzidos pelo mais baixo custo possível, ao mesmo tempo que aumentam os incentivos à inovação e ao desenvolvimento de novos produtos[3]. Deste modo

---

aí avançadas, podem ver-se (entre muitos outros), R. LIPSEY/ P. COURANT/ C. RAGAN, *Economics*, 12ª ed., Addison-Wesley, 1999, pp. 70, ss., *passim*; M. PARKIN/ M. POWELL/ K. MATTHEWS, *Economics*, 3ª ed., Addison-Wesley, 1997, pp. 71, ss, 258, ss., e 310, ss., *passim*; F. PEREIRA DE MOURA, *Lições de Economia*, 4ª ed. (reimp.), Almedina, Coimbra, 1986, pp. 55, ss., e 155, ss.; S. DAVIES/ B. LYONS (colab. H. DIXON/ P. GEROSKI), *Economics of Industrial Organisation*, Longman, 1992, pp. 26, ss., *passim*.

[2] Sobre os conceitos de *productive efficiency* e de *allocative efficiency*, ver, por exemplo, HERBERT HOVENKAMP, "Antitrust policy after Chicago", *Michigan Law Review*, 1985, vol. 84, n.º 2, pp. 213-284, pp. 237, ss.

[3] Assim se compreende, também, o estímulo que estes mercados conferem à inovação, em particular como expediente para a redução de custos. Para uma análise mais complexa da teoria da invenção e da inovação, cfr. S. DAVIES/ /B. LYONS, *Economics of Industrial Organisation*, cit., pp. 196, ss.

se atinge, explica a teoria económica, uma situação reputada ideal, correspondendo a uma combinação de *inputs/outputs* óptima, no sentido em que não seria possível melhorar a situação de alguém sem piorar a de outrem

Para que este cenário tenha lugar, contudo, *deve o mercado apresentar determinadas características*, no que respeita à sua estrutura e ao comportamento dos agentes que nele actuam[4]. Desde logo, tanto os produtores como os compradores devem ser numerosos e possuir idêntica dimensão, não podendo estar ligados por quaisquer acordos de colusão; devem, ainda, tomar decisões racionais e esclarecidas: os produtores visarão a maximização do seu lucro, os consumidores a maximização da sua satisfação. O produto transaccionado terá de ser homogéneo, de modo a que os bens oferecidos por cada produtor sejam perfeitamente substituíveis pelos que oferece o vizinho, e toda a informação relativa aos preços e outras condições será transparente, tanto para vendedores como para consumidores. Por fim, exige-se que não existam barreiras significativas à entrada de novos produtores e que haja mobilidade quer dos consumidores, quer dos factores de produção.

Nestas condições, a intersecção entre a curva da procura e a curva da oferta exprimirá aquele equilíbrio óptimo, *traduzido no preço de mercado*. E porquê? Analisemos sucintamente os mecanismos que subjazem às decisões dos consumidores e (sobretudo) às decisões dos produtores, responsáveis pela formação das curvas da procura e da oferta.

Os consumidores, ensina a teoria económica, ao pretender satisfazer as suas necessidades, decidem que bens irão comprar e em que quantidades essencialmente em função do rendimento de que dispõem e do preço dos bens[5]. Partindo do pressuposto de que

---

[4] Para uma exposição e crítica do paradigma "structure-performance", S. DAVIES/ B. LYONS, *Economics of Industrial Organisation*, cit., pp. 166, ss.

[5] Há, naturalmente, outros factores importantes além do preço do produto e do rendimento disponível – como os gostos e preferências; o preço dos produtos afins; a distribuição do rendimento; a população; as próprias expectativas acerca

quanto mais se tem de um determinado bem, menos se estará na disposição de pagar para adquirir cada unidade adicional, é fácil concluir que quanto mais baixo for o preço, mais elevada tenderá a ser a quantidade consumida. Daí a *configuração descendente da curva da procura*: a um preço elevado serão diminutas as quantidades consumidas; a um preço reduzido, aumentarão as quantidades adquiridas[6].

Os produtores, por seu turno, decidem quanto produzir e a que preço vender em função dos custos de produção, da tecnologia disponível e dos preços. Cada produtor tenderá a expandir a sua produção até ao ponto em que o custo suportado pelo fabrico de cada unidade suplementar *iguale* o proveito resultante da venda de cada unidade suplementar. A partir desse ponto, já não compensa racionalmente continuar a produzir, pois cada unidade suplementar terá um custo superior ao proveito que gera. Todavia, no ponto exacto em que o custo e proveito se equivalem, ainda compensa produzir essa unidade: ao contrário do que se poderia pensar, o ganho não é nulo, pois a noção operativa de custo inclui já uma parcela correspondente ao lucro do empresário, a título de retorno do investimento.

Vertendo estas ideias em conceitos técnicos, diremos que os produtores irão dilatar a sua produção até ao ponto em que *a curva do custo marginal* intercepta *a curva da receita marginal*. Tem sido demonstrado que o custo marginal (aquele em que a empresa incorre

---

do futuro. Sobre a influências destes factores na curva da procura, cfr. R. Lipsey/ /P. Courant/ C. Ragan, *Economics, cit.*, pp. 73, ss.

[6] Isto, claro, mantendo todas as outras variáveis constantes e sem entrar em ulteriores complexidades. Ilustrando com um exemplo de escola, se um sujeito que dispõe de um rendimento de 10.000 pretender satisfazer as necessidades de deslocação do seu agregado familiar, não considerará sequer a hipótese de comprar um automóvel se este custar 6.000; caso o preço seja de 3.000 provavelmente considerará a hipótese, acabando por a rejeitar; apenas estará disposto a comprar um carro se o preço pedido for de 1.500. Contudo, não compraria um segundo automóvel mesmo que este custasse apenas 1.200, embora talvez aceitasse comprar dois carros se o preço de cada um fosse 800.

para produzir cada unidade extra), inicialmente estável, começa a crescer assim que se principia a forçar a capacidade de produção existente. Quanto à receita marginal, corresponde, *grosso modo*, ao preço de venda ao público de cada unidade extra. Portanto, a quantidade produzida tenderá a expandir-se até ao ponto em que o custo marginal venha a igualar o preço de venda. Por conseguinte, quanto mais elevado for o preço de venda, maiores tenderão a ser as quantidades oferecidas pelos produtores – o que explica a *configuração ascendente da curva da oferta*.

Sucede que, num mercado em concorrência perfeita, cada produtor é um *price taker*, quer dizer, não tem, por si só, possibilidade de influenciar o preço formado no mercado pelo mecanismo de interacção entre a procura e a oferta. Se praticar um preço inferior, perde oportunidades de ganho; se praticar um preço superior, perde vendas – pelo que apenas pode tomar verdadeiras decisões no que toca às quantidades a produzir. Irá, assim, expandir a sua produção até que o seu custo marginal coincida como preço de mercado. Daqui decorre que, num mercado em concorrência perfeita, quanto mais elevado for o preço de mercado, *maiores tenderão a ser as quantidades produzidas*.

Tendo tudo isto em consideração, compreende-se *a optimização* gerada pelo modelo da concorrência perfeita: o preço forma--se no ponto intersecção da curva da procura com a curva da oferta; a um preço inferior, a oferta não chegaria para satisfazer a procura; a um preço superior, não haveria procura suficiente para escoar a oferta.

Claro que este equilíbrio não é estático mas *dinâmico*, continuamente sujeito a flutuar e a refazer-se. Se, por hipótese, as preferências dos consumidores vierem a sofrer uma alteração (*v.g.*, por um fenómeno de moda), de forma a que, para um dado preço, passem a ser maiores as quantidades procuradas, num primeiro momento o preço de mercado tenderá a subir, cruzando-se a nova curva da procura com a preexistente curva da oferta num limiar superior ao inicial. Mas, gradualmente, as oportunidades de lucro irão atrair mais produtores para aquele domínio, conduzindo à formação de uma nova curva da oferta e à descida do preço de mercado. E o inverso também será verdadeiro: se a alteração das preferências dos consumidores determinar uma redução da procura, o preço tenderá a descer, mas gradualmente, à medida que alguns produtores abandonam o sector, refar-se-á um novo equilíbrio. O mesmo vale, *mutatis mutandis*, para outros condicionalismos que possam afectar o comportamento das curvas da procura e/ou da oferta[7].

II – Por contraste, ensina a teoria económica que *um mercado monopolista* diminui o bem-estar dos consumidores e gera ineficiências tanto ao nível da distribuição dos recursos como da produção.

O exercício do poder de mercado pelo monopolista conduzirá a um aumento do preço e à concomitante redução das quantidades produzidas. Com isto, os consumidores ver-se-ão privados de bens e serviços pelos quais estariam dispostos a pagar o chamado preço de mercado (*i.e.*, o preço que se formaria em condições concorrenciais) e irão gastar o dinheiro em opções de segunda escolha, diminuindo o seu bem-estar. Quanto aos recursos económicos, não só serão distribuídos de forma ineficiente como serão, em boa medida, desperdiçados na aquisição e manutenção daquele poder de mercado. Devido à sua posição privilegiada, o monopolista não sentirá grande necessidade de reduzir os custos de produção, nem terá o mesmo incentivo para inovar e desenvolver novos produtos.

Para que este cenário se verifique cabalmente, é necessário que no mercado exista uma única empresa produtora, enfrentando sozinha a curva da procura, e que a ameaça de uma concorrência potencial esteja afastada pela presença de elevadas barreiras à entrada de concorrentes.

---

[7] Para uma deslocação da curva da procura podem contribuir os factores referidos *supra*, na nota (5). No que respeita à curva da oferta, sofre a influência do preço do produto, do custo dos factores de produção, da tecnologia e do número de concorrentes.

Verificadas estas condições, os consumidores virão a ser confrontados com o chamado *preço de monopólio*. Com efeito, o monopolista controla não apenas a decisão relativa às quantidades a produzir, mas, também, a própria decisão sobre o preço a cobrar no mercado. E sabe que, para conseguir vender uma maior quantidade de produto, terá que baixar o preço – não apenas o preço da unidade suplementar, mas o preço de todas as outras, já que será normalmente impossível discriminar entre elas[8]. Por isso, a sua receita marginal (o proveito resultante da venda de cada unidade suplementar) constitui uma curva *decrescente* (ao contrário do que sucedia no modelo da concorrência perfeita, em que a receita marginal era *constante*) e é sempre menor do que o preço (ao contrário do que sucedia no modelo da concorrência perfeita, em que a receita marginal coincidia com o preço), dadas as repercussões negativas da descida do preço relativo às unidades anteriores.

Neste quadro, a curva ascendente do custo marginal vai interceptar a curva descendente da receita marginal mais cedo (*i.e.*, com menores quantidades sendo produzidas) do que no modelo da concorrência perfeita – o que significa, afinal, uma menor produção a preços mais elevados. Dito de outro modo: o monopolista reduz deliberadamente as quantidades produzidas de forma a conseguir praticar preços mais altos e, assim, maximizar o seu ganho[9].

---

[8] Por exemplo: se ao preço de 5 por unidade o monopolista vendia 100 unidades e se para conseguir vender 120 unidades se vê compelido a descer o preço para 4, *o que aproveita por vender mais 20 unidades* não é 4 por unidade, mas apenas 3. Vejamos. Apesar de serem vendidas por 4, há que ter em conta o que o monopolista perde nas 100 unidades anteriores, vendidas igualmente por 4 (100x5=500, mas 120x4=480, logo há um diferencial negativo de 20). Tal perda tem que ser abatida ao proveito 'bruto' da venda das 20 unidades suplementares (de modo a que 20x4=80, mas depois 80-20=60). Finalmente, dividindo o proveito 'líquido' pelas unidades adicionais, temos que 60/20=3. Para outros exemplos e interpretações detalhadas, R. LIPSEY/ P. COURANT/ C. RAGAN, *Economics, cit*, pp. 232-234.

[9] Ganho representado, graficamente, pela distância entre a curva da receita marginal e a curva do preço.

Ora, explicam os economistas, quando o preço de um bem é fixado acima do seu custo marginal (que já inclui, recorde-se, o lucro do empresário) gera-se ineficiência: vai-se impedir a aquisição desse bem por aqueles consumidores que estariam dispostos a pagar o preço de mercado (aquele que equivale ao custo marginal). Tais consumidores vão, em alternativa, despender o seu rendimento em bens de segunda escolha, assim estimulando a respectiva produção – o que conduz, do ponto de vista global, a uma distribuição ineficiente dos recursos, na medida em que não reflecte as verdadeiras preferências dos consumidores.

III – Fenómeno análogo tende a ocorrer num *mercado oligopolista*, caracterizado pela existência de um reduzido número de empresas, onde factores como a homogeneidade do produto, a transparência dos preços e a facilidade em detectar comportamentos desviantes propiciam a adopção de acordos colusivos entre os concorrentes.

Em mercados deste tipo, se o preço estiver fixado acima do nível competitivo (normalmente por acção do concorrente mais forte, o chamado *price leader*), é natural que aí permaneça. Pois se é verdade que, no imediato, qualquer um dos oligopolistas teria a ganhar com a prática de um preço inferior (pelo aumento das vendas), não é menos certo que, em breve, os restantes o seguiriam e o preço tenderia a fixar-se num nível inferior, perdendo, todos eles, os lucros anormais (supracompetitivos) que até então auferiam.

Acresce que, caso o responsável pela fixação do preço elevado seja o *price leader*, os concorrentes mais fracos inibirão uma descida de preços pelo receio de que o mais forte venha a retaliar, adoptando comportamentos predatórios (*v.g.*, vendas abaixo do custo).

2. DIFICULDADES DE UMA ABORDAGEM (PURAMENTE) ECONÓMICA DO DIREITO DA CONCORRÊNCIA

I – Objecções metodológicas; II – Dificuldades práticas e de construção teórica; III – Desvalorização do modelo da concorrência perfeita.

I – Compreende-se a sedução que estas proposições explicativas encerram: é fácil subscrever como desejáveis os resultados para que apontam – a eficiência na produção e distribuição dos recursos, o bem-estar dos consumidores.

Todavia, a racionalidade específica do direito não pode identificar-se com uma *racionalidade exclusivamente teleológica,* assente numa legitimação pelos resultados ou efeitos[10]. A racionalidade jurídica «terá de satisfazer a exigência de uma *fundamentação material*»[11] que confira *validade* normativo-jurídica ao juízo decisório concreto. E esta validade é «pressuponente e *a priori*», enquanto que aquela legitimação é consequente «e, assim, em último caso, [dotada] de uma contingência *a posteriori*».

Além desta objecção de fundo, de *índole metodológica*, a abrir caminho à descoberta de verdadeiros fundamentos axiológico--normativos para o direito da concorrência, a abordagem económica depara-se com diversas dificuldades, não só em termos *procedimentais* como ao nível da própria *construção teórica*.

II – Desde logo – e sobretudo no que respeita à situação de concorrência perfeita –, os economistas utilizam *modelos teóricos assentes num conjunto de condições* (como a homogeneidade do

---

[10] Como salienta A. CASTANHEIRA NEVES – cujos ensinamentos seguimos e aplicamos no texto – nomeadamente em "O sentido actual da metodologia jurídica", *Boletim da Faculdade de Direito – Volume Comemorativo*, Coimbra, 2003, pp. 115, ss., pp. 132-134.

[11] A. CASTANHEIRA NEVES, *cit.*, p. 133, sublinhado nosso.

produto, a transparência do mercado ou a mobilidade dos factores de produção), condições que, nos mercados reais, nunca se encontram simultaneamente preenchidas. Esta discrepância leva-nos a questionar as virtualidades explicativas dos modelos quando concretamente aplicados e, mais do que isso, levantam o problema enfatizado pela *second best analisys*. Na verdade, como as condições do mundo real não coincidem exactamente com as dos modelos teóricos em cujo seio as teorias operam, nada nos garante, diz-se, que a intervenção normativa do direito da concorrência nelas alicerçada não vá substituir um equilíbrio mau por um equilíbrio ainda pior, ao invés de funcionar como um paliativo ou corrector de uma situação tida por indesejável[12].

Acresce a esta objecção a frequente *dificuldade em lograr um conhecimento exacto da própria situação concreta* sobre a qual o direito da concorrência equaciona intervir. Os custos de recolher e processar toda a informação relevante tendem a ser, em muitos casos, proibitivos[13]; a consequente ausência de dados empíricos cabais como suporte das decisões baseadas em premissas económicas dá azo à acusação, dirigida às autoridades de defesa da concorrência, de procederem a raciocínios especulativos.

Por outro lado, há que ter em conta a *existência de diversas teorias económicas*, por vezes contraditórias entre si, sobre as consequências dos comportamentos das empresas e sobre os resultados das concomitantes intervenções das autoridades de defesa da

---

[12] Cfr. L. SULLIVAN, *Handbook of the Law of Antitrust*, (7ª reimp.), West Group, 1998, p. 4, citando o exemplo do indivíduo preso numa na ilha estéril que sabe que existe uma ilha fértil vinte milhas a oeste. Está seguro de ficar em melhores condições se conseguir nadar vinte milhas para oeste; contudo nada lhe garante que melhore a sua situação se nadar apenas dezoito milhas para oeste ou se nadar vinte milhas mas noutra direcção.

[13] Sobre a dificuldade na recolha de dados empíricos, nomeadamente pela discrepância, no que toca ao comportamento da procura, entre a "intenção de adquirir" e a "efectiva aquisição", HERBERT HOVENKAMP, "Positivism in law & economics", *California Law Review*, 1990, vol. 78, n.º 4, pp. 815-852, p. 839.

concorrência no mercado[14]. O que vem aumentar a complexidade da tarefa do julgador/aplicador do direito: qual das teorias perfilhar? A que argumentos conferir peso preponderante? Se não dispuser, mais uma vez, de uma fundamentação material, extra-económica, que confira validade normativo-jurídica ao seu juízo decisório concreto, o mais certo é permanecer enredado nas malhas de uma racionalidade «tão-só tópica e retórica argumentativa», aceitando qualquer resultado judicativo sustentado pela observância das regras de uma argumentação correcta[15].

III – A todos estes embaraços vem somar-se a *contestação do carácter nocivo* de algumas formas de monopólio e oligopólio, com *implícita desvalorização* das vantagens do modelo da concorrência perfeita.

Referimo-nos, por exemplo, ao argumento dos monopólios naturais e das teses que defendem que, em certos sectores (*v.g.*, água, energia eléctrica, gás), a forma mais eficiente de exploração é a de um monopólio ou de um oligopólio restrito, desde que submetido a regulação estadual. Ou, também, às teses que sublinham a importância da dimensão das empresas devido à eficiência gerada pelas consequentes economias de escala. Ou, ainda, à 'legitimação' dos lucros supra-concorrenciais das empresas detentoras de poder de mercado através financiamento que possibilitam da inovação tecnológica e da sua conversão em aplicações economicamente úteis, com reflexos altamente positivos no bem-estar dos consumidores.

---

[14] Vejam-se a este propósito as observações ácidas de HERBERT HOVENKAMP, "Antitrust policy after Chicago", *cit.*, pp. 213-217.

[15] A. CASTANHEIRA NEVES, *cit.*, p. 133. Sobre a complexidade da situação em que se encontra o juiz/aplicador do direito da concorrência, confrontado com as falhas nas diversas teorias económicas e com a necessidade de considerar múltiplos factores para a sua correcta aplicação, DONALD F. TURNER, "The virtues and problems of antitrust law", *The Antitrust Impulse*, vol. II, "An Economic, Historical and Legal Analysis", org. T. P. KOVALEFF, M.E. Sharpe, 1994, pp. 953-966, p. 956.

E, para terminar este breve inventário das dificuldades com que se depara um direito da concorrência alicerçado numa abordagem puramente económica, não podemos deixar de referir *os problemas levantados pela actuação do próprio Estado*, cujas intervenções na economia são, muitas vezes, responsáveis por severas limitações da concorrência[16]. Isto provoca, como se compreende, um '*deficit* de legitimação' aos olhos dos agentes económicos privados que vêem as suas condutas sancionadas como anti-concorrenciais. A situação poderia ser melhorada se se decantassem, com clareza, os fundamentos jurídico-normativos e extra-económicos do direito da concorrência, de modo a que o poder estadual fosse confrontado, de forma mais aguda, com a sua força vinculante. Por outro lado, à luz de tais fundamentos, devidamente divulgados, talvez se tornassem socialmente mais compreensíveis as razões na origem das intervenções restritivas deste sector do direito.

3. OS FUNDAMENTOS NORMATIVOS DO DIREITO DA CONCORRÊNCIA E O PAPEL DA TEORIA ECONÓMICA

I – Emergência histórica do direito da concorrência; II – Possíveis fundamentos normativos; III – O postulado da concorrência praticável.

I – Concluímos, pois, que as teorias económicas desempenham um importante papel enquanto instrumento de compreensão da realidade sobre a qual o direito da concorrência pretende actuar, auxiliando, igualmente, na tarefa prática de traçar os contornos da actuação concretamente desejável. Todavia, como já foi pertinentemente observado, «se o direito da concorrência se pretende constituir como um

---

[16] Para uma inventariação, que em boa medida permanece actual, das limitações de concorrência introduzidas pela intervenção estadual, cfr. ALBERTO P. XAVIER, "Subsídios para uma lei de defesa da concorrência", *Ciência e Técnica Fiscal*, 1970, n.º 138 e 139, pp. 87-182 e 89-164, n.º 138, pp. 94, ss.

sistema jurídico, e não como um sistema de economia aplicada, terá de assentar em valores diferentes da eficiência distributiva»[17].

Com que sentido, então, se constitui um ramo do direito destinado a vigiar e controlar o exercício de poder de mercado e a sancionar as restrições a uma livre concorrência? As respostas, naturalmente, variam com a época, com o país e, sobretudo, com as concepções sócio-económicas e de política industrial[18].

Recorde-se, a este propósito, que estamos em presença de um ramo relativamente recente do direito. A *antitrust law* nasceu nos E.U. A., com a promulgação do *Sherman Act* em 1890, logo seguido pelo *Clayton Act* de 1914[19]. Pretendia-se, inicialmente, combater os

---

[17] L. SULLIVAN, *Handbook of the Law of Antitrust, cit.*, p. 11. Senão, como observa HERBERT HOVENKAMP, "Positivism in law & economics", *cit.*, p. 835, referindo-se aos adeptos do *Chicago-style law & economics*, estar-se-á a trocar um conceito amplo de 'bem-estar', oriundo das ciências sociais, por um conceito estrito de maximização de riqueza, baseado nas preferências do mercado. Criticando, de uma outra perspectiva, aquilo a que chama conceito unidimensional de eficiência, GIULIANO AMATO, *Antitrust and the bounds of power: the dilemma of liberal democracy in the history of the market*, Hart Publishing, Oxford,1997, p. 110, indaga por que razão o bem-estar dos consumidores se reduz a não ser forçado a gastar o rendimento em bens de segunda escolha, ao invés de incluir, também, factores como a diversidade de fontes de bens e serviços, a disseminação do potencial de inovação ou uma dinâmica de mercado que fomente o aparecimento de novos produtos.

[18] Sem embargo de se poder considerar, como faz VICTOR CALVETE, "De que falamos quando falamos de política de defesa da concorrência", *Estudos dedicados ao Prof. Doutor Mário Júlio Brito de Almeida Costa*, Universidade Católica Editora, 2002, pp. 1481-1506, pp. 1484-1486, que "ao procurar identificar algumas características definidoras da política de defesa da concorrência, e ao procurar acompanhar diacrónica e sincronicamente a sua configuração, surpreende-se uma maior constância (no tempo) e um menor contraste (no espaço) do que seria de esperar face às profundas diferenças nas realidades económicas, políticas e culturais".

[19] Cfr. ROBERT H. BORK, *The Antitrust Paradox – a policy at war with itself*, The Free Press, New York, 1978 (reimp. 1993), em especial pp. 19, ss., ou RICHARD A. POSNER, *Antitrust Law – an economic perspective*, The University of Chicago Press, 1976, pp. 23, ss.

cartéis, as concentrações horizontais de dimensão monopolística e os comportamentos predatórios, preocupações às quais se veio adicionar a repressão dos acordos exclusivos, da discriminação de preços e de certas restrições da concorrência envolvendo os mecanismos societários de aquisição de participações sociais.

No continente europeu, semelhantes preocupações só desembarcaram em massa após a Segunda Guerra Mundial[20], altura em que diversos países se dotaram de normas de defesa da concorrência. Pode dizer-se, contudo, que o grande impulso ao desenvolvimento e difusão do direito da concorrência foi dado pela construção europeia – de forma embrionária com o Tratado de Paris, que deu origem à Comunidade Europeia do Carvão e do Aço[21], mas, sobretudo, com o Tratado de Roma[22] e com o crescente acervo de decisões e textos normativos produzido pelas instâncias comunitárias sobre essa base.

Através de todos estes contextos, o direito da concorrência tem sido associado a fundamentos regulativos diversos, de que procuraremos fazer uma pequena resenha.

Não se olvide, contudo, a índole *sui generis* que o direito da concorrência também reveste enquanto *instrumento de política económica*[23], faceta que ajuda a compreender o carácter "intrinsecamente instável" dos equilíbrios que vai alcançando[24].

---

[20] Note-se, contudo, que data de 1923 a primeira lei alemã destinada a reprimir o abuso de poder económico

[21] Cfr. os artigos 4.°, 65.° e 66.°.

[22] Cfr. artigos 81.° e 82.° (artigos 85.° e 86.° da numeração inicial).

[23] Instrumento de política económica que, segundo M. NOGUEIRA SERENS, *A vulgarização da marca na Directiva 89/104/CEE, de 21 de Dezembro de 1988* (id est, *no nosso direito futuro*), Separata do número especial do *Boletim da Faculdade de Direito de Coimbra*, "Estudos em Homenagem ao Prof. Doutor António de Arruda Ferrer Correia", 1984, Coimbra, 1995, p. 188, nota (89), a legislação *anti-trust* sempre foi e nunca deixou de ser.

[24] No entender de WILLIAM E. KOVACIC, "Philosophical perspective: an introduction", *The Antitrust Impulse*, vol. II, "An Economic, Historical and Legal

II – Pela sua maior consistência e densidade, destaca-se, logo à partida, a posição que aproxima o direito da concorrência do *princípio normativo da justiça distributiva*. Se a ideia de 'eficiência distributiva' é, do ponto de vista jurídico, pouco mais do que axiologicamente neutra, o mesmo já não sucede com a ideia de justiça económica, a qual, aplicada ao mercado, determina que «os lucros deverão estar na proporção adequada dos custos e riscos suportados, e não deverão ser maiores do que o necessário para sustentar o investimento que os gerou»[25]. A esta exigência não respondem as situações de monopólio e oligopólio, em que os preços acima do nível competitivo geram uma transferência de riqueza dos consumidores para os monopolistas e oligopolistas consubstanciada nos chamados lucros anormais. A intervenção do direito da concorrência contribuiria, assim, para reduzir a margem de manobra da autonomia privada num campo onde a discricionariedade de poucos é materialmente susceptível de afectar o bem-estar de muitos[26].

Esta concepção parece susceptível de providenciar um esteio de «validade axiológico-normativamente vinculante»[27] ao direito da concorrência, o que não significa que também não possa ser, pontualmente, questionada. As objecções derivam, sobretudo, da consideração do substrato pessoal das empresas monopolistas e oligopolistas, substrato onde, devido aos fenómenos societários da dispersão de capitais e dos fundos de investimento e pensões, amiúde tendemos a encontrar não «poucos», mas sim «muitos» – porventura tantos, ou mais, e eventualmente, até, «os mesmos».

Analysis", org. T. P. KOVALEFF, M.E. Sharpe, 1994, pp. 575-604, p. 578, os objectivos do sistema *antitrust* são indeterminados, deixando às correntes políticas e sociais do momento a definição das orientações a seguir.

[25] L. SULLIVAN, *Handbook of the Law of Antitrust*, *cit.*, p. 5.
[26] ROBERTO PARDOLESI, "Gli aspetti giuridici di una politica di concorrenza", *Quadrimestri – Rivista di Diritto Privato*, 1988 n.º 3, pp. 558-589, p. 587, citando R. PITOFSKY.
[27] Novamente, A. CASTANHEIRA NEVES, *cit.*, p. 133.

Ganha, por isso, peso suplementar a tese que filia o direito da concorrência na necessidade de submeter a um certo grau de fiscalização e controlo o poder numa sociedade – neste caso, *submeter a fiscalização e controlo as grandes concentrações de poder económico*, tidas por potencialmente perigosas seja qual for o seu substracto pessoal[28].

É igualmente possível ver o direito da concorrência como sistema normativo fundado na *tutela da liberdade humana*, da qual a concorrência nos mercados representaria uma dimensão[29]. Pretender-se-ia assegurar e alargar a oportunidade de acesso à actividade económica pelos cidadãos em geral, o que explicaria a preocupação especial em proteger as pequenas e médias empresas, independentemente do grau de eficiência que pudessem revelar[30].

Mas são também recorrentes as concepções que procuram, de alguma forma, funcionalizar o arsenal normativo do direito da concorrência a uma dimensão política – seja ela a prossecução de objectivos relacionados com o *emprego*; ou o *combate à inflação* com vista à estabilização da economia; ou, no domínio da construção europeia, a realização do *mercado comum*, actuando o direito

---

[28] Nesta linha, GIULIANO AMATO, *Antitrust and the bounds of power*, cit., pp. 2-3, frisando a necessidade de impor limites ao poder económico privado, desprovido de legitimação e susceptível de ameaçar não só a liberdade económica dos outros indivíduos como as próprias decisões do poder público.

[29] Referindo a oportunidade que a cada cidadão deve ser reconhecida de poder entrar no mercado enquanto dimensão da sua liberdade política, VALENTINE KORAH, *An introductory guide to EC competiton law and practice*, 6ª ed., Hart Publishing, Oxford, 1997, p. 11.

[30] Sobre a protecção das pequenas empresas enquanto objectivo da legislação *antitrust* e a sua relação com os critérios de eficiência, enfatizando o efeito *free ride* (os consumidores em geral simpatizam com as pequenas empresas, mas acabam por comprar às grandes porque estas praticam preços mais baixos), cfr. HERBERT HOVENKAMP, "Antitrust policy after Chicago", *cit.*, pp. 242-243.

da concorrência como instrumento de integração e de eliminação de barreiras à entrada nos mercados nacionais[31].

III – Partindo deste acervo de fundamentação, o direito da concorrência tem construído a sua intervenção apoiado nos ensinamentos da teoria económica, procurando estimular não tanto uma concorrência perfeita (modelo, como vimos, dificilmente transponível para a experiência concreta)[32], como assegurar aquilo que tem

---

[31] Para uma análise crítica da funcionalização da prática decisória da Comissão em matéria de concorrência a outros objectivos do Tratado – livre circulação de serviços, criação de uma política industrial comunitária ou consolidação da política agrícola comum –, ver STEPHEN HORNSBY, "Competition policy in the 80s: more policy less competition?", *European Law Review*, 1987, vol. 12, n.º 2, pp. 79-101. Para uma análise detalhada da influência de outras políticas e objectivos do Tratado sobre a interpretação e aplicação das normas concorrenciais, R. B. BOUTERSE, *Competition and integration: what goals count? EEC competition law and goals of industrial, monetary, and cultural policy*, Kluwer Law and Taxation Publishers, Deventer/Boston, 1994. Analisando, dentro da moldura legal e em casos seleccionados, a concreta interacção entre a política de concorrência e as políticas insdustrial e comercial comunitárias, J. BOURGEOIS/ /P. DEMARET, "The working of EC policies on competition, industry and trade: a legal analysis", *European policies on competition, trade and industry: conflict and complementarities*, org. P. BUIGES/ /A. JACQUEMIN/ A. SAPIR, Edward Elgar, 1995, pp. 65-114. Para uma interessante comparação entre o direito comunitário e norte-americano da concorrência, destacando a permeabilidade do primeiro a considerações político-sociais, BARRY HAWK, "La révolution antitrust américaine: une leçon pour la Communauté économique européenne?", *Revue Trimestrielle de Droit Européen*, 1989, ano 25.º, n.º 1, pp. 5-44.

[32] Cfr., todavia, uma certa tendência actual para "salvar" o modelo da concorrência perfeita, ainda que reformulado, patente em LOUIS MAKOWSKI/ /JOSEPH M. OSTROY "Perfect competition and the creativity of the market", *Journal of Economic Literature*, 2001, vol. 39, n.º 2, pp. 479-535. Para uma resenha histórica das virtudes e falhas do modelo, GEORGE STIGLER, "Perfect competition, historically contemplated", *The Journal of Political Economy*, 1957, vol. LXV, n.º 1, pp. 1-17 (republicado em *Competition*, org. JACK HIGH, Edward Elgar, 2001, pp. 246-276).

vindo a ser designado como *concorrência praticável* (*workable competition*)³³.

Trata-se, essencialmente, de garantir a existência e manutenção de condições concorrenciais nos mercados, assegurando a sua *contestabilidade* – isto é, a *ausência de barreiras à entrada ou à saída* de concorrentes³⁴.

B) As operações de concentração

A *fiscalização prévia das operações de concentração de empresas* tem vindo a destacar-se como uma das áreas mais importantes do direito da concorrência, tanto na Europa como nos E.U.A., ganhando particular visibilidade com a vaga de concentrações registada nos últimos anos. Os grandes projectos de concentração empresarial têm-se visto forçados a aguardar o aval das autoridades de defesa da concorrência e, numerosas vezes, a acomodar, mediante alterações diversas ao figurino inicial, as objecções por aquelas autoridades levantadas. Em contrapartida, são raras as decisões de pura e simples proibição, num domínio em que a índole específica da fiscalização *ex ante,* conjugada com a considerável abertura das autoridades ao diálogo precursor de soluções paliativas, tem conseguido conciliar satisfatoriamente a defesa da contestabilidade dos mercados com o exercício da liberdade de iniciativa económica empresarial.

---

³³ Ver, desde logo, J.M. CLARK, "Toward a concept of workable competition", *The American Economic Review*, vol. XXX, 1940, n.º 2, pp. 241--256 (republicado em *Competition*, org. JACK HIGH, *cit.*, pp.317-332).

³⁴ Cfr., por exemplo, JOE S. BAIN, "The condition of entry and the public policy designed to secure workable competiton", *Barriers to New Competition: Their Character and Consequences in Manufacturing Industries*, Harvard University Press, Cambridge, MA, pp. 205-220 (republicado em *Competition*, org. JACK HIGH, *cit.*, pp. 469-484). Ao tema das barreiras à entrada e saída de concorrentes voltaremos adiante na nossa exposição – cfr. *infra*, II.F) 4, II.

Vamos, de forma sucinta, enunciar os principais *motivos* que subjazem ao fenómeno da concentração de empresas, bem como os benefícios que das concentrações advêm, para, em seguida, inventariar as *modalidades* de concentrações e os *riscos* que comportam e que justificam a sua fiscalização pelas autoridades de defesa da concorrência.

1. Motivos e potenciais benefícios das operações de concentração

I – Razões na origem das operações de concentração;
II – Benefícios das concentrações.

I – Partindo de uma noção ampla de operação de concentração, enquanto concentração de activos, de poder ou de ambas as coisas – independentemente da forma jurídica escolhida, que pode passar por expedientes diversos, da fusão às relações de domínio; e independentemente de se tratar de uma operação consensual ou de uma operação hostil –, são de várias ordens as *razões* que impelem as empresas a concentrar-se[35].

Encontramos, desde logo, *motivos especulativos* – frequentemente relacionados com o mercado de capitais (mais-valias bolsistas) e com os mecanismos de direito das sociedades: as concentrações veiculam uma aparência de crescimento susceptível de valorizar as empresas e representam uma forma de aplicar capitais próprios anteriormente inactivos[36].

---

[35] Cfr. M. MOURA E SILVA, "Controlo de concentrações na Comunidade Europeia", *Direito e Justiça*, 1994, vol. VIII, tomo 1, 133-199, pp. 136 e 139, ss., que seguimos de perto no texto. Ver, também, MARK FURSE, *Competition law of the UK and EC*, 3ª ed., Oxford University Press, Oxford, 2002, pp. 262-267.

[36] J. BARBOSA FARINHA, "Comunicação sobre fusões e aquisições em Portugal", *Revista de Contabilidade e Comércio*, 1994, vol. 51, n.º 201, pp. 43-46, p. 44, aponta o exemplo (especulativo) das aquisições visando posteriores vendas a grupos internacionais.

Mas, também, *motivos de estratégia empresarial*, já que o crescimento através da aquisição de outras empresas surge como alternativa ao crescimento interno[37]. As operações de concentração permitem, de modo expedito, reduzir custos e diversificar a produção através de economias de escala e de gama.

Sucede, igualmente, que *motivos defensivos* levem as empresas a concentrar-se, seja para melhor fazer frente a concorrentes actuais ou futuros, seja para evitar tornarem-se alvo de aquisições hostis.

Associados ao fenómeno das concentrações encontramos, ainda, *motivos publicitários* (as aquisições emblemáticas, que permitem ganhar visibilidade ou consolidar a imagem) e *motivos fiscais* (sob a forma de benefícios ou de poupanças)[38].

II – A par dos riscos que comportam, as operações de concentração podem implicar vantagens diversas, tanto na perspectiva da concorrência como em geral.

É verdade que, ao assegurar a *liberdade de saída* do mercado, estimulam, reflexamente, o exercício da *liberdade de entrada*, tornando atractiva a criação de novas empresas pela ulterior possibilidade de as vender.

Além disso, a aquisição de *empresas com dificuldades económicas* permite evitar longos processos de falência e leva a uma mais rápida libertação de recursos para a economia[39].

---

[37] Sobre as vantagens da concentração sobre o crescimento interno – contornar barreiras à entrada em novos mercados, maior rapidez na obtenção dos resultados, etc.–, cfr. MARK FURSE, *Competition law of the UK and EC, cit.*, p. 263.

[38] Veja-se, como exemplo concreto, o Decreto-Lei n.º 404/90, de 21 de Dezembro, analisado por L. MENEZES LEITÃO, "Benefícios tributários à concentração e cooperação de empresas", *Ciência e Técnica Fiscal*, 1992, n.º 366, pp. 9-37, contemplando a isenção de sisa relativa à transmissão de imóveis, bem como a isenção de emolumentos e encargos legais, para os actos de concentração levados a cabo até 31.12.1993, com o objectivo de possibilitar a reorganização e reestruturação das empresas portuguesas, de forma a permitir-lhes enfrentar as condições concorrenciais acrescidas vigentes no futuro mercado interno europeu.

[39] Podendo, além disso, combater "situações, dramáticas em alguns sectores, de excesso de capacidade instalada e de elevadíssima pulverização de

Finalmente, como realçam as teses da administração empresarial enquanto bem disponível no mercado do controlo de empresas, as concentrações funcionam como um incentivo à melhor gestão, na medida em que expõem a administração das empresas à contingência de se ver substituída[40].

2. MODALIDADES E RISCOS DAS OPERAÇÕES DE CONCENTRAÇÃO

I – Concentrações horizontais, verticais e conglomerados;
II – Justificação de uma fiscalização ex ante

I – As apreensões suscitadas pelo fenómeno das concentrações variam, tipicamente, com a modalidade de concentração considerada.

Reportando-nos à classificação tradicional – e tendo presente que, na prática, as zonas de fronteira entre as diversas categorias são mais ténues do que a teoria faz crer –, podemos distinguir entre concentrações horizontais, concentrações verticais e conglomerados[41].

As *concentrações horizontais* são as que têm lugar entre empresas concorrentes, operando no mesmo nível de mercado. São as mais frequentes[42] e, para o direito da concorrência, geralmente também as mais preocupantes, pela susceptibilidade de abrir caminho à redução da produção e ao aumento dos preços. Na verdade, as concentrações horizontais eliminam sempre (pelo menos) um con-

---

empresas (como a têxtil, fundição e calçado)", situadas "abaixo dos limiares de dimensão mínima para sobrevivência nos tempos presentes" – J. BARBOSA FARINHA, "Comunicação sobre fusões e aquisições em Portugal", *cit.*, p. 46.

[40] STEPHEN MARTIN, *Economic efficiency and concentration: are mergers a fitting response?*, European University Institute (EUI Working Papers in Economics ; n.° 92/75), Florence, 1992, pp. 30, ss.

[41] Cfr. M. MOURA E SILVA, *op.e loc. cits.*

[42] MARK FURSE, *Competition law of the UK and EC*, *cit.*, p. 263.

corrente do mercado, elevando o respectivo rácio de concentração. Ora, quanto menor o número de empresas presentes no mercado, mais difícil se torna às autoridades de defesa da concorrência detectar eventuais práticas colusivas ou anti-concorrenciais. Por outro lado, do ponto de vista das empresas, a própria concentração pode funcionar como alternativa à criação de um cartel, com a vantagem de impedir que os participantes se sintam tentados a iludir a 'disciplina comum'.

As *concentrações verticais* reúnem duas ou mais empresas que se encontravam, até aí, numa relação de fornecedor/cliente – empresas que operam, portanto, em níveis de mercado adjacentes. São tipicamente encaradas com maior permissividade pelo direito da concorrência, pesando argumentos como o aumento da eficiência que geram e a redução de custos que permitem. Todavia, também podem, ocasionalmente, elevar as barreiras à entrada de empresas não integradas (*i.e.*, daquelas que não operam em ambos os níveis do mercado), ou potenciar comportamentos predatórios quanto aos concorrentes já instalados, ou, mesmo, facilitar a colusão oligopolística[43].

Dentro dos *conglomerados*, há que distinguir entre os conglomerados de extensão de mercado (envolvendo empresas que produzem os mesmos produtos ou produtos similares em mercados geográficos distintos); os conglomerados de extensão de produto (envolvendo empresas que produzem bens complementares ou bens que podem ser produzidos ou distribuídos da mesma forma); e os conglomerados puros ou de diversificação (envolvendo empresas cujos produtos não têm qualquer relação entre si).

Sob a perspectiva do direito da concorrência, nas duas primeiras modalidades de conglomerado, o problema a considerar é

---

[43] MICHAEL H. RIORDAN, "Anticompetitive vertical integration by a dominant firm", *The American Economic Review*, 1998, vol. 88, n.º 5, p. 1232-1249, chama a atenção para os efeitos altamente nocivos da integração vertical num mercado a montante por parte de uma empresa dominante, pela combinação do efeito de encerramento de mercado com a elevação dos custos suportados pelos concorrentes.

o da eliminação de um concorrente potencial, cuja existência e possibilidade de entrada no mercado relevante exercia um efeito disciplinador sobre o comportamento da empresa adquirente.

Os conglomerados de diversificação, cada vez mais frequentes, não levantam preocupações tão imediatas mas, ainda assim, podem ter efeitos perniciosos. Desde logo, o risco dos acordos recíprocos e da redução da independência entre empresas que coincidam em vários mercados[44]; mas, também, o risco da ocorrência de comportamentos predatórios, suportados por subsídios cruzados provenientes de outras actividades ou pelo receio que defrontar um 'gigante' suscita nos concorrentes da empresa adquirida[45].

II – Em suma, a fiscalização levada a cabo pelas autoridades de defesa da concorrência visa impedir, através de uma actuação *ex ante*, a concretização dos perigos associados às operações de concentração.

Pretende evitar-se, em particular, que se produza uma alteração duradoura da estrutura dos mercados, com os efeitos nocivos associados à aquisição ou reforço do poder de mercado das empresas envolvidas (incluindo a elevação das barreiras à entrada de novos concorrentes), bem como à redução da incerteza quanto ao comportamento dos participantes (aumentando a margem para a respectiva colusão)[46].

---

[44] L. SULLIVAN, *Handbook of the Law of Antitrust*, cit., 653, ss. Isto tende a suceder quer porque as empresas se cruzam em diversos mercados, nas vestes alternadas de vendedor e comprador, quer porque se coíbem de adoptar uma concorrência mais activa em certo mercado pelo receio de hostilizar os concorrentes com maior poder em outras arenas.

[45] L. SULLIVAN, *Handbook of the Law of Antitrust*, cit., p. 654, acrescenta as eventuais distorções no funcionamento do mercado de capitais (os investidores não sabem de antemão exactamente em qual dos ramos vão ser aplicados os seus fundos; se soubessem, poderiam não ter o mesmo interesse em investir).

[46] MARK FURSE, *Competition law of the UK and EC*, cit., p. 262.

Esta fiscalização *ex ante* traz consideráveis benefícios[47]; comporta, porém, o melindre de lidar com previsões e expectativas e não com resultados provados ou consumados, como acontece com as modalidades de controlo repressivo[48].

---

[47] Nomeadamente, os enunciados por E. VARONA/ A. GALARZA/ J. CRESPO/ /J. ALONSO, *Merger Control in the European Union*, Oxford University Press, Oxford, 2002, p. 2, que se reconduzem aos inconvenientes de um controlo repressivo – *v.g.*, não compensar os prejuízos que as condutas anticompetitivas trazem a clientes e concorrentes, nem as ineficiências económicas causadas a nível dos preços e da produção.

[48] Novamente MARK FURSE, *op. e loc. cits.*

II. O CONTROLO COMUNITÁRIO DAS OPERAÇÕES DE CONCENTRAÇÃO: O REGULAMENTO (CE) N.º 139/2004 DO CONSELHO

A) *Apontamento histórico e normativo*

1. O PERCURSO ATÉ AO REGULAMENTO DAS CONCENTRAÇÕES

I – A interpretação das normas do Tratado; II – Interesses subjacentes à elaboração do Regulamento das Concentrações.

I – O regime comunitário do controlo das concentrações encontra-se, actualmente, no Regulamento (CE) n.º 139/2004 do Conselho, de 20 de Janeiro de 2004, relativo ao controlo das concentrações de empresas[49], que entrou em vigor em 1 de Maio de 2004.

Até 1989, contudo, o arsenal normativo comunitário não dispunha de um mecanismo específico destinado à fiscalização das operações de concentração. Tal não impediu que o problema fosse repetidamente abordado[50].

Na verdade, embora o Tratado de Roma não contemple qualquer sistema de controlo *ad hoc* de concentrações, já em 1966, através de um memorando, a Comissão admitia a possibilidade de recorrer à norma sobre o abuso de posição dominante (o actual artigo 82.º) para sindicar certas operações. Em 1973, veio o Tri-

---

[49] JO 2004 L 24/1.
[50] Para uma resenha histórica desta fase, cfr. C. J. COOK/ C. S. KERSE, *E.C. Merger Control*, 3ª ed., Sweet & Maxwell, London, 2000, pp. 1-3. Para uma exposição mais detalhada, SOFIA OLIVEIRA PAIS, *O controlo das concentrações de empresas no direito comunitário da concorrência*, Almedina, Coimbra, 1996, pp. 41, ss.

bunal de Justiça, no acórdão *Continental Can*[51], reiterar a aplicabilidade do mesmo regime à aquisição de um concorrente por uma empresa em posição dominante, se, em consequência dessa aquisição, só permanecessem no mercado empresas cujo comportamento dependesse da dominante. Esta tomada de posição deu à Comissão o mote para começar, informalmente, a apreciar algumas concentrações no contexto do art. 82.° (à época, artigo 86.°), dando conta desta sua abordagem no 10.° Relatório de Política de Concorrência.

Entretanto, em 1987, no acórdão *Philip Morris*[52], o Tribunal de Justiça avançou – ainda que de forma ambígua – a hipótese de avaliar as operações de concentração à luz da norma sobre práticas restritivas (o actual artigo 81.° CE, anterior artigo 85.°).

A incerteza daqui resultante, diz-se, foi habilidosamente utilizada pela Comissão para impulsionar o processo que culminou com a adopção do Regulamento (CEE) n.° 4064/89 do Conselho, de 21 de Dezembro de 1989[53], o qual entrou em vigor em Setembro de 1990.

II – Subjacente à elaboração do Regulamento e nele buscando expressão esteve um *acervo de objectivos ou interesses*, muitas vezes contrapostos, que foi preciso harmonizar e cujas tensões não deixaram de se voltar a manifestar nos procedimentos de revisão subsequentes.

Para a *Comissão*, importava garantir a possibilidade de fiscalizar as operações de concentração mais significativas que viessem a ter lugar no espaço europeu, mas importava, igualmente, impedir que a aplicação da legislação dos Estados-membros pudesse vir a entravar a realização de operações potencialmente benéficas para a

---

[51] Acórdão de 21.02.1973, *Europemballage Corporation and Continental Can Company Inc. v. Comissão*, C-6/72, European Court Reports,1973, p. 215.

[52] Acórdão de 17.11.1987, *BAT e Reynolds v. Comissão*, Processos apensos 142 e 156/84, Col., 1987, p. 04487.

[53] JO 1989 L 395/1.

consolidação do mercado interno com base em justificações extra-concorrenciais (e, sobretudo, por motivos proteccionistas).

Os *Estados-membros*, por seu turno, pretendiam reter a apreciação de todos os casos susceptíveis de se repercutir no seu mercado nacional, bem como ver tutelada a faculdade de se pronunciarem sempre que a operação contendesse com relevantes interesses nacionais.

Quanto às *empresas*, convinha-lhes assegurar um controlo único (*one stop-shop*) de operações que, de outro modo, estariam sujeitas a notificação em vários Estados-membros – conseguindo, do mesmo passo, uma condução do processo e um desenlace unitários (*level playing field*), em lugar de verem a apreciação da concentração dispersa por vários interlocutores e sujeita a regimes diversos, podendo vir a ser autorizada em certos sistemas e proibida em outros[54].

2. A REVISÃO DE 1997

I – Evolução posterior a 1989; II – Alterações introduzidas em 1997; III – A criação da ECA Network.

I – Após o primeiro ano de vigência do Regulamento (CEE) n.º 4064/89, começou a evidenciar-se uma tendência para o aumento significativo do número de operações de concentração notificadas. Com efeito, das 12 operações notificadas no ano da entrada em vigor do Regulamento (1990), subiu-se para as 63 no ano seguinte, tendo-se atingindo, em 2000, um pico de 345. Apesar de, actualmente, a vaga de concentrações ter entrado numa fase

---

[54] Para uma resenha sucinta da "heterogeneidade normativa" dos regimes nacionais de controlo das concentrações no que toca aos critérios extra-concorrenciais relevantes para uma decisão de compatibilidade, desde a política de emprego ao interesse público, E. GARCÍA COSO, *La regulación comunitaria de la concentración industrial europea*, Tecnos, Madrid, 2000, p. 250.

decrescente (em 2002 foram notificadas 279 operações; em 2003, apenas 212; em 2004, a cifra quedou-se nas 249)[55], os números alcançados cedo vieram colocar à Comissão sérios problemas de capacidade para lidar com volume de processos, em prazos tão apertados como os que vigoram neste domínio.

Por outro lado, e ao contrário do que sucedia em 1989, a maioria dos Estados-membros dotou-se de um regime jurídico de controlo das concentrações[56], o que, aliado ao progressivo alargamento do número de países comunitários, fez aumentar significativamente, para as empresas, a probabilidade de terem que proceder a notificações múltiplas.

II – Esta evolução, aliada aos ensinamentos recolhidos pela Comissão com a experiência da aplicação do Regulamento das Concentrações, projecta-se já nas *alterações introduzidas ao texto original* pelo Regulamento (CE) n.º 1310/97 do Conselho, de 30 de Junho 1997[57], que produziu efeitos a partir de Março de 1998.

No âmbito das *novidades* trazidas pelo legislador comunitário de 1997 podemos destacar algumas. Desde logo, a introdução de critérios adicionais para a definição da competência comunitária e a possibilidade de dois ou mais Estados-membros apresentarem um pedido conjunto de reenvio, além do alargamento do conceito de concentração de modo a abranger as empresas comuns de pleno exercício. Em termos processuais, merecem destaque as potencialidades conferidas às decisões de primeira fase, que passam a poder impor condições e obrigações para o respeito de compromissos e a abranger as chamadas restrições acessórias.

III – Cabe aqui, em paralelo, uma referência à criação, em 2001, da *European Competition Authorities (ECA) Network*. Trata-

---

[55] http://www.europa.eu.int/comm/competition/mergers/cases/stats.html.

[56] Antes do alargamento de 2004, só o Luxemburgo não dispunha de um regime de controlo de concentrações.

[57] JO 1997 L 180/1.

-se de uma associação informal, utilizada como fórum de discussão pelas autoridades da concorrência no Espaço Económico Europeu[58] e que tem por objectivo melhorar a cooperação entre elas, além de contribuir para uma aplicação eficiente das regras da concorrência nacionais e comunitárias.

Particular significado, no contexto em que nos situamos, assume o *Working Group on Multi-Jurisdictional Mergers*, que se tem debruçado sobre os problemas das concentrações abrangidas por diversas jurisdições comunitárias e possibilitado a apresentação de pedidos conjuntos de remessa pelos Estados-membros à Comissão[59].

3. A SITUAÇÃO ACTUAL

I – O percurso até novo Regulamento das Concentrações; II – Medidas adicionais de carácter não legislativo; III – Outros instrumentos comunitários relevantes.

I – Em 2000, dando cumprimento às obrigações impostas pelo art. 4.°1 do Regulamento das Concentrações, a Comissão apresentou ao Conselho um relatório sobre a aplicação dos limiares e critérios que desencadeiam a obrigação de notificar[60]. Já no final de 2001, a Comissão adoptou um Livro Verde relativo à revisão do Regulamento (CEE) n.° 4064/89 do Conselho, documento destinado a lançar um debate sobre a aplicação deste instrumento normativo e a identificar eventuais melhoramentos a introduzir no sistema com base na experiência obtida na última década. O Livro Verde

---

[58] A Comissão Europeia, as autoridades dos Estados Membros da Comunidade Europeia, dos Estados da EFTA (Noruega, Islândia, Liechtenstein) e a Autoridade de Supervisão da EFTA.

[59] Ver *infra*, ponto II.B) 2, II.

[60] http://www.europa.eu.int/eur-lex/en/com/rpt/2000/com2000_0399-en01.pdf.

abordava questões de jurisdição e questões materiais e processuais; avançava com propostas concretas, em certos domínios, enquanto em outros se limitava a sublinhar problemas e a solicitar contribuições. As observações recebidas durante o período de consulta[61] foram consideradas pela Comissão ao elaborar o projecto de revisão.

Em 2002, a Comissão apresentou uma Proposta com vista à adopção de um novo Regulamento das Concentrações[62], a qual foi enviada ao Conselho de Ministros e suscitou a consulta do Parlamento Europeu. O Conselho discutiu o novo texto no decurso de 2003, aprovando a versão definitiva de modo a que em 1 de Maio de 2004, data do alargamento da União Europeia, pudesse entrar em vigor o *novo Regulamento (CE) n.º 139/2004 do Conselho, de 20 de Janeiro de 2004*, relativo ao controlo das concentrações de empresas.

O novo Regulamento acolhe as medidas mais importantes da Proposta, que teve no seu horizonte *objectivos diversos*. Pretendeu-se, desde logo, racionalizar o momento da notificação dos projectos de concentração, introduzindo a possibilidade de a notificação ser efectuada antes da conclusão de um acordo vinculativo e suprimindo o requisito de as operações serem notificadas no prazo de uma semana a contar da conclusão de tal acordo. Procurou-se, também, simplificar o sistema de remessa dos processos de concentração entre a Comissão e as autoridades de concorrência dos Estados-Membros, em obediência ao princípio da subsidiarie-

---

[61] Cerca de metade das 114 contribuições recebidas vieram do sector industrial (empresas e associações) e mais de um quarto foram oriundas de sociedades de advogados, mas também se pronunciaram associações comerciais, organizações de consumidores e académicos, bem como alguns Estados--membros e países candidatos à adesão ("Review of the EC Merger Regulation – Roadmap for the reform project" discurso proferido pelo Comissário da Concorrência MARIO MONTI, *Conference on Reform of European Merger Control*, org. British Chamber of Commerce, Brussels, June 4, 2002).

[62] Proposta de regulamento do Conselho relativo ao controlo das concentrações de empresas COM(2002) 711 final (2003/C 20/06), IP/02/1856, de 11/12/2002.

dade e tentando reduzir a incidência da apresentação de notificações múltiplas. Houve a preocupação de conferir maior flexibilidade ao calendário prescrito, em particular no que toca aos casos mais complexos, e de reforçar dos poderes da Comissão tanto em matéria de obtenção de informações como de verificação dos factos. Importante foi igualmente o esforço no sentido de clarificar os critérios de fundo para a análise das operações de concentração, em especial no que toca à aplicação do Regulamento a situações de oligopólio.

II – Adicionalmente, foram propostas *medidas de carácter não legislativo*, com vista a melhorar a qualidade do processo de tomada de decisão pela Comissão e a dar às empresas envolvidas a possibilidade de as suas opiniões serem tidas em maior conta.

Algumas directrizes vieram a ser pormenorizadas num documento da Direcção-Geral da Concorrência ("DG Competition Best Practices on the conduct of EC merger proceedings")[63], o qual esteve aberto a consulta pública antes da sua adopção definitiva e que incide sobre diversos aspectos práticos do procedimento – desde os contactos na fase de pré-notificação até ao acesso ao processo e audição de interessados, passando pelos *state of the play meetings*[64] e pela discussão dos compromissos a adoptar.

Foi criado um posto de *Economista-Chefe* na Direcção-Geral da Concorrência e reforçado o pessoal de apoio suplementar ao Auditor, prevendo-se ainda a existência de um funcionário de ligação com os consumidores.

Para todas as investigações aprofundadas (*i.e.*, de segunda fase), será doravante nomeado um *peer review panel*, ou seja, um grupo de fiscalização com a função de controlar as conclusões das equipas de investigação.

---

[63] http://www.europa.eu.int/comm/competition/mergers/legislation/regulation/best_practices.pdf.

[64] Possibilidade sistematicamente oferecida de realizar reuniões entre a Comissão e os intervenientes para apreciar o "estado da situação".

III – Resta referir que, além do Regulamento das Concentrações, existem *vários outros instrumentos comunitários relevantes* neste domínio. Apesar de não possuírem todos igual força normativa, são decisivos na aplicação do sistema de controlo das concentrações traçado pelo Regulamento[65].
São de destacar, especialmente:

- O Regulamento (CE) n.º 802/2004 da Comissão, de 7 de Abril de 2004, de execução do Regulamento (CE) n.º 139/2004 do Conselho relativo ao controlo das concentrações de empresas (doravante, RegExec)[66];
- O Formulário CO relativo à notificação de uma operação de concentração[67] (especifica as informações que devem ser fornecidas aquando da notificação à Comissão de uma operação de concentração);
- O Formulário simplificado relativo à notificação de uma concentração[68];
- O Formulário MF relativo aos memorandos fundamentados anteriores à notificação[69];

---

[65] Estes documentos, bem como as decisões e notas de imprensa da Comissão em matéria de concentrações podem ser consultados em http://www.europa.eu.int/comm/competition/index_pt.html . O JO pode ser consultado *online* em http://europa.eu.int/celex/htm/celex_pt.htm. Os acórdãos do TJ e do TPI podem ser compulsados em http://curia.eu.int/pt/content/juris/index.htm.

[66] Publicado no JO 2004 L 133/1. Substitui o Regulamento (CE) n.º 447/98 da Comissão de 1 de Março de 1998 relativo às notificações, prazos e audições previstos no Regulamento (CEE) n.º 4064/89 do Conselho relativo ao controlo das operações de concentração de empresas, publicado no JO 1998 L 061/01.

[67] Publicado como Anexo I do RegExec, em substituição do publicado no JO 1998 L 61/01.

[68] Publicado como Anexo II do RegExec.

[69] Publicado como Anexo III do RegExec .

- A Comunicação da Comissão sobre a remessa de casos relativos a concentrações[70] (doravante, ComRemss);
- A Comunicação da Comissão relativa ao conceito de concentração de empresas (doravante, ComCCct)[71];
- A Comunicação da Comissão relativa ao conceito de empresas comuns que desempenham todas as funções de uma entidade económica autónoma, bem como a Informação relativa à apreciação das empresas comuns de pleno exercício[72];
- A Comunicação da Comissão relativa ao cálculo do volume de negócios (doravante, ComVNegs)[73];
- A Comunicação da Comissão relativa ao conceito de empresas em causa numa operação de concentração[74] (doravante, ComEmpC);
- A Comunicação da Comissão relativa a um procedimento simplificado para o tratamento de certas operações de concentração[75] (doravante, ComPrSimp);
- A Comunicação da Comissão relativa às regras de procedimento interno para o tratamento dos pedidos de consulta do processo[76] (doravante, ComConsP);

---

[70] http://www.europa.eu.int/comm/competition/mergers/legislation/consultation/case_allocation_tru.pdf.
[71] JO 1998 C 66/5.
[72] Respectivamente, JO 1998 C 66/01 e JO 1998 C 66/38.
[73] JO 1998 C 66/25.
[74] JO 1998 C 66/14.
[75] JO 2000 C 217/32. Esta Comunicação está prestes a ser substituída por uma nova versão, já disponível no *site* da Comissão em:
http://www.europa.eu.int/comm/competition/mergers/legislation/consultation/simplified_tru.pdf
[76] JO 1997 C 023/03, actualmente em processo de revisão. Veja-se a Comunicação da Comissão sobre a revisão da Comunicação de 1997 relativa às regras de procedimento interno para o tratamento dos pedidos de consulta do processo, JO 2004 C 259/08, através da qual a Comissão convida os terceiros interessados a enviarem as suas observações sobre o Projecto de Comunicação que divulga.

- A Decisão da Comissão de 23 de Maio de 2001 relativa às funções do auditor em determinados processos de concorrência[77] (doravante, DecFAud);
- A Comunicação da Comissão relativa à definição de mercado relevante para efeitos do direito comunitário da concorrência[78] (doravante, ComMRv);
- As Orientações para a apreciação das concentrações horizontais nos termos do Regulamento do Conselho relativo ao controlo das concentrações de empresas[79] (doravante, "Orientações");
- A Comunicação da Comissão relativa às restrições directamente relacionadas e necessárias às operações de concentração[80] (doravante, ComRA);
- A Comunicação da Comissão sobre as soluções passíveis de serem aceites nos termos do Regulamento das Concentrações[81] (doravante, ComSols);
- Orientações de boas práticas em matéria de compromissos de alienação, acompanhadas de modelo para apresentação de compromissos de alienação e de modelo relativo à nomeação e mandato dos administradores[82].

---

[77] JO 2001 L 162/21.
[78] JO 1997 C 372/05.
[79] JO 2004 C 31/05.
[80] Actualmente publicada no JO 2001 C 188/05. Será brevemente substituída por uma nova versão disponível em:
http://www.europa.eu.int/comm/competition/mergers/legislation/consultation/restrictions_tru.pdf.
[81] JO 2001 C 68/03.
[82] http://www.europa.eu.int/comm/competition/mergers/legislation/divestiture_commitments/.

B) *Atribuição de competências e relações de cooperação*

Iniciaremos a nossa digressão pelo controlo comunitário das concentrações dando conta do *modo como foram repartidas as competências entre a Comissão e os Estados-membros,* na tentativa de conciliar o interesse comunitário na apreciação de determinadas operações com as legítimas pretensões dos Estados quanto à aplicação do direito nacional. De passagem, daremos conta das principais formas de cooperação entre a Comissão e os Estados--membros instituídas pelo Regulamento das Concentrações (doravante, RegCct). Faremos um breve excurso, ainda com o mote da atribuição de competências, pelos problemas que o controlo comunitário das concentrações pode levantar nas relações com países terceiros (extra-comunitários).

1. A COMPETÊNCIA DA COMISSÃO E OS SEUS DESVIOS

I – Sentido e alcance da competência exclusiva da Comissão;
II – Protecção de interesses legítimos dos Estados-membros.

I – Uma vez verificados os pressupostos relativos à existência de uma operação de concentração (art. 3.°)[83] com dimensão comunitária (art. 1.°)[84], o RegCct determina a sua *aplicação exclusiva* (art. 21.°1), bem como a *competência exclusiva* da Comissão para apreciar a concentração em causa (art. 21.°2), *proibindo* os Estados--membros de aplicar as respectivas legislações nacionais sobre concorrência (art. 21.°3).

---

[83] Os artigos citados neste Capítulo II sem indicação de proveniência reportam-se ao RegCct.
[84] Para maiores detalhes, ver *infra,* II. C).

Dá-se, assim, consagração às ideias do *one-stop-shop* ('balcão único')[85] e do *level playing field* – ou seja, basta às empresas envolvidas proceder a uma única notificação junto da Comissão, com a garantia de que todas as operações de concentração dotadas de características semelhantes serão apreciadas à luz do mesmo conjunto de regras e princípios (o que não sucederia se fossem aplicadas as diversas legislações nacionais) e de que o desfecho será apenas um (ao contrário do que poderia acontecer se estivessem envolvidas as autoridades de defesa da concorrência de vários Estados-membros).

Todavia, o âmbito de competência da Comissão comporta *desvios*, quer no sentido de uma *restrição* – é permitida a aplicação das legislações nacionais em determinadas situações –, quer no

---

[85] Também tem sido dado à ideia de 'one stop shop' o significado adicional de saber 'which Community shop to enter' – isto é, a que "balcão comunitário" se dirigir, precludindo a "entrada" no "balcão" do RegCct a aplicação dos arts. 81.º e 82.º CE – assim C. J. Cook/ C. S. Kerse, *E.C. Merger Control*, *cit.*, p. 16.

Note-se, aliás, que o próprio art. 21.º1 esclarece que o Regulamento (CE) n.º 1/2003, relativo à execução das regras de concorrência estabelecidas nos arts. 81.º e 82.º CE, bem como outros regulamentos de execução, não são aplicáveis às concentrações, excepto no que respeita à criação de "empresas comuns *sem dimensão comunitária* e que tenham por objecto ou efeito a coordenação do comportamento concorrencial de empresas que se mantenham independentes" (sublinhado nosso). Na opinião de Valentine Korah, *op. cit.*, p. 274, as estas últimas operações permanece aplicável o art. 82.º CE, além, claro, das legislações nacionais.

Sobre as dúvidas suscitadas pela "desaplicação" dos regulamentos de execução dos arts. 81.º e 82.º CE levadas a cabo pelo RegCct, cfr. E. García Coso, *La regulación comunitaria de la concentración industrial europea*, *cit.*, pp. 273, ss.; Sofia Oliveira Pais, *O controlo das concentrações de empresas no direito comunitário da concorrência*, *cit.*, pp. 460, ss. (debatendo até que ponto o afastamento dos regulamentos de execução não equivalerá a uma "revisão encapotada" do Tratado CE, com vista a afastar a aplicação dos arts. 81.º e 82.º às concentrações).

sentido de uma *ampliação* – a Comissão pode vir a examinar operações sem dimensão comunitária.

II – O art. 21.°4 enuncia as circunstâncias em que pode ser aplicada a legislação nacional, em princípio diferente do direito da concorrência, a operações de concentração com dimensão comunitária.

Acolhe, portanto, a faculdade que os Estados-membros quiseram reservar de ter uma palavra a dizer quanto a concentrações de dimensão comunitária susceptíveis de afectar áreas consideradas de interesse nacional, ainda que desprovidas de impacto sobre a concorrência propriamente dita nos mercados situados no interior do respectivo território. Simetricamente, do ponto de vista comunitário, houve a preocupação em balizar com rigor o conteúdo e o modo de exercício de tal faculdade, nomeadamente para evitar que fosse utilizada como arma proteccionista, entravando a desejada realização do mercado comum.

Em consonância, atribuiu-se aos Estados-membros o poder de adoptar as medidas apropriadas para garantir a *protecção de interesses legítimos para além dos contemplados no RegCct* – interesses legítimos situados, portanto, fora do âmbito da concorrência –, desde que tais interesses se revelem *compatíveis com os princípios e normas de direito comunitário.*

Note-se que as providências a tomar devem ser *apropriadas*, requisito que tem vindo a ser entendido no sentido de vincular os Estados à adopção de medidas objectivas e proporcionais, escolhendo as menos gravosas para a prossecução do fim visado.

Quanto à *cláusula geral dos interesses legítimos*, o próprio art. 21.°4 fornece um *elenco* de interesses considerados como 'aprioristicamente' legítimos – a segurança pública, a pluralidade dos meios de comunicação social e as regras prudenciais (*i.e.*, as regras relativas à supervisão do sector financeiro)[86]. Tais exemplos

---

[86] Cfr., ainda, o prescrito pelo art. 296.° CE, expressamente ressalvado pelo Considerando 19 do RegCct, quanto à adopção de medidas relacionadas com a produção ou o comércio de armas, munições e material de guerra.

não esgotam, é bom de ver, a cláusula geral, mas a sua invocação tende a facilitar a acção do Estado-membro, que, neles alicerçada, pode ser imediata, enquanto que, nos outros casos, terá de passar primeiro pelo crivo da Comissão.

Na verdade, sempre que o Estado-membro pretenda agir na protecção de outro interesse público, não enunciado, está obrigado a *notificar antecipadamente* a Comissão e a aguardar a decisão desta quanto ao reconhecimento da legitimidade da sua intervenção, após comprovar a relevância do interesse invocado e a sua compatibilidade com os princípios e normas comunitários.

A primeira aplicação da cláusula geral de protecção de interesses legítimos deu-se no caso *Lyonnaise des Eaux/ Northumbrian Water*, M.567, decisão de 21.12.1995, JO 1996 C 011/03. A Comissão Europeia acedeu ao pedido do Governo britânico no sentido de *examinar certos aspectos da oferta pública de aquisição* da Northumbrian Water (empresa distribuidora de água do Nordeste da Inglaterra) pela Lyonnaise des Eaux Em causa estava a aplicação do *Water Industry Act*, de 1991, sobre concentrações de empresas no sector da distribuição de água (nomeadamente, quanto à salvaguarda do interesse dos consumidores, que dependeria da subsistência de um número suficiente de empresas distribuidoras de água para se poder comparar a estrutura dos preços facturados à indústria e aos utilizadores privados). A Comissão realçou, contudo, que a análise a empreender pela *Monopolies and Mergers Commission* não poderia conduzir a uma eventual discriminação arbitrária ou a uma restrição dissimulada nas trocas comerciais entre Estados-membros. A concentração veio a ser alvo de uma decisão de não oposição por parte da Comissão e a Lyonnaise des Eaux aceitou a fórmula de determinação do preço do fornecimento de água imposta pelas autoridades britânicas.

No caso de o Estado-membro vir a tomar medidas relativas à operação sem respeitar o colete de forças do art. 21.°4, quer no que toca ao conteúdo dos interesses invocados, quer no que toca ao procedimento a observar, sujeita-se a ser accionado pela Comissão junto do Tribunal de Justiça.

A primeira vez que a Comissão *impediu um Estado Membro de bloquear uma operação de concentração de dimensão comunitária* ocorreu no âmbito do caso *BSCH/Champalimaud*.

Em Junho de 1999 foi celebrado um acordo de troca de acções e um acordo parassocial entre o BSCH e o Grupo Champalimaud. Os referidos acordos conferiam ao banco espanhol o controlo conjunto sobre o grupo financeiro Champalimaud. Constituindo a operação uma concentração de dimensão comunitária, as partes envolvidas notificaram-na à Comissão em 30.06.1999.

Em 20.07.1999, a Comissão Europeia adoptou, baseada na competência exclusiva que lhe era atribuída pelo art. 21.° do RegCct, uma decisão *suspendendo as medidas entretanto adoptadas pelas autoridades portuguesas contra os acordos de concentração*. Visava-se, em especial, a decisão de oposição do Ministro das Finanças de 18 de Junho de 1999 e a concomitante inibição do exercício dos direitos de voto determinada pelo Instituto de Seguros de Portugal. A Comissão considerou que as medidas tomadas pelas autoridades portuguesas se haviam baseado na *protecção de interesses estratégicos e nacionais*, mostrando-se céptica quanto à existência das alegadas razões prudenciais, pelo que o Estado português havia violado as obrigações impostas pelo RegCct ao *não comunicar à Comissão a adopção* das medidas referidas.

Posteriormente, a Comissão veio declarar a concentração notificada *compatível com o mercado comum* através de decisão com efeito directo imediato e invocável perante os tribunais portugueses (decisão de 03.08.1999, M.1616, JO 1999 C 306/37), atendendo a que os dois grupos não detinham uma quota conjunta superior a 20% em qualquer um dos mercados bancários e seguradores portugueses, além de enfrentarem aí concorrência e as barreiras à entrada de novos operadores não serem significativas.

Quanto ao despacho do Ministro das Finanças (na versão que veio a assumir após reforma introduzida por dois despachos subsequentes, datados de 02.08.1999), a Comissão acabou por adoptar uma decisão final em 20.10.1999, declarando-o *incompatível com o RegCct*. Isto permitiria aos tribunais portugueses, no âmbito de futuros processos judiciais, recusar a aplicação do referido despacho (até à altura, não revogado).

As autoridades portuguesas contestaram junto do Tribunal de Justiça ambas as decisões, isto é, a decisão provisória de Julho e a decisão final de Outubro.

Paralelamente, em 20.07.1999, a Comissão havia dado início a *um procedimento formal de infracção contra Portugal*, invocando a violação das directivas comunitárias em matéria de seguros e das disposições do Tratado CE relativas à liberdade de estabelecimento e à livre circulação dos capitais.

Pouco depois, em 09.09.1999, a Comissão deu início a *um segundo procedimento por infracção contra Portugal*, desta feita alicerçado no desrespeito do Estado português pelas decisões adoptadas pelas Comissão ao abrigo do RegCct. Na verdade, no entender da Comissão, as autoridades portuguesas não haviam dado cumprimento à decisão de 20.07.1999, que lhes concedia uma semana para suspender as medidas adoptadas, pelo que a concentração, já autorizada pela Comissão, ainda não se tinha podido realizar. A necessidade de clarificação agravara-se com o anúncio, por parte do Banco Comercial Português, da intenção de lançar ofertas públicas de aquisição sobre as empresas do grupo Champalimaud. No âmbito deste segundo procedimento, a Comissão decidiu, em 03.11.1999, *intentar uma acção* junto do Tribunal de Justiça.

Finalmente, em 29.11.1999, foi notificada à Comissão *uma nova operação de concentração*, destinada a substituir a anterior. Nos termos do novo acordo, o BSCH adquiriria o controlo do Banco Totta e Açores e do Crédito Predial Português, ambos propriedade do grupo Champalimaud. A Comissão veia a autorizar a operação em 11.01.2000 (*BSCH/Champalimaud*, M.1799, decisão de 11.01.2000, JO 2000 C 171/06).

Em 19.01.2000, também as *autoridades portuguesas* declararam que não se opunham a esta nova concentração – a qual recebeu, entretanto, todas as permissões necessárias, incluindo das autoridades de supervisão dos serviços financeiros. Portugal revogou as medidas anteriormente adoptadas e desistiu do processo que intentara contra a Comissão junto do Tribunal de Justiça. Foram igualmente retiradas as queixas dirigidas à Comissão pelo BSCH e por António Champalimaud. Em face deste quadro, a Comissão decidiu, em 27.03.2000, *encerrar os dois procedimentos por infracção* contra Portugal a que dera início em 1999.

Mas Portugal voltou a estar na berlinda a propósito do caso *Secil/ /Holderbank/ Cimpor*, M.2054, decisão de 22.11.2000, IP/00/1338[87]. A Comissão decidiu que as medidas adoptadas pelas autoridades portuguesas contra o projecto de oferta de aquisição da empresa Cimpor por parte da Secil e da Holderbank eram incompatíveis com o direito comunitário da concorrência, devendo o Governo português revogá-las. As decisões de oposição à oferta tomadas pelo Ministro das Finanças não protegiam, no entender da Comissão, qualquer interesse legítimo reconhecido nos termos do art. 21.º do RegCct, não tendo o Governo português sequer comunicado à Comissão um interesse público diferente dos enunciados que pretendesse salvaguardar. Quanto à invocada indispensabilidade de "acompanhar a evolução das estruturas accionistas das empresas a privatizar tendo em vista

---

[87] http://www.europa.eu.int/comm/competition/mergers/cases/decisions/ m2054_pt.pdf.

o reforço da capacidade empresarial e a eficiência do aparelho produtivo nacional de forma compatível com as orientações da política económica", não representava, para a Comissão, um interesse público conciliável com os princípios gerais da legislação de controlo das operações de concentração.

2. OS MECANISMOS DE REMESSA

I – Remessa às autoridades nacionais de defesa da concorrência; II – Remessa à Comissão de concentrações sem dimensão comunitária; III – Princípios gerais em matéria de remessa.

I – Como vimos[88], os Estados-membros também pretenderam reter a apreciação das operações de concentração susceptíveis de se repercutir no seu mercado nacional, ainda que, em simultâneo, possuíssem dimensão comunitária. A gestão deste difícil equilíbrio deu origem ao *mecanismo de remessa disciplinado pelo art. 9.° do RegCct.*

Torna-se, assim, possível que uma operação de concentração abrangida pelo RegCct venha a ser apreciada, *no todo ou em parte*, pelas autoridades nacionais, aplicando a respectiva legislação de defesa da concorrência. Se esta hipótese não se vier a concretizar, deverá a Comissão ter na devida conta o impacto da operação sobre a concorrência nos mercados nacionais[89].

Em que condições actua este mecanismo de remessa do caso da Comissão para as autoridades nacionais?

Em primeiro lugar, é indispensável a existência de um *pedido* apresentado pelo Estado-membro (art. 9.°2)[90]. Mas tal pedido tanto

---

[88] Cfr. *supra*, II. A) 1, II.

[89] Antes da revisão de 2004, era o próprio RegCct a estatuir que Comissão deveria ocupar-se do caso de modo a preservar ou restabelecer a concorrência no mercado afectado. A imposição desapareceu no novo texto mas, à luz dos interesses envolvidos, justifica-se que a Comissão se atenha à prática anterior.

[90] Pode acontecer, naturalmente, que *vários* Estados-membros apresentem pedidos de remessa. Assim sucedeu no caso *Leroy Merlin/Brico*, M.2898, decisão de 13.12.2002, JO 2003 C 187/11, que marcou a primeira vez que um processo

pode ser *espontâneo* (*i.e.*, partir da livre iniciativa das autoridades nacionais, a quem foi dado conhecimento do caso através do envio de uma cópia da notificação[91]), como *induzido* pela própria Comissão, que tem agora a faculdade de convidar os Estados a apresentar pedidos de remessa como forma de obviar à eventual inércia das respectivas autoridades nacionais de defesa da concorrência.

Acresce, na actual versão do RegCct, a possibilidade de serem as próprias *empresas envolvidas* na operação a suscitar a remessa (total ou parcial) do caso, através da *apresentação de um memorando fundamentado* (art. 4.°4) anterior a qualquer notificação. Se a remessa total vier a ser efectuada, será mesmo desnecessário proceder à notificação comunitária da concentração[92].

Naturalmente, o projecto de concentração tem que ser suficientemente concreto e a operação tem que corresponder aos requisitos que determinam a aplicação da legislação nacional de controlo das concentrações. Mas, em qualquer das hipóteses, para que a remessa possa ter lugar, é necessário que estejam preenchidos determinados pressupostos materiais. O critério essencial é o da *afectação da concorrência* num mercado situado no *interior* do Estado-membro que apresente todas as características de um *mercado distinto*. A partir daqui, todavia, duas situações são possíveis.

Na primeira, é preciso que fique demonstrado que a concentração *ameaça significativamente* a concorrência no tal mercado

---

foi remetido para três Estados-Membros diferentes (cfr. IP/02/1881) em resposta a pedidos de remessa efectuados pelas autoridades francesas, espanholas e portuguesas.

[91] O prazo para a apresentação do pedido é, aliás, de 15 dias úteis a contar da recepção da cópia da notificação pelo Estado-membro – art. 9.°2, §1.°.

[92] Note-se que tanto a Comissão como os Estados-membros estão vinculados pelos limites do pedido apresentado pelas empresas – *v.g.*, não pode ter lugar uma remessa parcial quando foi pedida a remessa total (ComRemss, nota 41). A remessa total a um Estado-membro de uma concentração com dimensão comunitária preclude os restantes de lhe aplicar a respectiva legislação de defesa da concorrência.

interior (art. 9.°2a)[93]. Não se exige, contudo, o preenchimento da condição negativa de que esse mercado interior não constitua uma parte substancial do mercado comum.

Nesta primeira situação, dispõe a Comissão de um *poder de decisão discricionário*, já que não é obrigada a remeter o caso. Se tiver por verdadeiros os fundamentos do pedido (se os tiver por injustificados, dirigirá decisão ao Estado-membro dando conta disso – art. 9.°3, §2.°), pode proceder à remessa, total ou parcial (art. 9.°3b), mas pode também, em alternativa, ocupar-se ela própria do caso (art. 9.°3a). Compreende-se esta margem de decisão se atendermos ao facto de que, *a contrario*, a operação *ainda afecta* um mercado que representa uma *parte substancial* do mercado comum, o que justifica o interesse comunitário na sua apreciação e se repercute não só neste poder de a Comissão recusar a remessa como, ainda, na exigência do carácter *significativo* da ameaça à concorrência interna.

A segunda situação, a verificar-se, já constitui a Comissão na *obrigação de remeter* o caso às autoridades nacionais[94]. Desde que o mercado interior relevante *não constitua* uma parte substancial do mercado comum, basta que a Comissão confirme que a concentração o pode simplesmente *afectar* para que veja compelida a tomar uma decisão de remessa, total ou parcial (art. 9.°2b) e 9.°3, §3.°). O que se explica, simetricamente, pela presumida ausência de inte

---

[93] Na interpretação da Comissão, terá que ser demonstrado que, numa abordagem preliminar (e sem prejuízo das conclusões a retirar após um exame mais aturado), existe um risco real de a concentração produzir um impacto negativo considerável sobre a concorrência num mercado cujo âmbito geográfico se esgota no território nacional ou em parte dele (vejam-se os n.°s 35 e 36 da ComRemss).

[94] Cfr., aliás, a segunda frase do considerando 15 do RegCct. A primeira remessa para um Estado-membro ao abrigo do art. 9.°2b) só teve lugar em 2001, no caso *Govia/Connex South Central*, M.2446, decisão de 20.07.2001 (referida no *XXXI Relatório sobre a Política de Concorrência*, Serviço das Publicações Oficiais das Comunidades Europeias, Luxemburgo, 2002, p. 79).

resse comunitário – *rectius*, pela proeminência concreta do interesse nacional[95].

A possibilidade introduzida em 2004 de serem as empresas envolvidas na concentração a suscitar o pedido de remessa *assimila-se* à primeira situação descrita, já que se *exige* uma ameaça significativa à concorrência num mercado interior[96] e se *prescinde* do requisito negativo (ou seja, é irrelevante que se trate de um mercado que constitui parte substancial do mercado comum).

Nestes casos, a Comissão mantém o seu *poder de decisão discricionário* (poderá ou não remeter) com uma importante *nuance*: o funcionamento do mecanismo de remessa necessita do *agrément* do Estado-membro em causa. Expresso ou tácito (pelo decurso do prazo), o acordo do Estado que vai examinar a concentração é, naturalmente, pressuposto da análise pelas respectivas, autoridades de uma concentração que possui dimensão comunitária. O mesmo é dizer: a Comissão só pode tomar uma decisão de remessa se as autoridades nacionais não houverem manifestado, nos termos do art. 4.°4, §2.°, o seu desacordo.

---

[95] A noção de "mercado que *não* constitui parte substancial do mercado comum" tem vindo a ser referida pela Comissão a (certos) mercados com uma *dimensão geográfica reduzida*, situados no interior de um Estado-membro Convém ter em conta, porém a noção dilatada de "parte substancial do mercado comum" subscrita pelo Tribunal de Justiça (onde cabe, por exemplo, o Porto de Génova) e pela própria Comissão, que no caso *Exxon/Mobil*, M.1383, decisão de 29.09.1999, JO 2004 L 103/01, já considerou que tanto o sul da Alemanha como o aeroporto de Gatwick constituiam partes substanciais do mercado comum, o mesmo acontecendo no caso *ENBW/ENI/GVS*, M.2822, decisão de 17.12.2002, JO 2003 L 24/51, com o estado alemão de Baden-Württemberg. Sobre a questão, veja-se a nota 35 da ComRemss.

[96] Naturalmente, as partes não estão obrigadas a demonstrar que é provavelmente *negativo* o efeito da concentração sobre a concorrência (como sucede com os Estados-membros); basta-lhes chamar a atenção para certos *indicadores* normalmente associados a efeitos sobre a concorrência (*v.g.*, sobreposição de mercados, integração vertical) – cfr. a ComRemss, n.° 17.

A ComRemss *densifica um pouco a margem de discricionariedade* que a Comissão detém tanto na apreciação dos pedidos de remessa apresentados pelos Estados, à luz do art. 9.°2a), como na apreciação dos memorandos fundamentados submetidos pelas empresas, nos termos do art. 4.°4.

Os casos com maior probabilidade de beneficiar de remessa serão os que afectem a concorrência sobretudo no mercado geográfico nacional (ou num mercado restrito situado no interior) de um único Estado-membro. Já a remessa de concentrações com efeitos transfronteiriços consideráveis, ou que possam requerer investigação e soluções coordenadas de vários Estados, envolverá uma maior ponderação. Importante será também a consideração das específicas capacidades da autoridade nacional de defesa da concorrência no que toca ao conhecimento dos mercados locais e, ainda, a circunstância de já estar (ou estar prestes) a examinar uma outra concentração no mesmo sector de actividade.

Central neste domínio é igualmente a jurisprudência do TPI no acórdão, *Royal Philips Electronics vs. Comissão*, de 03.04.2003, T-119/02, Col. 2003, p. II-01433.

O TPI considerou que as condições cumulativas enunciadas pelo art. 9.°2a) do RegCct devem ser interpretadas com base em elementos objectivos. Por conseguinte, o poder de apreciação da Comissão em matéria de remessa *é amplo, mas não ilimitado*: a Comissão não pode remeter se verificar, com base num conjunto de indícios precisos e concordantes, que a remessa não é susceptível de preservar ou restabelecer uma concorrência efectiva nos mercados em causa.

Em consonância com este pressuposto, a fiscalização judicial da matéria deve limitar-se a verificar se a Comissão pode, sem cometer um manifesto erro de apreciação, considerar não ser necessário ocupar-se ela própria do caso, já que a remessa às autoridades nacionais é de molde a preservar ou restabelecer uma concorrência efectiva no mercado em causa. Ora, este requisito verifica-se sempre que o Estado-Membro disponha de uma legislação específica sobre o controlo das concentrações, bem como de órgãos especializados para sua aplicação, feita sob a fiscalização dos tribunais nacionais – supondo ainda que, no seu pedido de remessa, as autoridades nacionais hajam identificado com precisão os problemas de concorrência.

Por último, para respeitar o *dever de fundamentação* previsto no artigo 253° CE, a decisão de remessa deve conter indicação suficiente dos elementos tomados em consideração para determinar, por um lado, a presença de uma *ameaça* de criação ou de reforço de uma posição dominante tendo como consequência a criação de entraves significativos a uma concorrência efectiva num mercado no interior do Estado-Membro e, por outro, a existência de um *mercado distinto*.

O conceito de "mercado distinto", neste âmbito normativo, veio a ser analisado pelo TPI no caso *Sogecable vs. Comissão*, processos apensos T-346/02 e T-347/02, acórdão de 30.09.2003, Col. 2003. O Tribunal considerou que o "mercado distinto" previsto no art. 9.°2 não tem que se caracterizar por uma estrutura de concorrência diferente das existentes em outros Estados-Membros. Será suficiente que as condições de concorrência na área dentro da qual as empresas em questão fornecem bens ou serviços não sejam homogéneas, em particular que as preferências dos consumidores e certas barreiras à entrada limitem esse mercado ao território de um dado Estado-Membro (art. 9.°7 do RegCct). Também o facto de uma empresa operar em diversos Estados-Membros não significa, necessariamente, que os mercados em que a empresa opera tenham uma dimensão geográfica que excede o território de cada Estado.

De tudo isto se retira que o objectivo principal do mecanismo de remessa de concentrações da Comissão para os Estados--membros, *a pedido destes, é o de evitar 'lacunas de controlo'*[97]. Semelhantes lacunas poderiam ocorrer se a operação de concentração tivesse efeitos nefastos sobre a concorrência num mercado doméstico sem que o mesmo se verificasse à escala comunitária: a Comissão poderia emitir uma declaração de não oposição (dada a compatibilidade com o mercado comum), suportando o mercado doméstico as consequências nocivas. Mas, mesmo que o problema de concorrência no mercado doméstico fosse expressamente considerado pela Comissão na sua análise, a lacuna poderia igualmente verificar-se se as medidas previstas pelo RegCct se revelassem desadequadas à respectiva solução.

---

[97] Assim C. J. COOK/ C. S. KERSE, *E.C. Merger Control, cit.*, p. 236.

Quanto à oportunidade agora concedida às empresas de desencadear o mecanismo da remessa *mediante a apresentação de um memorando fundamentado*, o propósito essencial parece ser o de lhes poupar os inconvenientes e incómodos inerentes à *notificação comunitária supérflua* de uma concentração que reúne as condições para vir a ser posteriormente remetida a um Estado-membro.

O art. 9.º regula também a *tramitação processual dos pedidos apresentados pelos Estados* (com destaque para o funcionamento do mecanismo da decisão positiva tácita sempre que a Comissão deixe escoar os prazos cominados – art. 9.º5), balizando os critérios para a identificação do *mercado geográfico de referência* (art. 9.º7). A Comissão dispõe, normalmente, de 35 dias úteis (a contar da notificação) para decidir, excepto nos casos em que tenha aberto uma investigação de segunda fase, situação onde passa a dispor de 65 dias úteis.

Em caso de remessa da concentração às *autoridades nacionais*, o art. 9.º8 coloca um *freio* particular à respectiva actuação: só vão poder tomar as medidas estritamente necessárias para preservar ou restabelecer uma concorrência efectiva no mercado em causa.

O acima citado acórdão do TPI no caso *Royal Philips Electronics vs. Comissão* coloca, por seu turno, um *freio à actuação da Comissão subsequente à decisão de remessa* da operação para um Estado-membro. Considera o TPI que, respeitadas as obrigações impostas pelo art. 9.º do RegCct e pelo art. 10.º CE, as *autoridades nacionais são livres de decidir* quanto ao mérito da concentração que lhes foi remetida com base num exame próprio, efectuado em aplicação do direito nacional da concorrência.

A decisão de remessa põe, assim, termo ao procedimento de aplicação do RegCct e transfere a competência exclusiva para o exame das concentrações para as autoridades nacionais da concorrência no que respeita aos aspectos da operação que tem por objecto. Por isso, mesmo que resolva dar início à segunda fase no que respeita aos aspectos da concentração que não foram alvo de remessa, a Comissão não pode ser admitida a intervir no processo decisório das autoridades nacionais da concorrência, nem dedicar--se a um exame da compatibilidade da concentração susceptível de vincular essas autoridades quanto ao mérito. O *risco* de a decisão das autoridades nacionais ser contraditória – ou mesmo inconciliável – com a decisão adoptada pela Comissão é inerente ao próprio mecanismo de remessa.

As decisões sobre remessas estão, naturalmente, sujeitas ao *escrutínio dos tribunais comunitários* com base nas regras gerais, destacando o art. 9.°9 a norma do Tratado CE que permite a imposição de medidas provisórias.

Apesar do art. 9.° só mencionar a legitimidade activa dos Estados--membros, o TPI já abordou questão da *legitimidade de empresas terceiras* para recorrer das decisões de remessa a Estado-membro tomadas pela Comissão (cfr., novamente, o acórdão *Royal Philips Electronics vs. Comissão*)[98]. Tais decisões dizem-lhes *directamente* respeito, já que ficam privadas da possibilidade de ser a Comissão a examinar a concentração ao abrigo do RegCct, ficando igualmente despojadas dos direitos processuais nele previstos As decisões de remessa dizem, ainda *individualmente* respeito a uma empresa terceira que revista a qualidade de principal concorrente das partes na operação, tendo participado activamente no procedimento e tendo a Comissão ponderado a sua posição, uma vez que a decisão a priva da possibilidade de contestar, perante o juiz comunitário, as apreciações que teria sido admitida a contestar se não tivesse havido remessa.

Quanto aos *pedidos de remessa submetidos pelas empresas* através de memorando fundamentado são de imediato[99] enviados aos Estados-membros a que respeitam, dispondo estes de 15 dias

---

[98] Este acórdão confirmou a anterior decisão da Comissão no que respeita à remessa às autoridades francesas, tendo porém anulado a autorização incondicional nos outros cinco Estados-Membros. A nova análise da Comissão acabou por confirmar que os consumidores britânicos, finlandeses, irlandeses, italianos e espanhóis beneficiariam de concorrência suficiente após a concentração (cfr. *SEB/Moulinex II*, M.2621, decisão 11.11.2003, IP/03/1531,

http://www.europa.eu.int/comm/competition/mergers/cases/decisions/m26 21_62_fr.pdf.).

[99] A Comissão diligencia no sentido de os fazer chegar ao Estado-membro no prazo de um dia útil (ComRemss, n.° 56). Recorde-se que, nos termos do Considerando 14 do RegCct, "a Comissão e as autoridades competentes dos Estados-Membros deverão associar-se numa rede de autoridades públicas que apliquem as respectivas competências em estreita cooperação, utilizando mecanismos eficazes de troca de informações e de consulta".

úteis para manifestar o seu (des)acordo. Caso a resposta seja positiva (valendo o silêncio como assentimento), a Comissão dispõe de (pelo menos) 10 dias úteis (num total de 25 a contar da recepção do memorando fundamentado) para decidir se remete ou não o caso às autoridades nacionais. Se o fizer, aplicar-se-á o direito nacional e observar-se-ão as regras do art. 9.°6 a 9.

II – Em simetria com este desvio restritivo corporizado no mecanismo de remessa aos Estados-membros, a competência da Comissão em sede de controlo das concentrações conhece uma *ampliação*, representada pelo *mecanismo de remessa à Comissão* (art. 22.°)[100].

Este expediente vai permitir que, a pedido de um (ou mais) Estados-membros, a Comissão examine, utilizando o núcleo do arsenal normativo do RegCct, *operações de concentração desprovidas de dimensão comunitária*. Na origem do mecanismo estiveram as preocupações dos países ao tempo carecidos de um regime jurídico de controlo das concentrações (nomeadamente, a Holanda, o que levou a que a norma ficasse conhecida como *dutch clause*), países que assim 'delegavam' tal competência na Comissão.

Em 1997, todavia, a introdução da possibilidade de *apresentação de pedidos conjuntos*, aliada à proliferação dos regimes de controlo das concentrações na generalidade dos países comunitários, veio transformar este mecanismo num expediente sobretudo destinado a enfrentar o *problema das apreciações múltiplas*[101]. Quer dizer, ao invés de uma operação de concentração ser avaliada pelas autoridades de defesa da concorrência de diversos Estados--membros, com os inconvenientes que isso acarreta, beneficiará do escrutínio único da Comissão, abdicando os Estados da sua competência na matéria.

---

[100] Ampliação expressamente ressalvada pelo art. 1.°1, ao circunscrever o campo de aplicação do RegCct.

[101] Confirmando esta ideia, E. GARCÍA COSO, *La regulación comunitaria de la concentración industrial europea*, cit., pp. 270-271.

Para que actue o mecanismo da remessa à Comissão tem de se verificar *um pedido por parte do(s) Estado(s)-membro(s) implicados(s)* – art. 22.°1. De acordo com o regime actual, pode a própria Comissão convidar o(s) Estado(s)-membro(s) a apresentar o pedido (art. 22.°5), reclamando, assim, a competência para apreciar a concentração. E, uma vez o pedido apresentado, pode *qualquer outro Estado-membro implicado associar-se-lhe posteriormente*, num prazo de 15 dias (art. 22.°2)[102].

Mas também às *empresas envolvidas* na operação de concentração se atribuiu, em 2004, a faculdade de desencadear o mecanismo de remessa à Comissão, conferindo-lhe a função adicional de *mitigar o problema (preliminar) das notificações múltiplas* – o que não se verifica, necessariamente, nas hipóteses em que são os Estados a apresentar o pedido, uma vez que aí a operação já terá, em regra, sido notificada[103]. Assim, podem as empresas, antes de proceder à notificação junto das autoridades nacionais[104], utilizar um *memorando fundamentado* para informar a Comissão de que a concentração deve ser examinada a nível comunitário (art. 4.°5). Todavia, basta que *um dos Estados-membros competentes* para examinar a concentração manifeste o seu desacordo (no prazo 15 dias úteis a contar da recepção) para que a remessa se veja impedida (art. 4.°5. §4.°).

Para que o pedido de remessa à Comissão possa ser *efectuado pelos Estados*, têm de estar reunidos determinados pressupostos que

---

[102] Importantes pedidos conjuntos têm vindo a ser realizados por diversos Estados-membros (cujo número chegou a ascender a sete) com apoio nas regras e princípios aprovados pela *ECA* no seu documento *Principles on the aplication, by National Competiton Authorities within the ECA network, of Article 22 of the EC Merger Regulation* (disponível, nomeadamente, em

http://www.autoridadedaconcorrencia.pt/vImages/ECA_Priciples_final.pdf).

[103] Ou chegado ao conhecimento das autoridades competentes, nos sistemas que não exigem notificação – cfr. o art. 22.°1, § 2.°.

[104] Segundo o entendimento da Comissão, é *imprescindível que não tenha sido feita qualquer notificação num Estado-membro*: bastará uma só para que o pedido de remessa se torne inviável (ComRemss, n.° 69).

exprimem a necessidade de a concentração, definida no quadro das categorias utilizadas pelo RegCct, apresentar não só uma *dimensão doméstica* como, ainda, um *mínimo de relevância comunitária*[105]. Assim, além de corresponder à definição de concentração fornecida pelo art. 3.°, a operação deve ameaçar atingir significativamente a concorrência no território do(s) Estado(s) que apresentam o pedido e tem, ainda, que preencher o critério da afectação do comércio entre Estados-membros (art. 22.°1)[106].

No que toca às remessas *desencadeadas pelas empresas* através da submissão de um memorando fundamentado, os seus pressupostos são outros. Em consonância com o objectivo de fazer face as situações de notificação múltipla, exige-se, apenas, que se trate de uma operação susceptível de ser apreciada no âmbito da legislação de concorrência *de pelo menos três Estados-membros*. Se nenhum dos Estados implicados manifestar o seu desacordo, o RegCct estabelece a *presunção de que a concentração possui dimensão comunitária* (art. 4.°5, §5.°), com todas as consequências que daí decorrem – nomeadamente, a impossibilidade de aplicar as legislações nacionais de concorrência[107].

---

[105] Apesar de, evidentemente, não possuir autêntica 'dimensão comunitária' – art. 22.°1.

[106] Segundo a interpretação da Comissão (ComRemss, n.ºs 43, ss.), isto significa que a concentração deve ser susceptível de produzir uma interferência visível no padrão de trocas entre Estados-membros. Perfilha-se uma admissibilidade destes pedidos restrita aos casos que apresentem um *risco real* de produzir efeitos negativos sobre a concorrência e comércio entre Estados--membros. Esta atitude restritiva da deve-se ao facto de os pedidos só serem apresentados após a notificação, pelo que a concretização da remessa tende a acarretar custos e demoras para as empresas envolvidas.

[107] A letra do último parágrafo do art. 4.°5 estabelece a presunção de dimensão comunitária como *consequência automática da não-oposição* dos Estados e o Considerando 16 do RegCct refere *a aquisição de competência exclusiva pela Comissão*. A ComRemss (n.ºs 25, ss., em especial n.ºs 31 e 32) adverte que a Comissão estará tanto mais bem equipada para analisar as concentrações em causa quanto maior for o seu potencial de afectação da

Voltando ao mecanismo de remessa à Comissão na sua feição tradicional, apreciado o pedido apresentado pelo(s) Estado(s)--membro(s) e comprovados os fundamentos que o alicerçam, *pode a Comissão decidir examinar a concentração*. Após a decisão, tem a faculdade de exigir às empresas que submetam uma notificação nos termos prescritos pelo RegCct (art. 22.°3, §2.°) e a análise que efectuar mobilizará o núcleo básico do arsenal comunitário (art. 9.°4)[108].

Dentro das normas potencialmente aplicáveis às concentrações remetidas para a Comissão inclui-se o art. 7.° do RegCct, que pres-

---

concorrência transnacional; acrescenta, porém, que mesmo na ausência de tal efeito sobre a concorrência, é importante que a operação seja analisada pela Comissão se atendermos aos custos e à quantidade de tempo consumida pelas notificações múltiplas.

A solução compreende-se melhor se atendermos ao processo que culminou com a redacção do art. 4.°5, reportado por MARIO MONTI em "Review of the EC Merger Regulation – Roadmap for the reform project", *cit*. O Livro Verde sobre a revisão do RegCct avançava a possibilidade de mitigar o problema das notificações múltiplas *alargando os critérios de atribuição de competência à Comissão*, de modo a que caísse sob a alçada do RegCct qualquer operação notificável em três (ou mais) Estados-membros (o chamado "modelo 3+"). A solução veio a deparar com resistências várias, sobretudo devido às disparidades das legislações nacionais em matéria de notificação e, em particular, à existência notificações determinadas pelo critério das quotas de mercado. Receou-se que competência comunitária ficasse dependente da interpretação e aplicação do direito nacional e vulnerável às suas flutuações, afectando a certeza e segurança jurídicas. A solução definitiva acabou, assim, por conferir relevo ao "modelo 3+" não em sede de atribuição directa de competência, mas através do mecanismo de remessa desencadeado pelas próprias empresas que pretendam evitar a notificação múltipla.

[108] Isto é, os arts. 2.°; 4.°2 e 3; 5.°; 6.° e 8.° a 21.°, a que se junta, eventualmente, o art. 7.°. Considera a Comissão (ComRemss, nota 46) que, uma vez que a concentração é por si examinada *a pedido e por conta* de um (ou vários) Estado(s)-membro(s), a análise limitar-se-á a apreciar o impacto concorrencial da operação no(s) território(s) desse(s) Estado(s), deixando de fora, em princípio, a apreciação relativa aos Estados-membros que não se hajam associado ao pedido.

creve a suspensão da operação enquanto não for adoptada uma decisão de compatibilidade. Todavia, a regra só vale se a concentração ainda não houver sido realizada na data em que a Comissão informar as empresas em causa de que foi apresentado um pedido de remessa. A prática tem vindo a revelar que, nessa data, muitas operações já se encontram concretizadas, criando problemas quanto ao restabelecimento da concorrência sempre que a decisão da Comissão é negativa.

No caso *RTL/Veronica /Endemol*, M.553, decisão de 20.09.1995[109], a apreciação da Comissão resultou de um pedido de remessa efectuado pelo Estado holandês, que havia tomado conhecimento da concentração através de uma nota de imprensa enviada pelas partes. Como não teve lugar a aplicação da regra da suspensão, as empresas puderam concretizar a *joint venture* HMG (Holland Media Groep) enquanto decorria o processo comunitário. Sucede que este terminou com uma *decisão de proibição*, já que a Comissão considerou que a empresa comum levaria à criação de uma posição dominante no mercado da publicidade televisiva dos Países Baixos e ao reforço da posição dominante da Endemol no mercado holandês da produção televisiva. A Comissão anunciou, para mais tarde, a adopção de uma decisão *ad-hoc* destinada a restabelecer a concorrência efectiva nos mercados afectados, convidando as partes a proporem medidas adequadas no prazo de três meses. A situação veio a alterar-se de modo a que a Comissão pôde declarar, subsequentemente (decisão de 17.07.1996, JO L 294/14), a concentração compatível com o mercado comum, mediante a imposição de compromissos e atendendo ao facto de a Endemol se haver retirado totalmente da HMG.

No caso *Kesko/Tuko*, M.784, decisão de 20.11.1996, JO 1997 L 110/53, o pedido foi apresentado pela autoridade de defesa da concorrência finlandesa. A Comissão considerou que a operação permitiria à Kesko adquirir uma posição dominante nos mercados finlandeses do comércio a retalho e das vendas *cash & carry* dos produtos de consumo corrente. Como a concentração já havia sido concretizada ao tempo da decisão que a reputou incompatível com o mercado comum, a Comissão reservou, para uma decisão separada, ao abrigo do art. 8.°4, a *imposição das medidas*

---

[109] http://www.europa.eu.int/comm/competition/mergers/cases/decisions/m553_en.pdf.

adequadas para restaurar as condições de uma concorrência efectiva. Subsequentemente, por decisão de 19.02.1997, JO 1997 L 174/47, os compromissos apresentados pela Kesko foram rejeitados e a empresa obrigada a alienar, no prazo fixado pela Comissão, todas as actividades da Tuko em produtos de consumo corrente a um comprador que preenchesse as condições impostas.

O caso *Blokker/ Toys'R'Us (II)*, M.890, decisão de 26.06.1997, JO 1998 L 316/01, teve novamente na origem um pedido de remessa apresentado pelo Estado holandês. A Comissão considerou que a operação de concentração reforçava a posição dominante detida pela Blokker no mercado dos estabelecimentos especializados de venda de brinquedos a retalho. As partes apresentaram à Comissão compromissos através dos quais procuravam resolver os problemas de concorrência levantados, solicitando que, em função disso, tomasse uma decisão de autorização. A Comissão, todavia, optou por uma decisão de proibição, devido ao facto de a concentração já se haver concretizado, preferindo *considerar os compromissos propostos no âmbito da decisão destinada a restabelecer a situação anterior* (art. 8.°4 do RegCct). Assim, a Blokker ficou obrigada a transferir para a sua filial a 100 % Speelhorn BV determinados activos, direitos e obrigações, e, subsequentemente, a alienar cerca de 80 % da totalidade do capital da Speelhorn BV.

Enquanto decorre o todo o procedimento tendente a definir onde será examinada a concentração, estatui o RegCct que *ficam suspensos os prazos nacionais a que esteja sujeita*, só voltando a correr após a decisão negativa da Comissão (porque, caso a Comissão decida aceitar a remessa, deixa a legislação nacional de defesa da concorrência de poder ser, de todo em todo, aplicada – art. 22.°3, §3.°).

Mas da interpretação do RegCct extrai-se que a suspensão dos prazos *vale, igualmente, para os Estados-membros que estejam em condições de se associar ao pedido*, embora não tenham participado na sua apresentação. Isto porque (a) outra causa susceptível de fazer tornar a correr os prazos suspensos é a manifestação, por um *Estado potencialmente afectado* pela concentração, do seu desinteresse em associar-se ao pedido (art. 22.°2, §2.°). Esta interpretação é confirmada pela ComRemss, que acrescenta que esses Estados poderão continuar a aplicar as respectivas legislações nacionais à operação, mesmo que a Comissão aceite o pedido e decida, igualmente, examiná-la[110].

De todo o modo, não deverão, naturalmente, as empresas ser penalizadas pela não apresentação de uma notificação a nível nacional enquanto os prazos estiverem suspensos[111]

III – Subjacente à primitiva versão do RegCct encontrava-se a ideia do *carácter excepcional* do mecanismo de remessa, cuja utilização, por conseguinte, se pretendia muito circunscrita. A experiência acumulada e a evolução sofrida pelo próprio mecanismo conduziram a que lhe viesse a ser atribuído o papel bastante mais significativo de prosseguir, no quadro do princípio da subsidiariedade, *a redistribuição dos casos entre a Comissão e os Estados-membros*, de modo a que a competência possa caber às autoridades mais adequadas a proceder à investigação e análise da concreta concentração.

---

[110] Cfr. o n.° 50 da ComRemss.

[111] O que vale, também, para os pedidos apresentados pelas empresas ao abrigo do art. 4.°5 – ComRemss, n.° 69. Cobra, assim, particular importância o conceito de "Estado-membro competente para examinar a concentração": será aquele cuja jurisdição seja dotada de competência para examinar a concentração. Apesar de todos os Estados-membros receberem uma cópia do memorando fundamentado (art. 4.°5, §2.°), só contam para efeitos de manifestação de desacordo aqueles que sejam "competentes" no sentido apontado. Daí a importância crucial da sua correcta identificação, que exige, como salienta a ComRemss, n.°s 74 a 77, algumas cautelas. Desde logo, devem as partes fornecer informação suficiente para possibilitar a cada Estado-membro a determinação da respectiva competência. Caso um Estado-membro se julgue competente – apesar de as partes não o haverem identificado como tal no formulário MF –, informará a Comissão do facto dentro do prazo geral dos 15 dias úteis e ficará então habilitado a manifestar o seu (des)acordo. Na situação oposta – um Estado-membro identificado no formulário MS como competente, mas que como tal se não considera –, o Estado deixará de ser tido por "competente" após haver disso informado a Comissão. Nas situações mais extremas – um Estado que se considera competente mas que não teve oportunidade de vetar a remessa à Comissão devido à prestação de informações falsas ou incorrectas pelas partes –, poderá ser apresentado pelo Estado, após a notificação, um pedido de remessa do caso para as respectivas autoridades.

Este desenvolvimento veio a cristalizar-se na novíssima ComRemss, onde se exprime a concepção da remessa como um mecanismo de atribuição de jurisdição flexível mas que, ao mesmo tempo, assegura uma protecção eficaz da concorrência e reduz o mais possível o âmbito do *forum shopping*[112]. A remessa permanece, contudo, uma derrogação às regras gerais sobre competência, ancoradas no critério objectivo do volume de negócios e aptas a proporcionar um nível adequado de segurança e certeza jurídicas.

Uma vez que as decisões da Comissão e dos Estados-membros no que respeita a aceitar e/ou efectuar pedidos de remessa comportam uma considerável margem de discricionaridade, ganha especial importância a *densificação de princípios gerais em matéria de remessa* que a Comissão leva a cabo (ainda que não de forma taxativa ou vinculativa) na Comunicação referida[113].

Assim, no quadro geral do princípio da subsidiariedade[114], a remessa deverá permitir que a concentração seja atribuída à *autoridade (nacional ou comunitária) mais adequada para a examinar*. O juízo de adequação atenderá não apenas às características do caso como, ainda, aos recursos e capacidades da autoridade, sem esquecer o âmbito geográfico do impacto sobre a concorrência e os aspectos relacionados com a carga administrativa associada à eventual apreciação da operação por várias entidades[115].

---

[112] Cfr., em especial, o ponto 7 da Comunicação.
[113] Pontos 8 e ss.
[114] Cfr. o Considerando 11 do RegCct.
[115] Razões de conveniência e eficácia (apreciação paralela dos dois casos pela mesma entidade) pesaram na decisão de remessa da oferta pública de aquisição da Lloyds pela GEHE às autoridades do Reino Unido: já estava em curso na Monopolies and Mergers Comission a apreciação de uma oferta rival apresentada pela Unichem (*GEHE/ Lloyds Chemists*, M. 716, decisão de 22.03.1996, http://www.europa.eu.int/comm/competition/mergers/cases/decisions/m714_de.pdf). Algo de semelhante sucedeu com a remessa ao Bundeskartellamt (que já estava a investigar outra situação semelhante, notificada ao abrigo da lei defesa de concorrência alemã) nos casos *Preussag/TUI*, M.1019, decisão de 10.11.1997, JO 1997 C 368/05, e *Preussag/ Hapag-Lloyd*, M. 1001, decisão

Por outro lado, a remessa *não deve prejudicar a ideia de "balcão único" (one stop shop)*, que é uma das linhas estruturantes do RegCct e que traz vantagens não apenas para as empresas, mas também para as próprias autoridades de defesa da concorrência (na medida em que aumenta a eficiência administrativa e evita o risco de abordagens conflituantes ou incoerentes entre si, bem como a duplicação e fragmentação das diligências de execução)[116]. Por conseguinte, *não será aconselhável operar a fragmentação dos casos entre diversas autoridades* por intermédio do mecanismo da remessa. Isto significa que, sem embargo de estar consagrada a possibilidade de remessas parciais, será geralmente preferível que uma única autoridade proceda ao exame de todo o caso – ou, pelo menos, (e aqui já fará sentido remeter parcialmente) dos aspectos

---

de 10.11.1997, JO 1997 C 368/05, considerando a Comissão adequado que se pudesse apreciar em paralelo os três casos, já que afectavam os mesmos mercados no território germânico e levantavam idênticas questões concorrenciais. Todavia, no caso *Carnival Corporation/P&O Cruises*, M.2706, decisão de 24.7.2002, JO 2003 L 248/01, Comissão rejeitou o pedido de remessa efectuado pelas autoridades de concorrência do Reino Unido, apesar de estas terem analisado (e autorizado) uma oferta de aquisição concorrente da P&O Princess pela Royal Caribbean.

[116] No caso *Lagardère/Natexis/VUP*, M.2978, 23.07.2003, JO 2004 L 125/54, a Comissão recusou a remessa parcial às autoridades francesas por considerar que o impacto da transacção deveria ser analisado por uma única autoridade. Para esta decisão contribuiu a preferência do grupo Lagardère em tratar com uma única autoridade de concorrência e a preferência das autoridades belgas no sentido de que o caso fosse tratado a nível comunitário.

Mas recorde-se, uma vez mais, a jurisprudência do TPI no acórdão de 03.04.2003, *Royal Philips Electronics vs. Comissão*, T-119/02, Col. 2003, p. II-01433. Sendo certo que as condições previstas pelo art. 9°2 a) e b), do RegCct devem ser interpretadas restritivamente, de modo que as remessas de concentrações de dimensão comunitária às autoridades nacionais se limitem a casos excepcionais, a verdade é que o risco de tais concentrações virem a ser objecto de uma análise fragmentada, afectando o princípio do balcão único, não pode pôr em causa a decisão de remessa: é um *risco inerente* ao próprio mecanismo.

interligados de um caso (*v.g.*, análise dos mercados a montante *vs.* análise dos mercados a jusante)[117].

Finalmente, há que ter em conta a *importância da certeza e segurança jurídicas* para todos os envolvidos. Isto significa, em particular, que os pedidos de remessa posteriores à notificação só devem ser apresentados quando existam motivos fortes para substituir a jurisdição determinada pelas regras gerais. Se os pedidos de remessa forem anteriores à notificação (via memorando fundamentado), deve evitar-se tanto quanto possível uma nova situação de remessa pós-notificação[118].

Da aplicação destes princípios gerais às diversas situações de remessa já fomos dando conta em sede própria. Resta assinalar que a Comissão adopta como *critério de sistematização* o momento da notificação da concentração, distinguindo entre as situações de *remessa anterior à notificação* (quer a remessa seja para Comissão, quer para os Estados-membros, o pedido é sempre apresentado pelas partes através de um memorando fundamentado nos termos dos

---

[117] Nos casos *BP/E.ON*, M.2533, decisão de 06.09.2001, JO 2002 L 276/31, e *Shell/DEA*, M.2389, decisão de 23.08.2001, JO 2003 L 015/35, a Comissão remeteu para o Bundeskartellamt uma parte de duas operações relaivas a produtos petrolíferos. Simultaneamente, iniciou uma investigação aprofundada no que se refere às partes petroquímicas de ambas as operações, devido às preocupações suscitadas no mercado de etileno. Dissociou, portanto, a análise do sector petroquímico da análise dos produtos petrolíferos a jusante, na Alemanha – área remetida para as autoridades alemãs. No caso *Arla/Express Dairies*, M.3130, decisão de 10.06.2003, JO 2003 C 297/25, a Comissão aquiesceu na remessa da parte relativa aos mercados de fornecimento de leite fresco tratado e de natas frescas empacotadas. Já quanto ao mercado de aprovisionamento de leite cru, uma vez que não identificou qualquer problema de dominância, a Comissão rejeitou o pedido de remessa e autorizou a operação. No caso *Leroy Merlin/Brico* – citado na nota (90) – a Comissão considerou que as autoridades nacionais francesas, espanholas e portuguesas estariam mais bem colocadas para apreciar o impacto desta operação sobre a concorrência em cada mercado local, ao nível da distribuição, tendo aprovado a operação de concentração nos restantes mercados envolvidos.

[118] Cfr., aliás o Considerando 14 do RegCct.

arts. 4.°4 e 4.°5 do RegCct) e as situações de *remessa posterior à notificação* (quer a remessa seja para Comissão, quer para os Estados-membros, o pedido é sempre apresentado por estes últimos nos termos dos arts. 9.° e 22.° do RegCct).

3. A COOPERAÇÃO ENTRE A COMISSÃO E OS ESTADOS-MEMBROS E AS RELAÇÕES COM PAÍSES TERCEIROS

I – Cooperação entre a Comissão e os Estados-membros;
II – Relações com países terceiros: extraterritorialidade, acordos de cooperação e reciprocidade

I – O RegCct pretendeu assegurar a *cooperação entre a Comissão e os Estados-membros* ao longo das várias etapas do processo de apreciação das operações de concentração.

Os Estados-membros são tempestivamente informados da projectada operação de concentração através do envio da *cópia da notificação* apresentada pelas empresas (art. 19.°1). Subsequentemente, deve a Comissão manter uma ligação estreita e constante com autoridades nacionais, que receberão cópias dos documentos mais importantes, terão acesso aos processos e poderão formular as observações que entendam (19.°1 e 2). Realce-se o papel desempenhado pelo *Comité Consultivo,* formado por representantes das autoridades nacionais defesa da concorrência, ao qual cabe emitir parecer sobre os projectos de decisão de segunda fase. O parecer não é vinculativo, mas deve ser tornado público pela Comissão (art. 19.°3 a 7)

Pretende-se, igualmente, uma estreita colaboração entre a Comissão e as autoridades nacionais *em matéria de obtenção de informações e de realização de investigações junto das empresas.* Desde logo, o Governo e as autoridades dos Estados-membros são obrigados a prestar à Comissão todas as informações necessárias para o exercício das funções que o RegCct lhe atribui (11.°6) e aquelas últimas devem proceder, junto das empresas, às inspecções solicitadas pela Comissão ao abrigo do RegCct (12.°1 e 13.°5). A Comissão, por seu turno, deve enviar sem demora às autoridades competentes dos Estado-membros cópia das decisões que solicitem informação a pessoa ou empresa domiciliada no seu território (11.°5) e, a pedido do Estado-membro, deve também enviar cópia dos simples pedidos de informação.

A participação dos Estados é igualmente requerida no que toca à *elaboração do Regulamento de Execução* (art. 23.°2).

II – No capítulo das *relações com países terceiros* o RegCct levanta duas questões importantes. A primeira respeita à *polémica da extraterritorialidade* e ao expediente dos *acordos bilaterais ou multilaterais*; a segunda prende-se com o *mecanismo da reciprocidade*.

Com efeito, sucede, por vezes, que algumas ou mesmo todas as empresas envolvidas numa operação de concentração possuidora de dimensão comunitária tenham a sua sede num país terceiro, *i.e.*, alheio à Comunidade. Trata-se, portanto, de empresas que geram volume de negócios no espaço comunitário, embora aqui não estejam sedeadas. São estes casos que fazem eclodir o problema da *aplicação extraterritorial* do direito comunitário sobre controlo de concentrações[119].

A questão ainda se afigura nebulosa, embora já exista alguma jurisprudência sobre a matéria. Dela se retira, por exemplo, que os critérios do art. 1.° do RegCct, exigindo a localização de certo volume de negócios no interior da Comunidade, determinam geralmente (mas não de modo infalível) que uma parte da actividade das empresas se desenvolva dentro do território comunitário e se

---

[119] Vejam-se, por exemplo, os casos *Gencor/Lonrho*, M.619, decisão de 24.04.1996, JO 1997 L 11/30, em que a concentração dizia respeito a dois produtores de platina sul-africanos; o caso *Konica/Minolta*, M.3091, decisão de 11.07.2003, JO 2003 C 192/37, em que a Comissão examinou a aquisição da Minolta pela Konica, ambas fabricantes japoneses de máquinas fotográficas, fotocopiadoras e outros equipamentos de imagem; ou o caso *CVRD/CAEMI*, M.3161, decisão de 18.07.2003, IP/03/1052, que envolvia duas empresas mineiras brasileiras com actividades no sector da produção e comercialização de minério de ferro, caulino e bauxite.

repercuta sobre a estrutura dos mercado aí existentes, justificando o apelo à chamada 'doutrina dos efeitos' como fundamento da jurisdição comunitária[120].

Claro que, uma vez aplicado o direito comunitário, subsiste a *vexata quaestio* do modo de assegurar o cumprimento das decisões tomadas[121]. São estas e outras dificuldades que fazem emergir a importância dos *acordos de cooperação* com países terceiros, merecendo destaque os acordos firmados com os E.U.A[122] e com o

---

[120] No acórdão de 25.03.1999, *Gencor vs. Comissão*, T-102/96, Col. 1999, p. II-00753, o TPI entendeu que o facto de, no contexto de um mercado global, outras partes do mundo serem afectadas pela concentração não era impeditivo de uma fiscalização pela Comissão. Sempre que seja previsível que uma concentração projectada por empresas estabelecidas no exterior da Comunidade possa produzir efeitos imediatos e substanciais na Comunidade, a aplicação RegCct é justificada à luz do direito internacional público. Sobre a doutrina dos efeitos, na jurisprudência norte-americana e comunitária, ver E. FRIEDEL-SOUCHU, *Extraterritorialité du droit de la concurrence aux Etats-Unis et dans la Communauté Européenne*, L.G.D.J., Paris, 2001, pp. 98, ss., e 123-136. Para um confronto entre a teoria dos efeitos e a doutrina da execução (a concentração terá que ser executada no território comunitário para que a jurisdição seja reconhecida) na aplicação do RegCct, cfr. SOFIA OLIVEIRA PAIS, *op.cit.*, pp. 340, ss.

[121] Sobre o problema em geral, pode ver-se E. FRIEDEL-SOUCHU, *op. cit.*, pp. 163, ss., e 215, ss., ou, igualmente, JÜRGEN BASEDOW, "Souveraineté territoriale et globalisation des marchés: le domaine d'application des lois contre les restrictions de la concurrence", *Collected Courses of the Hague Academy of International Law*, 1997, tomo 264, pp. 9-178.

[122] Seguramente mais importante, devido ao facto de haver muitas concentrações analisadas nos dois sistemas quase em simultâneo. Tem, inclusive, acontecido que a proibição da operação num dos sistemas conduza abandono da concentração e à concomitante desnecessidade de, no outro sistema, ser tomada uma decisão final ou (como no caso *Metso/Svedala*, M.2033, decisão de 21.01.2001, JO 2004 L 088/01) que os compromissos assumidos perante a Comissão dissipem boa parte das dúvidas levantadas nos E.U.A. Sobre o acordo de cooperação com os E.U.A., pode ver-se E. GARCÍA COSO, *La regulación comunitaria de la concentración industrial europea*, cit., pp. 232, ss.

A cooperação tem sido pacífica em concentrações como a *Bayer/ /Aventis Crop Science*, M.2547., decisão de 17.04.2002 JO 2004 L 107/01, cuja

Canadá. Os acordos versam matérias como a troca de informações e perspectivas, a chamada *traditional comity* (necessidade de ter em consideração os interesses relevantes do parceiro) ou a permissão para transmitir informações confidenciais.

Quanto ao *mecanismo da reciprocidade*, previsto no art. 24.º, tem sido considerado um *expediente defensivo*[123], talhado para combater discriminações no acesso das empresas comunitárias aos mercados de países terceiros. Não configura uma arma de retaliação, como alguns países chegaram a pretender, mas sim de defesa das empresas sediadas na comunidade contra legislações externas que protejam os respectivos 'campeões nacionais' em seu detrimento. Por seu intermédio, abre-se caminho a negociações em que à Comissão é dado jogar com o peso conferido pelos atractivos do mercado comunitário.

---

investigação aprofundada foi conduzida em estreita cooperação com as autoridades americanas, ou a *Pfizer/Pharmacia*, M.2922, decisão de 27.02.2003, JO 2003 C 110/24, que criou a maior empresa farmacêutica do mundo em termos de vendas e de investimento em I&D, tendo a Comissão cooperado estreitamente com as autoridades americanas na análise de uma série de questões.

Todavia, sempre que a Comissão tende para um juízo negativo, sobretudo quando estão envolvidas empresas americanas – e a menos que as autoridades dos E.U.A. partilhem as dúvidas, como sucedeu no caso *MCI WorldCom/Sprint*, M.1741, decisão de 28.06.2000, JO 2003 L 300/01 –, as tensões são inevitáveis. Sirva de exemplo a concentração *Boeing/ McDonnell Douglas*, M.877, decisão de 30.07.1997, JO 1997 L 336/16, autorizada pelas autoridades americanas enquanto o processo comunitário ainda decorria, na sequência do que se registaram pressões no sentido da não oposição, invocando o risco de grave lesão dos interesses nacionais; ou, ainda, as importantes divergências de pontos de vista manifestadas no caso *General Electric/Honeywell*, M.2220, decisão de 03.07.2001, JO 2004 048/01.

[123] Ao que parece, nunca utilizado – C. J. COOK/ C. S. KERSE, *E.C. Merger Control*, cit., p. 10; E. VARONA/ A. GALARZA/ J. CRESPO/ J. ALONSO, *Merger Control in the European Union*, cit., p. 418.

C) Âmbito de aplicação

O âmbito de aplicação do RegCct é circunscrito pelo cruzamento de dois vectores essenciais: a existência de uma *operação de concentração* correspondente à noção do art. 3.º e a característica da *dimensão comunitária* inerente a tal concentração, tal como se decanta do art. 1.º. Comecemos por analisar o conteúdo da noção de 'concentração' para, em seguida, nos debruçarmos sobre o conceito operativo da 'dimensão comunitária'.

1. NOÇÃO DE CONCENTRAÇÃO RELEVANTE

I – Fusão; II – Aquisição de controlo; III – Controlo singular; IV – Controlo conjunto; V – Excepções; VI – Criação de empresa comum.

I – É complexa e muito dilatada a noção de concentração que, para efeitos de controlo comunitário, se extrai do art 3.º RegCct, conjugado com a ComCCct. Houve intenção de abranger apenas as operações que conduzam a uma *alteração duradoura da estrutura das empresas,* mas atribui-se relevo tanto a situações de direito como a situações de facto[124].

---

[124] Ensaiando uma "noção estrita e compreensiva" de operação de concentração retirada do acervo normativo-decisório comunitário, E GARCÍA COSO, *La regulación comunitaria de la concentración industrial europea, cit.*, p. 146, sugere "o processo ou acção que tende à redução do número de empresas economicamente independentes, colocando-as sob uma direcção económica única obtida através de uma vinculação orgânica que gera uma situação estrutural irreversível que se estende a todo o processo de produção, tanto a nível da oferta como da procura, com o objectivo de alcançar uma dimensão competitiva óptima no mercado". Na mesma linha, tentando decantar os elementos essenciais do conceito comunitário de concentração, E. VARONA/ A. GALARZA/ J. CRESPO/ J. ALONSO, *Merger Control in the European Union, cit.,* pp. 8, ss., referem a

Podemos distinguir duas grandes categorias de concentração: a *fusão* e a *aquisição de controlo*.

O art. 3.°1, al. a), abrange as situações em que *duas ou mais empresas independentes se fundem numa nova empresa*, deixando de existir como entidades jurídicas diferentes, tal como as situações em que *uma das empresas absorve a outra*, a qual deixa de existir como entidade jurídica[125]. Note-se que o termo 'empresa' é aqui (como em diversos outros pontos do RegCct) utilizado em sentido subjectivo[126] e coincidirá, na maioria dos casos, com a pessoa jurídica 'sociedade'[127].

O conceito de fusão tem vindo a ser estendido de modo a abranger, igualmente, a formação de uma *unidade económica comum* pela conjugação das actividades de empresas que permanecem independentes e mantêm a respectiva personalidade jurídica. Serve de exemplo a criação de uma gestão económica comum por via contratual[128], mas releva também a existência de

---

necessidade de uma alteração estrutural, temporalmente dotada de natureza permanente, devendo a entidade resultante possuir autonomia jurídica e económica.

[125] Ver n.° 6 da ComCCct.

[126] Isto é, na acepção de "sujeito jurídico que exerce uma actividade económica" – J. M. COUTINHO DE ABREU, *Curso de Direito Comercial*, vol. I, «Introdução, Actos de comércio, Comerciantes, Empresas, Sinais distintivos», 5ª ed., Almedina, Coimbra, 2004, p. 205.

[127] Para o restabelecimento da correcta separação conceptual e funcional, e sem olvidar que "uma sociedade é em regra constituída para a exploração de uma empresa", J. M. COUTINHO DE ABREU, *Curso de Direito Comercial*, vol. II, "Das sociedades", Almedina, Coimbra, 2002, pp. 22, ss.

[128] Situação que se pode concretizar no caso de um *Gleichordnungkonzern* de direito alemão e em certas hipóteses de *groupements d'intérêt économique* franceses ou de *partnerships* de direito anglo saxónico – cfr. ponto 7, em especial nota (5), da ComCCct. No ordenamento jurídico português, relevarão as figuras do agrupamento complementar de empresas (Lei n.° 4/73, de 4 de Junho, e Decreto-Lei n.° 430/73, de 25 de Agosto) e, eventualmente – sobretudo atendendo aos factores a seguir enunciados no texto, como a compensação interna nos lucros e nas perdas –, alguns casos particulares de consórcio e de associação em participação (Decreto-Lei n.° 231/81, de 28 de Julho).

uma compensação interna dos lucros e perdas das empresas envolvidas, a assunção de uma responsabilidade solidária perante terceiros ou a detenção de participações cruzadas.

II – Bastante mais intrincada é a segunda modalidade de concentração, prevista no art. 3.º1b), 2 e 3, que assenta no critério qualitativo da *aquisição de controlo*.

Mas aquisição de controlo por *quem*? Através de que *meios*? Sobre que *objecto*? E o que se entende por *controlo*? Vamos orientar a nossa exposição pela resposta a estas questões.

O *sujeito que adquire o controlo* tanto pode ser, na terminologia do RegCct, uma '*empresa*', como uma '*pessoa*' detentora de pelo menos uma empresa. Transpondo, com o auxílio da ComCCct[129], estas categorias para outras que nos são mais familiares, diremos que o sujeito da aquisição de controlo *tanto pode ser uma sociedade como qualquer outra pessoa jurídica* (pública – incluindo o próprio Estado – ou privada, singular ou colectiva) *que controle uma empresa*[130].

Ainda em sede de titularidade, importa salientar que o RegCct não negligenciou as *situações de interposição na aquisição de controlo*, ou seja, as hipóteses em que empresa que adquire as participações sociais ou os activos é ela própria controlada por outra empresa (ou pessoa jurídica) e é esta última quem, afinal, adquire o poder efectivo – ainda que indirecto – sobre a empresa-alvo[131].

---

[129] Cfr., em especial, o n.º 8 da ComCCct.

[130] Isto é, quer a pessoa jurídica em causa seja *titular* de uma empresa em sentido objectivo, quer *controle* (na acepção do RegCct) a sociedade que explora uma empresa. Para o conceito de empresa em sentido objectivo – "instrumentos ou estruturas produtivo-económico objectos de direitos e de negócios", J. M. COUTINHO DE ABREU, *Curso de Direito Comercial*, vol. I, cit., p. 205. Note-se que, segundo a ComCCct, não constituirá operação de concentração a reestruturação meramente interna de um grupo de empresas, dado não implicar alteração no controlo que permanece nas mãos dos mesmos sujeitos.

[131] Daí o recurso à expressão 'controlo directo ou indirecto', art. 3.º1b), e a referência do art. 3.º3b) ao poder de exercício de certos direitos por quem

Um tipo muito especial de controlo indirecto, ainda abrangido pela interpretação da Comissão[132], é aquele em que, por assim dizer, não há 'rasto jurídico' da interposição e se torna necessário mobilizar, como elemento de prova para chegar ao *verdadeiro titular do controlo*, fluxos de financiamento ou relações familiares que o ligam ao 'agente' da aquisição (aquele que permanece o *titular formal* dos direitos que dela emergem)[133]

Quanto ao *modo como é adquirido o controlo*, relevam tanto os *meios jurídicos* explicitamente conducentes à sua captação como as *situações de facto* susceptíveis de produzir o mesmo efeito – art. 3.º1b) e 2. Na primeira categoria, encontramos, desde logo, a *aquisição de participações sociais*; mas, também, a *aquisição de activos* (seja através da respectiva propriedade, seja através da obtenção do seu uso ou fruição); ou, ainda, da *aquisição de direitos* que confiram uma influência determinante na composição, nas deliberações ou nas decisões dos órgãos societários. No capítulo das situações de facto, a Comissão aponta o exemplo das *situações de dependência económica* que possibilitam o controlo material de uma empresa[134] (como sucede com certos acordos de fornecimento a longo prazo particularmente relevantes ou com créditos concedidos por fornecedores ou clientes, desde que associados a relações estruturais).

---

não seja seu titular, que acresce à titularidade directa prevista no art. 3.º3a). Sobre o ponto, dando como exemplos o consórcio que faz oferta através de uma empresa comum ou a sociedade criada para deter participações sociais ou exercer direitos de voto de empresas-mãe, C. J. COOK/ C. S. KERSE, *E.C. Merger Control*, cit., p. 34

[132] Cfr. n.º 10 da ComCCct.

[133] Este poder de exercer os direitos sem ser o respectivo titular remete-nos para figura anglo-saxónica do *beneficial owner*: aquele que detém, de facto, o poder de usar e fruir algo, ainda que não seja legalmente reconhecido como o respectivo titular (B. GARNER/ B. MCDANIEL/ D. SCHULTZ, *Black's Law Dictionary – Pocket Edition*, 1996, p. 645: «one recognized in equity as the owner of something because real and beneficial use and title belong to that person, even though legal title may belong to someone else»).

[134] Cfr. ComCCct, n.º 9.

Note-se que é possível um sujeito *adquirir inadvertidamente o controlo* de uma empresa, *i.e.*, pode verificar-se que obteve o controlo sem ter havido qualquer actuação da sua parte. Sirva de exemplo a hipótese de uma transmissão de participações sociais em que o sujeito não esteve envolvido mas que provocou alterações da estrutura societária, conferindo-lhe, doravante, o controlo na acepção do RegCct[135].

Quanto ao *objecto do controlo* tanto pode ser, na interpretação da Comissão, uma «empresa com personalidade jurídica própria»[136]– *rectius*, uma *pessoa colectiva* (*maxime*, uma sociedade) que exerça uma actividade económica no mercado –, como a totalidade ou parte dos activos de uma empresa – *i.e.*, a aquisição da *própria empresa* em sentido objectivo ou de certos *elementos empresariais* (por exemplo, de marcas ou licenças geradoras de «uma actividade à qual possa ser claramente atribuído um volume de negócios no mercado»[137]).

---

[135] Veja-se o caso *Avesta II*, M.452, decisão de 09.06.1994, JO 1994 C 179/00, em que a Comissão considerou que a alienação da participação social de um dos intervenientes num acordo parassocial constituía *os restantes* na obrigação de notificar, dado ter-se verificado uma *alteração na natureza do controlo* por eles exercido. Esta posição suscitou algumas críticas na doutrina por configurar *a imposição de uma obrigação de notificar com base na actuação de terceiros* (J.-Y. ART / D. VAN LIEDEKERKE, "Developments in EC Competition Law in 1994 – An overview", *Common Market Law Review*, vol. 32, n.º 4, 1995, pp. 921-971, 1995, p.944). Todavia, pode também argumentar-se que a origem do controlo radica no acordo parassocial, em cuja constituição interveio a vontade de todos, o que explica que *todos* fiquem subsequentemente expostos às vicissitudes da modificação subjectiva do pacto. Para C. J. COOK/ C. S. KERSE, *E.C. Merger Control*, *cit.*, p. 34, é muito provável que várias situações deste tipo – *i.e.*, alterações de controlo "inadvertidas" – já tenham ocorrido e passado despercebidas.

[136] ComCCct, n.º 11.

[137] ComCCct, n.º 11.

III – Resta-nos a considerável tarefa de tentar esclarecer o que se entende por *controlo* para efeitos de aplicação do RegCct. O art. 3.º2 fornece-nos uma noção aberta: trata-se da possibilidade de exercer uma *influência determinante* sobre uma empresa. E basta que se obtenha a *simples possibilidade de exercer* o controlo (art. 3.º2) – não se requer o seu exercício efectivo nem, tão-pouco, a intenção de o obter[138].

Têm vindo a ser decantadas pela Comissão essencialmente duas modalidades de controlo: o *controlo singular* e o *controlo conjunto*[139].

Note-se que, a par com a *aquisição ex nihilo de controlo* ingressando numa destas modalidades, também serão consideradas concentrações certas *alterações supervenientes na própria estrutura de controlo* – por exemplo, a transformação do controlo conjunto de uma empresa em controlo singular exclusivo, ou o aumento do número de sócios que exercem o controlo conjunto. Basta, portanto, a ocorrência de uma mudança de controlo duradoura para que estejamos em presença de uma concentração (art. 3.º1 e Com CCct, n.ºs 16 e 40).

O controlo singular tanto pode configurar uma situação de *controlo exclusivo* como uma hipótese de *controlo negativo ou por veto*.

O paradigma típico do controlo singular exclusivo é fornecido pela *aquisição da maioria dos direitos de voto*, independentemente da envergadura da participação social correspondente (isto é, independentemente da percentagem do capital social representada ser – ou não – maioritária)

Mas também traduz uma situação de controlo exclusivo a *aquisição de outros direitos* (que não de voto) *que permitam ao sócio* (ainda que minoritário) *determinar o comportamento empresarial estratégico* da empresa-alvo (*v.g.*. o poder de nomear mais de metade dos membros do órgão de fiscalização ou de administração),

---

[138] ComCCct, n.º 9.
[139] Ver ComCCct, n.ºs 13, ss., e 18, ss.

bem como a *aquisição do direito de gerir as actividades da empresa e de determinar a sua política empresarial*.

Acresce, por fim, a aquisição de controlo exclusivo com base numa mera *situação de facto*. Referimo-nos às circunstâncias que conduzem à obtenção de uma maioria estável de votos por parte de um sócio minoritário – o que tende a verificar-se quando as restantes participações sociais *(maxime,* acções) se encontram de tal modo dispersas que se torna muito reduzida a probabilidade de todos os outros sócios estarem presentes ou representados em assembleia geral, apontando nesse sentido o historial das presenças nas assembleias dos anos anteriores[140].

Quanto ao controlo singular negativo ou por veto, ocorrerá sempre que um sócio detenha o *poder de bloquear decisões comerciais estratégicas*, embora não possua o poder de, por si só e pela positiva, impor tais decisões. Semelhante faculdade pode derivar da atribuição de um direito de veto em específicas matérias, mas, igualmente, da detenção de 50% das participações sociais quando as restantes estejam repartidas por dois ou mais sócios[141], ou, ainda, da exigência de um quórum deliberativo que, em termos práticos, confira a um único sócio um autêntico direito de veto.

IV – Verifica-se uma situação de *controlo conjunto* sempre que se torne necessário o *acordo de dois ou mais sócios* para a adopção

---

[140] A ComCCct não confere grande relevo à possibilidade de a simples existência de uma opção de aquisição ou conversão de acções funcionar como meio de aquisição de controlo exclusivo. Será, em princípio, um elemento suplementar a adicionar a outros, a menos que existam acordos juridicamente vinculantes que impliquem o exercício num futuro imediato. Também se quedam fora do conceito de controlo exclusivo as prerrogativas exercidas por um Estado actuando como autoridade pública (e não como sócio) – cfr. n.ºs 15 e 17 da ComCCct.

[141] Se não, *i.e.*, se houvesse apenas outro sócio também com uma participação social de 50%, cairíamos numa situação de controlo conjunto. Note-se que utilizamos a terminologia empregue pelo n.º 39 da ConCCct com a consciência de que não é a mais apropriada – ao invés de 'participação social de 50%', seria mais correcto (também aqui) falar em 50% dos votos.

das principais decisões respeitantes à empresa controlada. Dito de outro modo, cada sócio tem o poder de bloquear medidas que determinam o comportamento empresarial estratégico da empresa controlada, pelo que *só o acordo entre eles permitirá a superação dos impasses*[142]. Quando é que isto acontece?

Tipicamente, *sempre que os dois únicos sócios possuam igual número de votos na sociedade controlada*[143] – desde que (condição negativa) não existam acordos entre eles que rompam o equilíbrio, como sucede com o direito a nomear um número de membros desigual nos órgãos de gestão.

Mas, ainda que não existam apenas dois sócios, ou se estes não possuírem igualdade de votos nem de representação nos órgãos sociais, continuaremos em presença de uma hipótese de controlo conjunto quando *os sócios (minoritários) dispuserem de direitos de veto sobre decisões estratégicas relativas à política empresarial da sociedade*[144].

Tais direitos tanto podem ser conferidos nos estatutos como resultar de acordos parassociais; e tanto podem ser atribuídos directamente como de forma indirecta[145]. O seu *conteúdo* deve, porém, ultrapassar o vulgar figurino dos direitos de protecção de posições minoritárias (em sede, *v.g.*, de modificação dos estatutos, de alterações do capital ou de liquidação da sociedade), sem que se chegue ao ponto de exigir que permita uma influência determinante

---

[142] Note-se que basta a possibilidade de exercer a influência determinante que a simples titularidade destes poderes confere, uma vez que não se exige, como vimos, nem a *intenção* de adquirir o controlo nem o seu *exercício efectivo*.

[143] Na tentativa de verter o jargão comunitário para categorias que nos são mais familiares, utilizamos uma terminologia não-coincidente com a da ComCCct, que emprega as expressões accionistas ou empresas-mãe e empresa controlada ou empresa comum.

[144] ComCCct, n.ºs 21, ss.

[145] Por exemplo, através da exigência de quorum deliberativo específico para certas decisões (na assembleia geral ou até no órgão de administração se aí estiverem representados ou da sujeição de certas decisões à aprovação de um órgão específico onde os sócios controladores têm assento e peso deliberativo.

sobre gestão quotidiana. Servem de exemplo os poderes de veto em matérias como a elaboração do orçamento e plano de actividades; a aprovação de investimentos e a nomeação de quadros superiores; ou a tomada de decisões sectorialmente específicas (tecnologia, novas linhas de produtos). A existência de um ou de vários destes direitos (apreciados no seu efeito conjunto) pode ser suficiente para a verificação de uma situação de controlo conjunto, tudo depende do conteúdo que encerram e do seu relevo para o desenvolvimento da actividade da empresa.

Existe, enfim, controlo conjunto quando dois ou mais sócios detêm *participações minoritárias as quais, agregadas, lhes conferem a maioria dos votos que eles irão exercer no mesmo sentido*. As fontes deste exercício 'em comum' dos direitos de voto tanto podem ser *jurídicas* (*v.g.*, constituição de um sindicato de voto ou transferência dos direitos para a mesma SGPS) como *empíricas* (traduzidas na existência de interesses comuns que impeçam os sócios de se oporem uns aos outros no exercício dos direitos de voto[146]). Fora destas situações, a *simples possibilidade de coligação* entre sócios minoritários não releva.

V – O RegCct contempla, todavia, no seu art. 3.º, n.º 5, uma lista de *situações excepcionais, que não serão tratadas como operações de concentração* ainda que preencham os requisitos referidos.

Dizem respeito à aquisição de participações sociais por período limitado, desde que feita por instituições financeiras com respeito por certas exigências (al. a); às aquisições em processo de falência ou análogo feitas por pessoa mandatada pelos poderes públicos (al. b); e à aquisição de controlo por sociedades de participação financeira, observados que sejam determinados requisitos, nomea-

---

[146] Servirão de indícios factores como a existência prévia de relações entre os sócios ou a aquisição das participações sociais em causa através de uma acção concertada. A probabilidade será maior quando operação consistir na criação de uma empresa comum, mas decresce na razão directa do número de empresas-mãe participantes.

damente o de não utilizar os direitos de voto para determinar o comportamento concorrencial das empresas.

VI – Para terminar esta pequena digressão pelo conceito operativo de concentração, cabe uma palavra para a *criação de uma empresa comum* (*joint venture*). Trata-se de uma hipótese que reentra na categoria das concentrações por *aquisição de controlo conjunto* – art. 3.°1b) *ex vi* art. 3.°4.

A questão particular reside em apurar quais as *joint-ventures* a submeter ao procedimento de controlo das concentrações, por oposição àquelas cujos efeitos sobre a concorrência deverão ser apreciados no âmbito do art. 81.°, relevando menos a entidade criada do que o acordo (restritivo) entre as empresas-mãe

O critério resulta do art. 3.°4 do RegCct, interpretado à luz da Comunicação da Comissão relativa ao conceito de empresas comuns no âmbito do controlo das concentrações, sem esquecer a Informação relativa à apreciação das empresas comuns de pleno exercício[147].

A ideia-chave é a de que devem cair sob a alçada do controlo das concentrações as operações que provoquem uma alteração duradoura nas estruturas do mercado – e, por conseguinte, *a criação de empresas comuns que desempenhem todas as funções de uma entidade económica autónoma*[148].

Esta qualidade passa pela verificação de diversas condições. Desde logo, devem as empresas comuns *operar no mercado de modo em tudo semelhante* às empresas que já aí se encontram. Por

---

[147] Citadas *supra*, ponto II.A)3, III.

[148] Até 1998, a aplicação do RegCct ainda estava dependente do preenchimento de uma 'condição negativa': que a empresa comum não tivesse como objecto ou como efeito a coordenação do comportamento concorrencial das empresas-mãe. Note-se que as empresas comuns podem inclusive ter duração limitada, desde que suficientemente longa para dar origem a uma verdadeira alteração estrutural – cfr. n.° 15 da Comunicação relativa ao conceito de empresas comuns.

este motivo, não terão verdadeiro acesso ao mercado as empresas comuns de I&D, ou aquelas que fizerem todas as suas vendas às empresas-mãe; não passarão também de simples auxiliares as empresas comuns que se limitarem a distribuir ou vender os produtos das empresas-mãe. Depois, devem as empresas comuns *dispor de gestão própria* e *ter acesso aos recursos necessários* – como financiamento, pessoal ou activos corpóreos e incorpóreos. Claro que pode haver fluxos de trocas com as empresas-mãe, ou pode mesmo haver aproveitamento das redes de distribuição destas, desde que não se ultrapassem certos limites.

Quid iuris se a criação destas empresas comuns (também) tiver como consequência directa (por objecto ou como efeito) a *coordenação do comportamento concorrencial das empresas-mãe*? Até 1997, tal facto determinava a *inaplicabilidade do RegCct*. Actualmente, de acordo com o art. 2.°4, tal consequência *será tida em conta no próprio âmbito do controlo de concentrações*, empregando, contudo, os critérios do art. 81.°1 e 3 CE na sua avaliação. Será atribuído particular ênfase à eventual presença das empresas-mãe no mercado da *joint-venture* ou em mercados adjacentes (a montante, a jusante ou com estreita ligação), bem como à possibilidade de a coordenação servir de instrumento para a eliminação de concorrência.

2. AFERIÇÃO DA DIMENSÃO COMUNITÁRIA

I – Os dois níveis de delimitação da existência de dimensão comunitária; II – O apuramento do volume de negócios; III – A imputação geográfica do volume de negócios; IV – O conceito de 'empresas em causa'.

I – O RegCct não pretende aplicar-se a toda e qualquer operação de concentração na acepção descrita, mas apenas às que possuírem *dimensão comunitária*. O conceito visa identificar *o impacto da operação* no plano comunitário e exprimir o *interesse* *comunitário* na sua apreciação – cfr. o art. 1.°1 do RegCct, conjugado com a ComVNegs.

O critério empregue é eminentemente quantitativo: diz respeito ao *volume de negócios realizado pelas empresas num determinado espaço geográfico*. Não são tidas em conta as quotas de mercado detidas pelas empresas, nem outros factores destinados a avaliar a respectiva posição no mercado. Isto porque se pretendeu criar "um mecanismo simples e objectivo que possa ser facilmente utilizado pelas empresas intervenientes numa operação de concentração"[149] para apurar a necessidade de a notificar.

Consagram-se *dois níveis* de delimitação da existência de dimensão comunitária, sendo que o segundo nível só se aplica caso o primeiro não conduza à captação da concentração nas malhas do RegCct.

O primeiro nível, plasmado no art. 1.°2, resulta do cruzamento de dois vectores positivos com um vector negativo. Combina-se, assim, a exigência de *uma certa dimensão global* das empresas envolvidas (aferida pelo volume negócios absoluto realizado à escala mundial) com a *envergadura da respectiva presença comunitária* (aferida pelo volume de negócios individual de pelo menos duas das empresas dentro da Comunidade). Afastam-se, todavia, as situações em que mais de dois terços do volume de negócios comunitário de cada uma das empresas em causa seja realizado num único Estado-membro, de modo a excluir as transacções de *âmbito meramente nacional*[150].

---

[149] ComVNegs, n.° 5. Mas não só: como salientam E. VARONA/ A. GALARZA/ J. CRESPO/ J. ALONSO, *Merger Control in the European Union, cit.*, p. 69, seria impossível conciliar a rapidez exigida à Comissão na análise e decisão dos casos com um sistema mais complexo de aferição da dimensão comunitária. O preço a pagar, prosseguem os Autores, reside no facto de os critério utilizado acabar por trazer para o seio do RegCct operações desprovidas de interesse comunitário, ao mesmo tempo que afasta outras dotadas dessa caracterísitica – o que faz realçar a importância correctora dos mecanismos de remessa analisados *supra*, ponto II.B) 2.

[150] ComVNegs, ponto 3. Anote-se que esta exclusão "faz com que raramente as concentrações que envolvem empresas portuguesas sejam sub-

O segundo nível foi introduzido na revisão de 1997 e constitui o actual art. 1.º3. Visa mitigar o problema das *notificações múltiplas*, daí a exigência central de que os requisitos específicos[151] se verifiquem *em pelo menos três Estados-membros*. As restantes exigências balizam a envergadura mundial e a presença comunitária das empresas através de cifras *consideravelmente inferiores* às exigidas no primeiro nível[152], mantendo-se a preocupação em excluir as transacções predominantemente domésticas.

II – Constatamos, pois, que os critérios de determinação da jurisdição competente radicam numa *apreciação do poder económico das empresas expresso no volume de negócios por elas realizado*. O que realça a importância das regras que norteiam o apuramento do volume de negócios, através das quais se pretende e procura obter uma "imagem fiel da realidade económica" determinando "todos os recursos económicos e financeiros que serão reunidos através da operação de concentração"[153].

Constam essas regras do art. 5.º do RegCct, com os desenvolvimentos fornecidos pela ComVNegs.

Parte-se, assim, das *receitas que resultam da actividade normal da empresa* (quer diga respeito a vendas, quer a prestações de serviços) durante o último exercício (o exercício financeiro mais próximo da data da transacção). Mas, como se procura determinar o

---

metidas ao regime comunitário" – M. MOURA E SILVA, "Prometeu agrilhoado: breves reflexões sobre a justificação de concentrações no direito português da concorrência", *Revista Jurídica AAFDL*, n.º 23, Novembro 1999, pp. 181-189, p. 185, nota (12).

[151] Referimo-nos à dimensão do volume agregado de todas as empresas envolvidas e à dimensão do volume individual de pelo menos duas das empresas envolvidas, respectivamente alíneas b) e c) do art. 1.º3.

[152] Cfr., respectivamente, alíneas a) e d) do art. 1.º3.

[153] ComVNegs, n.ºs 7 e 6. Para uma crítica à concreta prática decisória da Comissão nesta matéria, E. GARCÍA COSO, *La regulación comunitaria de la concentración industrial europea, cit.*, pp. 195, ss.

peso económico real da empresa, há que chegar ao montante do *volume de negócios líquido*. Para isso torna-se necessário proceder à dedução do IVA e de outros impostos directamente relacionados com o volume de negócios (que serão, afinal, os chamados impostos indirectos, como, *v.g.*, o imposto sobre bebidas alcoólicas), aliada à dedução dos descontos sobre vendas (*i.e.*, dos descontos, bonificações ou reduções concedidos aos clientes).

Uma vez que se pretende obter o peso económico real das empresas, convém que se tenham em conta apenas as relações entre as empresas envolvidas e terceiros, *desconsiderando*, portanto, *o chamado volume de negócios interno*, ou seja, o verificado entre as empresas de um mesmo grupo (na acepção balizada pelos critérios do art. 5.°4). Todavia, como reverso da medalha, sempre que uma das empresas envolvidas numa concentração pertença a um grupo, o volume de negócios a ter em conta é o *gerado pelo grupo no seu conjunto*, pois só assim se determina a envergadura total dos recursos económicos que a operação vai reunir (veja-se o mesmo art. 5.°4)[154].

A norma do art. 5.° autonomiza, ainda, algumas situações particulares, que exigem adaptações dos métodos de cálculo do volume de negócios.

Assim, no que toca à *aquisição de partes de empresas*, sejam ou não filiais dotadas de personalidade jurídica (podem constituir meras divisões ou unidades sem personalidade jurídica, ou até activos na acepção do art. 3.°, como marcas, licenças ou rotas aéreas), só se tem em consideração *o volume de negócios atribuível à parte adquirida*, pois só esses recursos económico-financeiros vão ingressar na concentração, o mesmo já não acontecendo com as restantes actividades ou activos do vendedor (art. 5.°2, §1.°).

---

[154] Para mais detalhes, veja-se o n.° 38 da ComVNegs e o exemplo gráfico aí fornecido, que contempla, além da empresa em causa, as suas filiais e as respectivas filiais, as suas empresas-mãe e as empresas-mãe do grupo, outras filiais das empresas-mãe (quer dizer, "empresas-irmãs" da empresa em causa), bem como empresas controladas em conjunto por duas ou mais empresas do grupo.

Por outro lado, *tratar-se-á como uma única operação* de concentração as sucessivas vendas de partes de empresas que venham a ser realizadas ao longo de um período de dois anos (art. 5.°2, §2.°). Pretende-se com isso impedir que as empresas deliberadamente fragmentem uma operação de concentração, de modo a iludir os limiares que desencadeiam a apreciação pela Comissão.

Quanto às instituições de crédito e financeiras e às companhias de seguros, o art. 5.°3 estabelece um regime específico, atenta a natureza das respectivas actividades[155].

III – A aplicação das regras de jurisdição do art. 1.° exige, além da determinação quantitativa do volume de negócios das empresas envolvidas, a *densificação do critério que permita a sua imputação geográfica*.

De acordo com o art. 5.°1, §2.°, conjugado com a ComVNegs[156], o volume de negócios *deve ser imputado ao local onde o cliente se encontra situado*, pois corresponde geralmente ao sítio onde o negócio foi celebrado, onde se gerou o volume de negócios para a empresa fornecedora e onde se registou a concorrência com os outros eventuais fornecedores. Se local onde o cliente se encontrava ao adquirir o produto difere do local da (posterior) facturação, deve relevar o primeiro.

IV – Finalmente, torna-se imprescindível circunscrever *quais são as empresas cujo volume de negócios entrará na soma relevante* – isto é, quais são as 'empresas em causa'. Para o efeito, valem as orientações recolhidas na ComEmpC.

Parte-se do princípio que as empresas em causa são as que *participam directamente na transacção* – as empresas que se fun-

---

[155] Cfr. n.°s 51, ss., da ComVNegs. Note-se que as operações de cálculo do volume de negócios podem tornar-se bastante complexas quando a concentração envolva conglomerados de empresas financeiras e comerciais, dada a dispersão dos métodos utilizados.

[156] N.°s 45, ss.

dem; as empresas adquirentes e as empresas adquiridas –, *com excepção do vendedor*, uma vez que, se é verdade que intervém na transacção, também é um facto que o seu papel termina aí, quando conclui o negócio e abandona o controlo da empresa vendida.

Mas, como vimos, se a empresa relevante fizer parte de um grupo, será considerado o volume de negócios de todo o grupo, *apesar* de permanecer só uma a empresa em causa.

Já se a operação consistir na criação *ex novo* de uma empresa comum, esta *não pode* ser considerada 'empresa em causa', uma vez que, à data da concentração, não existia nem tinha, obviamente, volume de negócios próprio.

Se a operação de concentração implicar *alterações no tipo de controlo*, a Comissão procede a alguns esclarecimentos na ComEmpC. Por exemplo, na passagem do controlo singular para uma situação de controlo conjunto, relevam tanto o(s) novo(s) sócio(s) como o sócio inicial, mas não a empresa-alvo – cujo volume de negócios fica, contudo, englobado no da empresa-mãe inicialmente sócia. Já na passagem do controlo conjunto para uma situação de controlo singular, 'empresas em causa' serão a sócia remanescente (o adquirente) e a ex-empresa comum (a adquirida)[157]

Entre várias outras hipóteses detalhadas na ComEmpC, destacaremos apenas mais duas situações. A primeira diz respeito ao *tratamento das empresas intemediárias 'fictícias'* – as que, agindo por conta de outras, apresentam um volume negócios insignificante. A Comissão centrará a sua análise na realidade económica subjacente e pode mesmo concluir que as 'empresa em causa' são, ao fim e ao cabo, as que se encontram por detrás da operação.

A segunda situação que pretendemos abordar diz respeito às *aquisições de controlo realizadas por uma pessoa singular*. Como sabemos, as pessoas singulares podem ser sujeitos de uma aquisição

---

[157] Como decorrência da regra segundo a qual, no contexto de *modificações da estrutura accionista* de uma sociedade, 'empresas em causa' serão os sócios que passem a exercer controlo (sejam novos ou pré-existentes) e a própria empresa comum.

de controlo desde que desempenhem uma actividade económica própria[158]. Em tais hipóteses, 'empresas em causa' serão tanto a empresa-alvo como a pessoa singular que a adquiriu; por sua vez, o volume de negócios da pessoa singular corresponderá ao volume de negócios da(s) empresa(s) por si controlada(s).

D) *Tramitação processual*

1. INTRODUÇÃO

O procedimento de apreciação comunitária de uma operação de concentração inicia-se, formalmente, com a *notificação apresentada pelas empresas* e termina, sempre, através de uma *decisão formal da Comissão*, assim reforçando a segurança e certeza jurídicas.

Dito isto, há que acrescentar que a notificação não marca, em grande número de casos, o início das relações entre as partes e a Comissão. Como veremos, são bastante incentivados os contactos informais na fase anterior à notificação, promovendo a imagem de uma cultura institucional onde a conciliação predomina sobre o conflito. Acresce que, com o novo texto de 2004, foi introduzida a figura do memorando fundamentado, a qual pode conduzir à desnecessidade de apresentar uma notificação.

Em termos de organigrama, dentro da Direcção-Geral da Concorrência, existe um *Director-Geral Adjunto para as Concentrações*, que coordena as equipas ligadas ao controlo das concentrações[159]. Estas podem ser coadjuvadas por outros serviços e organismos da Comissão, com destaque para o *Serviço Jurídico* – encarregado do aconselhamento jurídico interno e da representação em juízo – e para o recém-nomeado *Economista-Chefe*.

---

[158] Cfr. *supra*, ponto II.C.1, II.
[159] E. VARONA/ A. GALARZA/ J. CRESPO/ J. ALONSO, *Merger Control in the European Union, cit.*, p. 343.

As decisões formais são tomadas pela Comissão, seja pelo Colégio de Comissários, seja pelo Comissário da Concorrência ao abrigo de uma delegação de poderes. É possível, em certos casos, uma delegação ulterior ao Director-Geral da Concorrência[160].

As alterações recentemente introduzidas – pense-se na criação do posto de Economista-Chefe, na nomeação de um *peer review pannel*, na obrigatoriedade de publicar o parecer do Comité Consultivo, no reforço das funções do Auditor ou, mesmo, na formatação mais horizontal das equipas ligadas ao controlo das concentrações[161] – procuraram responder às críticas que contestavam o facto de todo o processo se desenrolar no interior da mesma unidade, potenciando o risco de visões unilaterais ou enviesadas.

---

[160] Cfr. C. J. COOK/ C. S. KERSE, *E.C. Merger Control*, cit., p. 91

[161] Equipas que deixaram de estar aglutinadas sob a égide da Direcção B, anteriormente constituída pela 'Task Force' das Concentrações – composta por cerca de 50-60 pessoas, distribuídas por quatro 'Unidades operacionais' (cada uma com um responsável máximo) e por uma 'Unidade encarregada do acompanhamento da execução'(cfr. Organigrama de 16.12.2002, publicado *online* pelos serviços da Comissão). A partir de 16.07.2004, o novo Organigrama (mantido pela actual Comissária, Neelie Kroes, conforme quadro publicado *online* em 01.01.2005), conservando o cargo de Director-Adjunto para as Concentrações, introduz em cada uma das Direcções (A-Política e Suporte Estratégico; B-Energia, Água, Alimentos e Produtos Farmacêuticos; C-Informação, Comunicação e Media; D-Serviços; E-Indústria; F-Bens de Consumo) uma Unidade relativa às concentrações. Os *case teams* adequados à análise de cada operação são seleccionados nas reuniões semanais do *Merger Management* da Direcção-Geral da Concorrência.

2. NOTIFICAÇÃO

I – Sistema da notificação prévia: justificação, sujeitos notificantes e momento da notificação; II – Conteúdo e forma da notificação; III – Período pré-notificação; IV – Patologias da fase de notificação; V – Os memorandos fundamentados; VI – A «fase zero».

I – A obrigatoriedade de notificar antecipadamente à Comissão as operações de concentração de dimensão comunitária exprime a ideia fundamental de uma *apreciação preventiva* destinada a garantir um controlo eficaz[162]: a concentração não pode executar-se antes de ter sido *notificada* e considerada *compatível* com o mercado comum (art. 7.º1).

A esta *vantagem da eficácia* – impedem-se liminarmente os eventuais efeitos negativos da concentração sobre a estrutura do mercado – contrapõe-se a *desvantagem do desperdício* – consubstanciada nos recursos despendidos pela Comissão na apreciação de operações que não levantam qualquer problema, a que vêm somar-se, de um outro quadrante, os avultados encargos que as empresas suportam com a elaboração da notificação. A própria Comissão não é insensível à ocorrência deste tipo de desperdício e tem vindo a desenvolver expedientes para o mitigar.

O regime das notificações resulta do art. 4.º RegCct, completado pelo Regulamento (CE) n.º 802/2004 da Comissão, de 7 de Abril de 2004, de execução do Regulamento (CE) n.º 139/2004 do Conselho relativo ao controlo das concentrações de empresas (RegExec).

Da conjugação do art. 4.º2 do RegCct com o art. 2.º do RegExec podemos apurar *quem está obrigado a notificar* uma concentração: consoante a modalidade, serão os intervenientes na fusão, as empresas ou pessoas que virão a adquirir o controlo conjunto ou, ainda, as empresas ou pessoas que virão a adquirir o

---

[162] Considerando 34 do RegCct.

controlo singular. Nos dois primeiros casos, a notificação deverá ser conjunta e apresentada por um representante comum.

E *quando deverá ser feita a notificação*? Na sequência de um de três acontecimentos, a saber: após a conclusão do acordo; após a aquisição de uma participação de controlo; ou, ainda, após o anúncio da oferta pública de aquisição – art. 4.º1 RegCct. Na versão de 2004, foi eliminado o prazo de sete dias de que as partes dispunham para apresentar a notificação, prazo que começava a correr com a verificação do primeiro destes acontecimentos. Na medida em que permanece a proibição de a concentração ser executada antes de notificada e aprovada pela Comissão, julgou-se desnecessário manter o rígido espartilho dos sete dias. Resta dizer que a notificação se considera feita na data da sua recepção pela Comissão, momento em que produz os seus efeitos relevantes (art. 5.º1 RegExec).

Outra das novidades introduzidas em 2004 prende-se com a possibilidade de *notificar concentrações (apenas) projectadas* (art. 4.º1, §2.º). Esta faculdade destina-se a conferir maior flexibilidade e segurança às decisões das empresas, que passam a poder suscitar a aprovação da Comissão num estádio vinculativamente embrionário das sua operações. Ainda assim, é necessário que as partes demonstrem à Comissão que é sua *intenção de boa fé concluir o acordo ou efectuar a aquisição* – recorrendo, para isso, a dados concretos, como acordos de princípio, memorandos de entendimento ou cartas de intenções assinadas por todas as empresas em causa[163] – ou, no caso das ofertas públicas de aquisição, é necessário o *anúncio público da intenção de proceder à oferta*.

II – Razões de certeza e segurança jurídica reclamam que se defina com precisão o *objecto e o conteúdo das informações a fornecer na notificação*[164]. Basta pensar nas consequências

---

[163] Considerando 34 do RegCct.
[164] Considerando 4.º do RegExec.

desfavoráveis que a incompletude da notificação acarreta, ou no ónus que impende sobre as partes notificantes de informar a Comissão de todos os factos e circunstâncias relevantes para a tomada de decisão.

Ora, muitas vezes será difícil às empresas discernir quais serão os (ou todos os) factos relevantes. Assim, para facilitar a elaboração das notificações pelas partes (evitando incompletudes ou redundâncias), mas, também, para simplificar e acelerar o respectivo exame pela Comissão (permitindo-lhe trabalhar com base em notificações padronizadas), foi criado o Formulário CO relativo à notificação de uma operação de concentração[165]. Trata-se, afinal, de uma espécie de 'minuta' ou de 'modelo de documento' que especifica as informações a prestar aquando da notificação de uma concentração.

E, na verdade, é bem extenso o volume de informação requerido. Exigem-se autênticas listas de dados relativos às partes notificantes; à operação de concentração; às empresas do grupo; a relações pessoais e financeiras com outras empresas e a anteriores aquisições; aos mercados afectados pela operação (incluindo dados sobre a estrutura da oferta e da procura, sobre a entrada, I&D, acordos de cooperação e associações comerciais); aos efeitos de cooperação ligados a uma empresa comum; à identificação de eventuais restrições acessórias; etc.

Ciente da carga tremenda que semelhante catálogo impõe às empresas, a Comissão previu a possibilidade de, a pedido dos notificantes, *autorizar derrogações ao volume de informação exigido* – considerando, apesar da ausência de certos elementos, a notificação como completa e, portanto, válida. Isto pode suceder sempre que a Comissão aceite que determinadas informações padronizadas *não são necessárias à concreta apreciação do caso* (art. 4.º2 RegExec)[166]; ou, ainda, se as informações em falta *não*

---

[165] Constitui o Anexo I ao RegExec.
[166] Cfr. ponto 1.3, al. g) do Formulário CO. Esta derrogação é possível mesmo no âmbito de um Formulário Simplificado (cfr. nota 169).

forem razoavelmente acessíveis (por, *v.g.*, dizerem respeito à empresa-alvo de uma OPA hostil) – desde que os notificantes fundamentem o pedido e, na segunda hipótese, forneçam estimativas credíveis sobre os dados omissos[167]. Uma derrogação *standard* ocorrerá sempre que se verifiquem os pressupostos da chamada *notificação simplificada*[168].

Em termos formais, deverá ser entregue à Comissão o *original* da notificação acompanhado de *35 cópias*, redigido numa das línguas oficiais da Comunidade que passará a constituir a língua do processo em relação às partes (art. 3.°3 e 4 RegExec). Na prática, pode haver vantagem em escolher uma das línguas mais comuns da Comunidade, para evitar atrasos com traduções internas[169]. A notificação deve ir acompanhada dos diversos *documentos de apoio* indicados no Formulário CO, redigidos, claro, na sua língua original (se não for uma das línguas oficiais, deve apresentar-se a respectiva tradução). A entrega deverá ser realizada no *endereço da Direção-Geral da Concorrência*, publicado pela Comissão no Jornal Oficial (art. 23.°1 RegExec).

III – Se o processo se inicia com a notificação, pode parecer estranha a autonomização de uma fase prévia. Mas a experiência tem vindo a destacar a importância dos *contactos e reuniões entre as empresas e a Comissão anteriores à apresentação de qualquer noti-*

---

[167] Cfr. ponto 1.3, al. f) do Formulário CO. Note-se que, em face do disposto na al. g) do mesmo ponto 1.3, também deverão as partes justificar as razões pelas quais não reputam relevantes ou necessárias as informações a que se pretendem escusar.

[168] A possibilidade de utilizar um Formulário Simplificado para a notificação de uma concentração (Anexo II do RegExec) implica a ocorrência de uma das seguintes situações: criação de empresa comum com pouca ou nenhuma actividade no território do EEE; ausência relações verticais ou de sobreposição horizontal entre as empresas envolvidas nos mercados relevantes; existência de baixos liminares de relações verticais ou sobreposições horizontais; aquisição de controlo singular exclusivo por empresa que já detivesse controlo conjunto.

[169] C. J. COOK/ C. S. KERSE, *E.C. Merger Control, cit.*, p. 101.

ficação. São utilizados para ajudar a esclarecer as empresas sobre a própria *necessidade* de apresentar uma notificação, permitindo-lhes conhecer a perspectiva da Comissão quanto ao preenchimento *in casu* dos pressupostos dos arts. 1.° e 3.°. Por outro lado, ajudam a determinar o *volume* de informação que será necessário prestar, abrindo caminho para que a Comissão venha a autorizar uma redução significativa nos elementos do Formulário CO ou a admitir uma notificação simplificada. E, como vimos[170], na fase anterior à notificação pode agora ter lugar a apresentação de um memorando fundamentado destinado a permitir a remessa do caso.

Actualmente, é a própria Comissão que incentiva e formata os contactos pré-notificação no seu documento *'DG Competition: Best Practices on the conduct of EC merger control proceedings'*[171], sobretudo como meio de reduzir os casos de notificações incompletas. Aí se assegura que, respeitadas as directrizes propostas, a Comissão estará em condições de atestar informalmente a adequação do projecto de notificação ou de identificar as lacunas de que padece. Os contactos deverão iniciar-se, no mínimo, duas semanas antes da data prevista para a notificação, embora a antecedência deva ser maior nos casos mais complexos.

IV – São diversas as *patologias* que podemos encontrar na fase de notificação.

Comecemos pela mais radical – a própria *falta de notificação de uma operação concentração com dimensão comunitária*. Note-se que, até 2004, podíamos estar perante uma situação de falta de notificação esgotado o prazo de sete dias cominado para a sua apresentação[172]. Actualmente, com a eliminação desse prazo, só estare-

---

[170] *Supra*, ponto II.B)2, I e II. Cfr. igualmente *infra*, II.D) 2, V.

[171] http://www.europa.eu.int/comm/competition/mergers/legislation/regulation/best_practices.pdf

[172] Vejam-se os arts. 4.°1 e 14.°1 a) do Regulamento (CEE) n.° 4064 do Conselho, de 21 de Dezembro de 1989. A primeira coima por ausência de notificação e concomitante realização de uma operação de concentração em

mos, em bom rigor, perante uma hipótese de falta de notificação a partir do momento em que a operação de concentração comece a ser executada – art. 14.°2, al. a). No período de tempo que medeia entre a conclusão dos acordos que servem de base à concentração e a respectiva execução, as partes devem proceder à notificação, mas ainda não estão em falta[173]. De todo o modo, como prescreve a norma referida, quer a falta de notificação seja deliberada, quer negligente, dará à Comissão o poder para aplicar uma coima significativa (até 10% do volume de negócios da empresa em causa).

Mas pode também verificar-se que as partes *apresentaram uma notificação incompleta*, no que toca ao conteúdo ou aos documentos de apoio, o que dará lugar uma declaração de incompletude – *i.e.*, a Comissão informa os notificantes por escrito e a notificação só produzirá efeitos (*maxime*, quanto à posterior contagem dos prazos) na data da recepção das informações ou documentos em falta (art. 5.°2 do RegExec)[174].

---

desrespeito pela regra da suspensão foi aplicada no caso *Samsung/AST*, M.920, decisão de 18.02.1998, JO 1999 L 225/12. A operação havia sido notificada em 22 de Abril de 1997, mas, no decurso das investigações que conduziram a uma decisão de não-oposição tomada em 26 de Maio de 1997, a Comissão descobriu que a aquisição de controlo havia ocorrido em Janeiro de 1996. Aplicou, posteriormente, à Samsung uma coima de 5000 ecus por não ter procedido à notificação da concentração de acordo com o art. 4.° do RegCct e outra coima de 28000 ecus por realizar a concentração em infracção ao art. 7.°1 do RegCct. Teve em conta, por um lado, a circunstância de se tratar de uma violação negligente e de não se terem verificado quaisquer consequências nefastas no domínio da concorrência; mas, por outro lado, pesou o facto de a ausência de notificação e a realização da operação sem autorização da Comissão se terem prolongado por um período de tempo significativamente longo e dizerem respeito a uma empresa multinacional.

Posteriormente, no caso *A.P. Møller*, M.969, decisão 10.02.1999, JO 1999 L 183/29, a Comissão aplicou uma coima de 219.000 euros (montante mitigado devido circunstâncias atenuantes) por ausência de notificação e desrespeito pela regra da suspensão no que toca a três operações de concentração.

[173] As coisas podem não ser assim tão simples – ver *infra*, ponto II. D)3.

[174] De acordo com dados da Comissão, aproximadamente 10% das notificações têm sido objecto desta declaração de incompletude. Note-se que

Mais grave será a *hipótese de a notificação conter informações inexactas ou deturpadas,* situação que pode acarretar diversas consequências. Desde logo, quer a sua prestação seja deliberada, quer seja negligente, confere à Comissão o *poder de aplicar uma coima* – art. 14.°1a) do RegCct[175]. Quanto à notificação propriamente dita, será *tratada como incompleta*, com todas as consequências que daí decorrem (5.°4 do RegExec). O fornecimento de informações inexactas ou deturpadas através da notificação pode, ainda, determinar a *revogação de decisões* tomadas numa fase subsequente do processo – cfr. art. 6.°3a) ou art. 8.°6a) do RegCct –, sempre que tais decisões se tenham apoiado naquelas informações[176].

Sempre que se verifiquem *alterações supervenientes, i.e.*, sempre que os factos relevantes venham a sofrer alterações materiais após a notificação, devem as partes informar de imediato à Comissão. Se a alteração for de molde a produzir efeito significativo na apreciação da concentração, a Comissão tem a faculdade de considerar que a data em que a notificação produz os seus efeitos (ou seja, a data relevante para a posterior contagem dos prazos) passa a ser o momento da recepção das novas informações (5.°3 RegExec). Note-se que a referência às alterações que as partes

---

pode acontecer que a Comissão só algum tempo depois de receber a notificação se dê conta da do seu carácter incompleto.

[175] Veja-se o caso *Deutsche Post*, M.1610, decisão de 14.12.99, JO 2001 L 097/01, em que foi aplicada uma coima de 100.000 euros por indicações inexactas e deturpadas aquando de uma notificação e de indicações inexactas em resposta a um pedido de informações.

[176] Assim sucedeu no caso *Sanofi/Synthélabo*, M.1543, decisão de 28.07.1999, JO 2000 L 095/34 Na sequência da revogação (por decisão de 21.04.1999, baseada no art. 6.°3 do RegCct) da autorização concedida à operação de concentração, a Comissão aplicou coimas num total de 100.000 euros às empresas notificantes, que haviam prestado de informações inexactas (descobertas em virtude de posteriores denúncias de terceiros) aquando da notificação.

conhecessem ou devessem conhecer impõe-lhes o *ónus de vigiar a situação subsequente* à entrega da notificação[177].

V – Cabe, enfim, aludir à figura, introduzida em 2004, dos *memorandos fundamentados*, documentos cuja apresentação pode conduzir à desnecessidade de uma notificação. Trata-se de uma faculdade conferida às empresas e que pode ser utilizada em dois tipos de situações.

Desde logo, para *suscitar a remessa de uma concentração com dimensão comunitária a um Estado-membro*[178]. Ora, se a Comissão decidir remeter a concentração na totalidade, nem lhe chegará a ser apresentada qualquer notificação.

Mas os memorandos fundamentados também podem ser utilizados para *suscitar apreciação pela Comissão de uma concentração sem dimensão comunitária que devesse ser notificada em pelo menos três Estados-membros*[179]. Se se concretizar a remessa, embora as partes se eximam de notificar os Estados, serão obrigadas a apresentar uma notificação à Comissão (art. 4.°5, §5.° do RegCct).

Os memorandos fundamentados deverão seguir o figurino prescrito pelo Formulário MF, que constitui o Anexo III ao RegExec e que contém os dados e informações a prestar pelas empresas que desejem activar os mecanismos de remessa previstos nos arts. 4.°4 e 4.°5 do RegCct. A prestação de *informações incorrectas ou incompletas* nos memorandos fundamentados tem diversas consequências – desde a *revogação de decisões de autorização* de primeira ou de segunda fase tomadas na sequência da aceitação de uma remessa pela Comissão nos termos do art. 4.°5, com a consequente re-aplicação do direito nacional à operação, até à *exigência de apresentação de uma notificação comunitária* se se

---

[177] C. J. Cook/ C. S. Kerse, *E.C. Merger Control, cit.*, p. 104.

[178] Art. 4.°4 do RegCct. Sobre este mecanismo de remessa aos Estados--membros, ver o que escrevemos *supra*, ponto II.B)2, I.

[179] Art. 4.°5 do RegCct. Sobre o mecanismo de remessa à Comissão, ver o que escrevemos *supra*, ponto II. B) 2, II.

tratar de um pedido de remessa aos Estados-membros nos termos do art. 4.°4, passando pela *imposição de coimas* prescritas pelo art. 14.°1a)[180].

O RegCct não contempla a *publicação* dos memorandos fundamentados, mas a Comissão tenciona, respeitando as exigências de confidencialidade, dar-lhes a adequada divulgação no *site* da Direcção-Geral da Concorrência[180].

VI – Após a notificação, tem início aquela a que poderíamos chamar "fase zero" do procedimento comunitário de controlo das concentrações, a qual consiste em apurar se a operação é ou não abrangida pelo RegCct, de acordo com os critérios previstos nos seus arts. 1.° e 3.°. É este o primeiro passo lógico na análise da notificação imposta pelo art. 6.°1 do RegCct.

Se concluir que a concentração cai sob a alçada do controlo comunitário, a Comissão procederá à *publicação no Jornal Oficial* do facto da notificação e dos dados essenciais da operação a que respeita (empresas em causa, países de origem, natureza da concentração, sectores económicos envolvidos), salvaguardando o legítimo segredo comercial das empresas envolvidas (art. 4.°3)[182]. Iniciar-se-á, de seguida, a apreciação substancial da operação – a «fase um» propriamente dita.

---

[180] Para maiores detalhes, veja-se o n.° 60 da ComRemss. No âmbito do memorando fundamentado previsto no art. 4.°4, pode, inclusive, ter lugar uma decisão de inaplicabilidade do RegCct, se a questão for levantada ainda durante a investigação e se chegar à conclusão que, na realidade, a concentração não preenche as condições para ser apreciada pela Comissão.

[181] ComRemss, n.° 80.

[182] Note-se, todavia, que a prática da Comissão é, na própria publicação, rodear de alguma cautela o problema da aplicabilidade do RegCct e reservar uma eventual segunda apreciação em sentido contrário. Tipicamente, insere uma advertência como a que se segue: "On preliminary examination, the Commission finds that the notified concentration could fall within scope of Regulation [...]. However, the final decision on this point is reserved".

Se, inversamente, concluir que a concentração não é abrangida pelo RegCct, a Comissão *emite uma declaração de inaplicabilidade*, ao abrigo do art. 6.º1a). É uma situação relativamente pouco usual[183] e, em boa medida em virtude dos contactos informais pré-notificação, o número de declarações de inaplicabilidade tem vindo a decrescer significativamente nos últimos anos.

Questão diferente, mas igualmente relevante, é a que surge quando *terceiros contestam, junto da Comissão, a ausência de notificação de uma operação de concentração* que, no seu entender, possui dimensão comunitária.

No acórdão *Schlüsselverlag J. S. Moser GmbH e outros vs. Comissão*, C-170/02, Col. 2003, p. I-09889, o TJ esclareceu o seu entendimento quanto às obrigações da Comissão em relação a *denúncias relativas a processos de concentração*. Considera que a Comissão *não pode deixar de tomar em consideração as denúncias das empresas terceiras* (afectadas pela concretização imediata do projecto) relativamente a uma operação susceptível de revestir dimensão comunitária (para verificar o cumprimento da obrigação de notificação imposta pelo RegCct), *nem, tão-pouco, pode recusar pronunciar-se formalmente sobre a questão* de saber se uma concentração não notificada está abrangida pelo RegCct (com o que impossibilitaria os terceiros de beneficiarem das garantias procedimentais que a legislação comunitária lhes faculta).

O facto de os denunciantes não terem, ao abrigo do RegCct, o direito de as suas denúncias serem instruídas em termos comparáveis aos de outros Regulamentos comunitários não implica que a Comissão esteja dispensada de proceder a uma análise da sua competência e de retirar, daí, as consequências que se impuserem, nem tão-pouco isenta a Comissão da obrigação de responder de forma fundamentada.

Por seu turno, as partes que pretendam questionar a competência das autoridades nacionais para examinarem uma concentração devido à sua dimensão comunitária devem apresentar uma denúncia à Comissão *dentro de um período de tempo razoável* (o que não acontecia com os quatro meses decorridos no caso concreto).

---

[183] Até agora, 54 decisões de inaplicabilidade em 2576 notificações, com um decréscimo abrupto a partir de 1999 e um *record* de zero decisões deste tipo nos anos de 2003 e 2004.

Para terminar, lembre-se que o procedimento comunitário também pode encerrar-se com a *decisão de remessa total da concentração a um Estado-membro*[184].

E, se de todo em todo, a Comissão nada disser após o recebimento da notificação? A hipótese encontra-se consumida pelo prescrito no art. 10.°6 do RegCct, redundando numa *decisão tácita de compatiblidade* da concentração com o mercado comum.

3. A REGRA DA SUSPENSÃO DA CONCENTRAÇÃO

I – Conteúdo e alcance; consequências da sua violação; a derrogação da suspensão; II – Problemas de articulação com o direito nacional: validade e eficácia dos negócios jurídicos em causa.

I – Estabelece o art. 7.°1 do RegCct a chamada regra da suspensão da concentração. A operação não pode concretizar-se (ficando, pois, suspensa) antes de preenchidas duas condições cumulativas: a respectiva *notificação* e a subsequente *decisão de compatibilidade* com o mercado comum (quer se trate de uma decisão de primeira fase, de segunda fase ou tácita; quer seja acompanhada de condições e obrigações, quer não).

Ressalva-se a existência de um regime especial para as ofertas públicas de aquisição e para as séries de transacções de títulos, que podem ser concretizadas dentro de certos pressupostos (art. 7.°2)[185].

---

[184] Ver *supra* II.B)2, ponto I.
[185] Ressalva que tem conduzido a algumas situações complicadas. Assim, no caso *Schneider/Legrand*, M.2283, decisão de 30.01.2002, JO 2004 L 101/134, a Comissão proibiu a compra da Legrand pela Schneider por considerar que a fusão enfraqueceria consideravelmente a concorrência em vários mercados de equipamentos eléctricos. Acontece que a Schneider tinha já adquirido, através de oferta pública de permuta, cerca de 98% das acções da Legrand ao abrigo da excepção à regra da suspensão que vigora para as ofertas públicas. Por conseguinte, a Comissão teve de adoptar uma decisão determinando, como medida para restabelecer uma concorrência efectiva (art. 8.°4 do RegCct), a alienação

Uma vez que, de acordo com o art. 4.°, a própria notificação é, em regra, *posterior* à conclusão do acordo, à aquisição de uma participação de controlo ou ao anúncio da oferta pública de aquisição, concluímos que *a interdição do art. 7.° apenas se dirige aos actos de execução dos negócios jurídicos que desencadearam o dever de notificar* – quer se trate de actos de cumprimento de obrigações, quer de actos de exercício de direitos – na medida em que tais actos estejam inseridos na *lógica de concretização* da concentração[186].

Se a proibição do art. 7.° for desrespeitada no que toca a uma concentração notificada[187], *produzem-se as consequências sancionatórias* previstas no art. 14.°2b), podendo a coima ascender a 10% do volume de negócios total da empresa. Acresce que, mesmo antes de qualquer decisão final sobre a compatibilidade da concentração com o mercado comum, a Comissão pode *decretar as medidas provisórias* adequadas a restaurar ou manter a concorrência efectiva perturbada por uma operação realizada em infracção ao art. 7.° (art. 8.°5a)[188].

---

pela Schneider do conjunto dos activos da Legrand num bloco único, não podendo conservar uma participação superior a 5% no respectivo capital. Idêntica situação ocorreu no caso *Tetra Laval/Sidel*, M.2416, decisão de 30.01.2002, JO 2004 L 038/01. Ao abrigo da excepção à regra da suspensão que vigora para as ofertas públicas de aquisição, a Tetra já havia realizado a operação que a Comissão posteriormente veio a proibir. Por conseguinte, a Comissão teve de adoptar uma decisão determinando, como medida para restabelecer uma concorrência efectiva (art. 8.°4 do RegCct), a alienação definitiva e permanente da participação da Tetra na Sidel.

[186] Na versão inglesa do RegCct, aliás, utiliza-se a sugestiva expressão '*put into effect*', que a versão portuguesa traduz por 'realização'. Mesmo assim há quem defenda que nem todos os actos são proibidos; tal só sucede com os que dão corpo à concentração. Podem licitamente obter-se aprovações de sócios, tomar-se medidas relativas a financiamento, realizar-se inventários, preparar-se documentos (C. J. Cook/ C. S. Kerse, *E.C. Merger Control, cit.*, p. 109, nota 56).

[187] Se nem sequer tiver existido notificação, vale o art. 14.°2a).

[188] Medidas cujo desrespeito é punido por coima ou sanção pecuniária compulsória – arts. 14.°2c) e 15.°1d).

Quanto aos actos praticados em violação da regra da suspensão, estatui o art. 7.°4 que *a respectiva validade fica dependente do desfecho do processo*, quer dizer, serão válidos apenas se decisão final for de compatibilidade – serão, portanto, inválidos caso a decisão final declare a concentração incompatível com o mercado comum[189].

A regra da suspensão *pode, todavia, vir a ser derrogada, a pedido das empresas e em qualquer momento – v.g.*, antes de apresentada a própria notificação ou mesmo depois de concluída a transacção interdita. O pedido de derrogação, devidamente fundamentado, será apreciado pela Comissão à luz do equilíbrio entre os interesses das empresas e o interesse na manutenção das estruturas concorrenciais do mercado. A derrogação concedida pode ser acompanhada de condições e obrigações (art. 7.°3). Se a decisão a tomar em sede de derrogação prejudicar um ou mais interessados, será salvaguardado o *direito de se pronunciarem previamente* (art. 18.°1 do RegCct e art. 12.°1 do RegExec).

II – No que respeita à *determinação da validade e eficácia dos negócios jurídicos que servem de base à operação de concentração*, a interpretação da moldura comunitária e a sua necessária articulação com os sistemas jurídicos nacionais – no nosso caso, o português – deixa margem para muitas interrogações.

Como sabemos, de acordo com o art. 7.°4 do RegCct, a validade dos actos praticados em violação da regra da suspensão fica dependente do desfecho do processo: serão válidos se decisão final for de compatibilidade, serão inválidos se decisão final for de incompatibilidade.

Ora, para começar, esta sanção joga mal com os alicerces do nosso sistema jurídico, onde *a invalidade diz respeito a patolo-*

---

[189] A parte final da norma deixa, contudo, intocada a validade e eficácia das transacções de títulos em mercado regulamentado, a não ser que os outros contraentes tenham ou devam ter conhecimento de que transacção desrespeita a regra da suspensão (caso em que, naturalmente, a sua confiança não merece protecção).

gias formativas do negócio jurídico – patologias que *ab initio* o inquinam, que nele permanecem e que o tribunal conhece *a posteriori*.

Depois, o RegCct nada nos diz quanto ao valor do acto jurídico *no período que vai da sua prática até à decisão final da Comissão*. *Quid iuris* se acto for praticado e se se levantar de imediato (eventualmente, em tribunal) a questão da sua validade? Como resolver o problema, se ainda não está disponível uma decisão final da Comissão e é disso que depende o valor jurídico do acto?

Mas há mais. É ponto assente que os negócios jurídicos que servem de base à operação de concentração e que desencadeiam o dever de notificar são válidos[190]. Se é assim, *que regime aplicar aos resultados produzidos por mero efeito do contrato* (v.g., transmissões de propriedade ou de outros direitos)? Estamos na presença de atribuições patrimoniais que executam e concretizam a operação de concentração, *embora não correspondam à realização exterior de quaisquer actos*. Valerá a disciplina do art. 7.°1 e 4?

E, por outro lado, o que sucederá aos mesmos negócios na base da concentração se esta vier a ser proibida, por incompatibilidade com o mercado comum? Tornar-se-ão *retroactivamente inválidos*?

Parece claro que o RegCct não dá resposta satisfatória à questão de apurar qual o *exacto valor jurídico dos actos e negócios praticados no âmbito de uma operação de concentração notificada*. Na medida em que o problema venha a ser suscitado no âmbito do nosso ordenamento jurídico, a tarefa caberá ao direito nacional, atendendo às directrizes do art. 7.° e ao disposto no Considerando 34 do RegCct, segundo o qual 'no interesse da segurança jurídica, a validade das transacções deverá [...] ser protegida na medida do necessário'.

Ora, no contexto do nosso ordenamento jurídico, *o mais adequado será apelar à categoria da eficácia*. Deste modo, quer os

---

[190] Neste sentido, por exemplo, C. J. COOK/ C. S. KERSE, *E.C. Merger Control*, cit., p. 109.

negócios na base da operação (e, portanto, os seus efeitos automáticos), quer os respectivos actos de concretização (se executados) *verão a sua eficácia suspensa até ao preenchimento da condição legal complexa integrada por dois eventos*: a notificação e a decisão de compatibilidade. Ou seja: *serão válidos, mas não produzirão efeitos*. Se condição se vier verificar, desencadear-se-á produção de efeitos[191]; se vier a ser tomada uma decisão de incompatibilidade, considera-se não verificada a condição e o negócio tem-se por absolutamente ineficaz, ou, na medida em que se trata de uma condição legal, extingue-se por caducidade[192]. Caso surja um litígio a dirimir, no entretanto, o tribunal terá em conta que se trata de direitos e obrigações com eficácia suspensa, aplicando regime civil correspondente (arts. 272.º a 274.º do CCiv).

Seja como for, as dificuldades ou dúvidas que neste plano se levantem podem ser aplanadas pelas partes, bastando *o cuidado de condicionar convencionalmente a eficácia dos seus acordos à aprovação da operação pela Comissão*[193].

Ressalve-se, por último, a situação especial dos actos de concretização de uma operação concentração realizados *depois* de uma decisão de incompatibilidade: aí sim, já fará sentido a categoria da nulidade, dado que contrariam *ab initio* uma decisão da Comissão, que configura um comando imperativo de direito comunitário.

---

[191] Em princípio, com efeitos retroactivos (art. 276.º CCiv).

[192] C. MOTA PINTO, *Teoria Geral do Direito Civil*, 3ª ed., 9ª reimp., Coimbra Editora, Coimbra, 1994, p. 606, nota (1).

[193] Como também sugerem, no âmbito do direito inglês, C. J. COOK/ C. S. KERSE, *E.C. Merger Control*, cit., p. 110.

4. PRIMEIRA FASE

I – Início, conteúdo e intervenientes; II – Prazos; III – Tipos de decisão susceptíveis de encerrar a primeira fase.

I – A primeira fase (propriamente dita) tem início a partir do momento em que a Comissão determina que a operação está abrangida pelo RegCct e procede à publicação no Jornal Oficial de um resumo da notificação.

Encetará, então, a *apreciação substancial da concentração* à luz de critérios que adiante examinaremos[194].

Além da Comissão e das próprias partes notificantes, também terceiros podem intervir nesta fase do processo, o mesmo sucedendo com os Estados-membros.

Como melhor veremos[195], o RegCct atribui à Comissão poderes coercitivos: dispõe da faculdade de ordenar a prestação de informações e a realização de inspecções (arts. 11.° e 13.°), sob pena de aplicação de coimas ou de sanções pecuniárias compulsórias (arts. 14.° e 15.°).

Quanto às *partes notificantes*[196], apesar de existirem poucas regras formais sobre esta etapa[197], manterão geralmente um

---

[194] Cfr. *infra*, II. F).
[195] Cfr. *infra*, II. E)1.
[196] À quais se juntam, numa posição muito próxima, os chamados '*outros interessados directos*', ou seja, as "partes no projecto de concentração que não as partes notificantes, tais como o vendedor ou a empresa objecto da concentração" (art. 11.° do RegExec).
[197] As garantias do art. 18.°1 *não se aplicam ao período em questão*, o qual é anterior a uma decisão tomada nos termos do art. 6.°1 – e não nos termos do art. 6.°3. Tal solução parece explicar-se pelo facto de, nesta primeira fase, não poder vir a ser adoptada uma decisão desfavorável, *i.e.*, de oposição à concentração – quando muito, transitar-se-á para a segunda fase, onde já valem em pleno as garantias do art. 18.°1. De qualquer forma, o art. 18.°3 salvaguarda, em termos extensivos – portanto, para todas as fases –, os direitos de defesa e acesso ao processo.

É também certo que o considerando 37 do RegCct realça o 'direito de as empresas em causa serem ouvidas pela Comissão logo que o processo tenha contacto próximo com a Comissão (contacto que muitas vezes virá de trás, da fase anterior à notificação) com vista à solução dos problemas práticos e jurídicos suscitados[198]. Podem, inclusive, ser propostos e aceites compromissos tendentes a obter a aprovação da concentração[199]. Se se começar a antever que a operação é susceptível de levantar sérias dúvidas na acepção do art. 6.°1c), será proporcionado um *state of play meeting*, ou seja, uma reunião (presencial, por telefone ou por videoconferência) entre as partes e a equipa da Direcção-Geral da Concorrência responsável pelo caso, com vista à troca de informação sobre questões-chave[200].

Os *terceiros* – ou seja, as "pessoas singulares ou colectivas, incluindo clientes, fornecedores e concorrentes que comprovem ter um interesse suficiente" nos termos prescritos pelo art. 11.°c) do RegExec – podem dar um contributo importante para o esclare-cimento de muitas questões, devido ao conhecimento próximo que possuem das indústrias e mercados relevantes. A sua participação no pro-cesso é susceptível de ocorrer por iniciativa própria. Aliás, a publicação do resumo da notificação no Jornal Oficial serve predominantemente para lhes dar conhecimento da operação projectada. É por isso que, geralmente, a Comissão termina esses resumos com um convite aos terceiros interessados para que formulem as suas observações escritas num prazo de 10 dias[201]. Um direito mais consistente a serem ouvidos no processo é-lhes reconhecido pelo art. 18.°4, 2ª parte, do RegCct, e concretizado pelo art. 16.° do RegExec. A Comissão também pode *tomar ela própria*

---

sido iniciado', mas não se esqueça que, na terminologia do RegCct, o '*início do processo*' corresponde à abertura da *segunda* fase (cfr. art. 6.°1c).

[198] C. J. Cook/ C. S. Kerse, *E.C. Merger Control*, cit., p. 111.

[199] Cfr. *infra*, II.G).

[200] *DG Competition: Best Practices on the conduct of EC merger control proceedings*, p. 7.

[201] Tipicamente: "The Commission invites interested third parties to submit their possible observations on the proposed operation. Observations must reach the Commission not later than 10 days following the date of this publication. Observations can be sent by fax (…) or by post".

a iniciativa de os ouvir (art. 16.°3 do RegExec) e fá-lo com frequência, podendo inclusive recorrer ao mecanismo do art. 11.° do RegCct para uma obtenção compulsiva de informação. E, recentemente, com a adopção do já referido documento de boas práticas, criou-se a possibilidade de *reuniões trilaterais*, envolvendo a Comissão, as partes notificantes e terceiros.

Já sabemos que as *autoridades de defesa da concorrência dos Estados-membros* recebem cópias das notificações submetidas pelas partes, podendo apresentar pedidos de remessa ou formular as observações pertinentes. A Comissão, por seu turno, pode pedir-lhes informações ou colaboração (cfr., respectivamente, os arts. 19.°1, 9.°1 e 2, e 11.°6).

II – Quanto aos prazos ao dispor da Comissão para a conclusão desta primeira fase, a reforma de 2004 trouxe diversas alterações.

Desde logo, para facilitar os cálculo e afastar equívocos, optou-se pelo *"dia útil"* como unidade de medida[202] e, como linha geral, dilatou-se muito ligeiramente o período de tempo concedido à Comissão para a apreciação dos casos[203].

De todo o modo, os prazos continuam bastante apertados, em homenagem à susceptibilidade das operações de concentração perante o factor "tempo"[204] e à circunstância de se tratar de um controlo preventivo.

A primeira fase tem que estar concluída *25 dias úteis* após o dia seguinte à recepção da notificação (art. 10.°1, §1.°). São permitidos

---

[202] De acordo com o art. 24.° do RegExec, "dias úteis" serão «todos os dias com excepção dos sábados, domingos e outros dias feriados da Comissão, publicados no *Jornal Oficial da União Europeia* antes do início de cada ano».

[203] Por exemplo, antes de 2004 a Comissão dispunha de um mês de curso contínuo para a primeira fase, agora dispõe de 25 dias úteis; ou seja dispõe de mais tempo, já que num mês existem em média menos do que 25 dias úteis.

[204] Devido, nomeadamente, à volatilidade dos preços das acções e participações sociais e às tensões e dificuldades nas relações interpessoais e institucionais envolvidas – assim D. G. GOYDER, *EC competition law*, 3ª ed., Claredon Press, Oxford, 1998, p. 412.

alargamentos excepcionais para os *35 dias úteis* quando um Estado-membro apresente um pedido de remessa ou quando as empresas submetam compromissos destinados a tornar a concentração compatível com o mercado comum (art. 10.°1, §2.°) – o que se compreende pela maior complexidade da análise inerente a situações como estas.

A *contagem do prazo* (bastante simplificada na redacção actual[205]) tem início no dia útil seguinte à recepção da notificação e termina no final do último dia útil (RegExec, arts. 7.° e 8.°). Recorde-se que o marco da recepção da notificação conhece um regime especial na hipótese de notificação incompleta, só começando a correr os prazos no momento em que são recebidos os elementos em falta[206].

Os prazos suspendem-se sempre que, devido a circunstâncias pelas quais seja responsável uma das empresas que participa na concentração, a Comissão tenha de utilizar a via formal da decisão para obter uma informação ou ordenar uma investigação ao abrigo dos arts. 11.° e 13.° (art. 10.°4 RegCct). O art. 9.° do RegExec esclarece, com maior detalhe, quais serão essas circunstâncias que desencadeiam a suspensão do prazo e regula, igualmente, o início e o termo da suspensão.

Registe-se, por último, que, a título excepcional, pode a Comissão *apreciar uma concentração sem estar sujeita a qualquer prazo*, desde que se trate de uma nova apreciação na sequência da revogação de uma decisão de compatibilidade (art. 6.°4)

---

[205] Na versão anterior a 2004, a contagem do mês processava-se de acordo com as seguintes regras: o prazo terminava no mês seguinte, no final do *dia que tivesse o mesmo número* ou, se não existisse, no último dia do mês. Noutra situação, terminava na sexta semana seguinte à do início do prazo, no final do *dia correspondente* ao dia da semana em que o prazo começara a correr. Quanto ao curso do prazo, era *contínuo* mas, se abrangesse *feriados legais ou outros feriados* da Comissão, acrescentava-se o número de dias úteis correspondentes. Em qualquer caso, se o *último dia* do prazo *não fosse um dia útil*, o prazo só terminaria no final do dia útil seguinte

[206] Cfr. *supra*, II, D)2, IV.

IV – São de vária ordem as *decisões susceptíveis de encerrar* esta primeira fase, à qual o art. 6.º dá o nome de «análise da notificação».

Pode, como já vimos[207], a Comissão adoptar uma *decisão de inaplicabilidade do RegCct* (art. 6.º1a).

Mas, caso a Comissão se considere competente para apreciar a operação, pode desde logo tomar uma *decisão de não oposição à concentração* – seja por não se suscitarem sérias dúvidas quanto à sua compatibilidade com o mercado comum (art. 6.º1b), seja porque as dúvidas suscitadas se dissiparam após as alterações introduzidas pelas empresas ao projecto inicial – alterações geralmente reforçadas por *condições e obrigações* impostas pela Comissão (art. 6.º2).

Em alternativa, ou seja, se a operação suscitar sérias dúvidas quanto à sua compatibilidade com o mercado comum, a Comissão optará pela *decisão de dar início ao processo* (art. 6.º1c).

Por outras palavras, existindo uma decisão de não oposição, o processo termina logo aí; caso contrário, tem lugar a abertura de uma segunda fase, para permitir a análise mais detalhada do caso.

Estatisticamente, as decisões de não oposição simples são as mais frequentes, a larga distância tanto das decisões de não oposição após alterações, como das decisões de dar início ao processo (respectivamente, 2237, 119 e 141, desde a entrada em vigor do primitivo Regulamento até final de 2004)

Note-se, uma vez mais, que a ausência de decisão nos prazos prescritos vale como *decisão tácita de não oposição* (art. 10.º6, situação ausente nas estatísticas oficiais da Comissão). Salvo, claro, nas situações em que não chega a haver decisão formal porque as

---

[207] Cfr. *supra*, II.D)2, VI. Referimo-nos, utilizando uma sistematização um pouco diferente, à decisão de inaplicabilidade no contexto da «fase zero», *i.e.*, da etapa logicamente preliminar do processo de apreciação da notificação em que a Comissão determina a sua (in)competência aferindo a existência de uma operação de concentração com dimensão comunitária.

partes *retiram a notificação e decidem abandonar projecto de concentração*, quer por estarem convencidas da impossibilidade de uma aprovação, quer por razões estranhas ao processo de controlo das concentrações, quer, ainda, porque uma outra autoridade de defesa da concorrência (*maxime*, norte-americana) proibiu a operação (dotada de envergadura mundial), tornando-se irrelevante uma eventual aprovação comunitária[208].

> Já sucedeu a Comissão adoptar uma decisão *mesmo após a desistência das partes*, por a considerar extemporânea e ineficaz – veja-se o caso *MCI WorldCom/Sprint*, M.1741, decisão de 28.06.2000, JO 2003 L 300/01. Em 27 de Junho de 2000, na véspera da decisão formal da Comissão, as partes informaram-na da sua *intenção de retirar a notificação*, dado que já não pretendiam efectuar a operação de concentração nos moldes aí descritos. A Comissão considerou, todavia, imprescindível a adopção formal da decisão de proibição, não só porque já havia concluído a apreciação do caso, como pela circunstância de as partes não haverem, ainda, posto termo ao acordo de concentração – que continuava, portanto, a ser juridicamente vinculante.

5. Segunda fase

I – Início e conteúdo; II – Intervenientes e procedimentos; III – Prazos; IV – Tipos de decisão susceptíveis de encerrar o processo.

I – Quando a Comissão decide, nos termos do art. 6.°1c, 'dar início ao processo', *notifica as empresas destinatárias*, comunicando-lhes os fundamentos da sua decisão – ou seja, os motivos pelos quais tem sérias dúvidas quanto à compatibilidade da operação com o mercado comum. Esta decisão não constitui propriamente uma comunicação de objecções, nem é obrigato-

---

[208] Desde a entrada em vigor do primitivo Regulamento até ao final de 2004 houve 62 desistências na primeira fase e 24 na segunda.

riamente publicada, mas a Comissão tem por hábito emitir uma nota de imprensa dando a conhecer a abertura de uma segunda fase (e é mesmo possível que chegue a fazer uma pequena declaração em conferência de imprensa)[209]. Procede, isso sim, *à publicação no Jornal Oficial de um anúncio sobre o 'início do processo'*, convidando terceiros a apresentar as suas observações sobre a proposta de concentração, geralmente no prazo de 15 dias.

O objecto desta segunda fase consiste na *apreciação substancial detalhada* da operação de concentração[210].

E sempre que a Comissão pretenda adoptar uma decisão de compatibilidade acompanhada de condições e obrigações ou uma decisão de incompatibilidade *está obrigada a ouvir os sujeitos em causa* – a dar-lhes, na formulação ampla do art. 18.°1, a oportunidade de se pronunciarem, em todos as fases do processo até à consulta do comité consultivo, sobre as objecções contra eles formuladas.

II – Prescreve-se que o direito de defesa das partes será plenamente garantido durante todo o processo (art. 18.°3). Nesta lógica, e em homenagem ao *princípio do contraditório*, a Comissão só poderá fundamentar as suas decisões em objecções relativamente às quais as empresas tenham podido fazer valer as suas observações e (pelo menos) às partes directamente envolvidas será garantido o acesso ao processo[211]. Quanto a terceiros, prevê-se a sua audição desde que demonstrem ter um interesse suficiente e solicitem ser ouvidos (art. 18.°4, 2ª parte); quaisquer outras pessoas podem também vir a ser auscultadas na medida em que a Comissão ou Estados-membros o considerem necessário (art. 18.°4, 1ª parte).

---

[209] C. J. COOK/ C. S. KERSE, *E.C. Merger Control*, cit., pp. 117-118.

[210] Cfr. *infra*, ponto II.F).

[211] Sobre a diferença entre partes notificantes, partes no processo de concentração, terceiros e outros interessados, vejam-se as várias alíneas do art. 11.° do RegExc.

Os arts. 13.°, ss, do RegExec concretizam o procedimento a seguir, no que respeita à *comunicação de objecções* e à *audição dos interessados*.

Às *partes notificantes* a Comissão comunica por escrito as suas objecções quanto à operação projectada (*statement of objections* ou comunicação de objecções – doravante, CObj) e fixa-lhes um prazo para se pronunciarem por escrito. Depois de receber a CObj, as partes podem *aceder ao processo mediante pedido* (art. 17.°1 do RegExc) e *pronunciar-se por escrito* até ao final do prazo fixado pela Comissão. Nas suas *observações escritas* (enviadas em versão original e 10 cópias, além de uma versão electrónica), as partes têm oportunidade de expor os factos e questões relevantes para a respectiva defesa, juntar documentos de prova e pedir à Comissão que ouça testemunhas (art. 13.°3do RegExec).

Na resposta à CObj, podem as partes *solicitar uma audição oral formal* que Comissão concederá (conservando a faculdade discricionária de a permitir em outras fases do processo) – art. 14.° RegExec. É a Comissão quem fixa a data, convoca as pessoas a ouvir e convida as autoridades competentes Estados-membros a estarem presentes, mas as audições *são dirigidas pelo Conselheiro Auditor*[212]. As pessoas convocadas podem comparecer pessoalmente ou fazer-se representar, tendo a faculdade de ser assistidas por advogados ou por consultores. As audições não são públicas; as pessoas podem ser ouvidas em separado ou na presença dos outros convocados, tendo em conta a legítima protecção do segredo comercial e de informações confidenciais. Haverá, naturalmente, registo das declarações prestadas.

Para os *outros interessados directos* – igualmente envolvidos no projecto de concentração embora desprovidos do estatuto de partes notificantes, como acontece com o vendedor ou a empresa-alvo – é consagrado um regime menos sólido, mas com bastantes semelhanças com o que acabámos de descrever. Serão

---

[212] Sobre as funções do Auditor e as regras que vigoram nas audições orais formais, ver a DecFAud.

notificados da CObj e poderão responder (formulando as suas próprias observações, juntando documentos e propondo testemunhas) dentro do prazo fixado pela Comissão (art. 13.°2 e 3 RegExec). Podem, igualmente, solicitar uma audição oral formal (art. 14.°2 RegExec).

O *acesso ao processo* por estes interessados directos terá lugar mediante pedido e será facultado pela Comissão nos termos disciplinados art. 17.°2 do RegExec.

Quanto a *terceiros* (*i.e.*, às pessoas singulares ou colectivas que manifestem um interesse legítimo, incluindo clientes, fornecedores e concorrentes e ainda membros dos órgãos de administração ou de gestão das empresas em causa, representantes reconhecidos dos trabalhadores dessas empresas ou associações de consumidores quando a concentração diga respeito a produtos ou serviços utilizados por consumidores finais – art. 11.°c) do RegExec), podem, por escrito, solicitar ser ouvidos (art. 16.° RegExec). Nesse caso, a Comissão notifica-os da natureza e do objecto do processo, fixando--lhes um prazo para apresentarem observações e requererem, se o desejarem, uma audição formal.

No que respeita a *todas as outras pessoas, singulares ou colectivas*, que não ingressem em nenhuma das categorias enunciadas (partes notificantes, interessados directos e terceiros), a Comissão pode dar-lhes a oportunidade de se pronunciarem, mas não está vinculada a fazê-lo (art. 18.°4, 1ª parte, do RegCct – ouvi--los-á na medida em que considere necessário). Na prática a Comissão tem-se mostrado disposta a ouvir qualquer pessoa de boa--fé que tenha algo de relevante a trazer ao processo[213].

Refira-se, finalmente, *a intervenção do Comité Consultivo*, composto por representantes das autoridades competentes dos diversos Estados-membros (art. 19.° RegCct). O Comité terá de se pronunciar sobre o projecto de decisão de segunda fase, qualquer que ele seja, e o seu parecer será reduzido a escrito e apenso ao projecto de decisão. Embora não seja juridicamente vinculante, o

---

[213] C. J. COOK/ C. S. KERSE, *E.C. Merger Control*, cit., p. 121.

parecer deve ser tomado na máxima consideração pela Comissão. Para aumentar o impacto deste parecer, a revisão de 2004 impôs a sua comunicação aos destinatários da decisão final, bem como a sua divulgação (art. 19.°7 RegCct), devendo a Comissão fazê-lo publicar, junto com a decisão, no Jornal Oficial (art. 20.°1 RegCct)[214].

III – A regra básica, nesta segunda fase, é a de que a Comissão tem *um prazo máximo de 90 dias úteis*, a contar da data de início do processo[215], para tomar uma decisão (art. 10.°3)[216]. Impõe-se, adicionalmente, que as decisões de compatibilidade (acompanhadas ou não de condições e obrigações) devem ser tomadas dentro desse limite mas o quanto antes, *i.e.*, logo que deixem de se colocar as 'sérias dúvidas' que justificaram a abertura de uma segunda fase.

É possível um *alargamento do prazo para 105 dias úteis* se as empresas apresentarem compromissos (destinados a tornar a concentração compatível com o mercado comum) após o decurso de 55 dias úteis. Trata-se, muitas vezes, de soluções complexas que tornam imperioso conferir mais tempo à análise da Comissão – cuja qualidade, note-se, tem sido avaliada pelos Tribunais comunitários à luz de rigorosos critérios que importa não defraudar

---

[214] A redacção do preceito não é das mais claras, quase dando a entender que se excepciona a publicação do parecer do Comité Consultivo no JO. As dúvidas dissipam-se se consultarmos as outras traduções do Regulamento, com destaque para a tradução espanhola ('La Comisión *publicará* las decisiones que adopte (...) *junto con* el dictamen del Comité consultivo *en el* Diario Oficial de la Unión Europea'– sublinhados nossos), e se confrontarmos a antiga redacção do preceito, que não fazia qualquer referência ao parecer do Comité Consultivo já que este não era alvo de publicação.

[215] Conjugando o art. 10.°3 e 6.°1c) do RegCct com o art. 7.° do RegExec, o prazo começa a correr no dia útil seguinte ao da decisão de dar início ao processo. As regas para a contagem dos prazos extraem-se do RegExec, arts. 7.° e 8.°.

[216] Na versão anterior do RegCct, a Comissão dispunha de 4 meses.

Contemplou-se ainda uma hipótese de *prorrogação do prazo a requerimento das partes notificantes* (pedido a apresentar uma única vez e o mais tardar decorridos 15 dias úteis sobre a abertura da segunda fase) ou por *iniciativa da Comissão com o acordo das partes* (em qualquer momento da segunda fase). De todo o modo, a soma destas prorrogações não pode exceder os *20 dias úteis* – art. 10.°3, §2.°.

Esta flexibilidade destina-se a melhorar a qualidade da análise da Comissão, o que explica que as próprias empresas estejam amiúde interessadas num alargamento temporal que permita o estudo mais detalhado de eventuais soluções paliativas.

Os *prazos suspendem-se* nas circunstâncias que já analisámos para a primeira fase[217] e a nova apreciação da Comissão *ficará desprovida de prazo* na sequência da infracção de uma condição associada a uma decisão de compatibilidade (de primeira ou segunda fase), ou na sequência da revogação de uma decisão de compatibilidade por informações inexactas ou por desrespeito de obrigação imposta.

IV – São essencialmente três as modalidades de decisão susceptíveis de encerrar esta segunda fase, *rectius*, o processo: a *decisão de compatibilidade* da concentração com o mercado comum (art. 8.°1); a *decisão de compatibilidade* da concentração com o mercado comum *acompanhada de condições e obrigações* para assegurar respeito dos compromissos assumidos para obter a compatibilidade (art. 8.°2); e, finalmente, a *decisão de incompatibilidade* da concentração com o mercado comum (art. 8.°3).

Do *ponto de vista estatístico*, as decisões mais frequentes são de compatibilidade com compromissos, seguidas pelas decisões de compatibilidade simples, só em último lugar aparecendo as decisões

---

[217] Cfr. *supra*, II.D)4, II – sempre que, devido a circunstâncias pelas quais seja *responsável* uma das empresas que participa na concentração, a Comissão tenha de utilizar a via formal da decisão para obter uma informação ou ordenar uma investigação ao abrigo dos arts. 11.° e 13.° (art. 10.°4 RegCct).

de incompatibilidade (respectivamente, 62, 26 e 19, desde a entrada em vigor do primitivo Regulamento até final de 2004).

Saliente-se, por último, que *a realização de uma concentração declarada incompatível* com o mercado comum concede à Comissão o poder de decretar a sua dissolução e de ordenar as medidas adequadas ao restabelecimento da situação anterior, bem como, no entretanto, o poder de ordenar as medidas provisórias apropriadas a restaurar ou manter a concorrência efectiva – arts. 8.°4a) e 8.°5c).

6. PROCEDIMENTO SIMPLIFICADO

A experiência adquirida pela Comissão veio a revelar que, na ausência de circunstâncias especiais, determinadas categorias de operações são *normalmente autorizadas* sem levantar dúvidas de fundo – como, aliás, se comprova estatisticamente pela *ratio* concentrações notificadas/concentrações objecto de decisão de compatibilidade simples de primeira fase, *ratio* que, no final de 2004, era de 2648 para 2237.

Esta constatação esteve na origem da ComPrSimp, onde a Comissão descreve a análise mais abreviada que leva a cabo perante determinadas operações. A adopção do novo RegCct, em 2004, impulsionou a aprovação de uma nova ComPrSimp, em substituição da anterior[218]

Elegíveis para um procedimento simplificado são, desde logo, as concentrações que impliquem a *aquisição do controlo conjunto de uma empresa comum que não exerça* (nem pretenda exercer) *actividades significativas no Espaço Económico Europeu*[219]. A

---

[218] A aguardar publicação no JO mas já disponível no *site* da Comissão em http://www.europa.eu.int/comm/competition/mergers/legislation/consultation/simplified_tru.pdf.

[219] O limiar destas "actividades significativas" é dado pelo *volume de negócios* da empresa comum ou das actividades para ela transferidas (inferior a

estas se vêm juntar as *operações de fusão ou de aquisição de controlo* (exclusivo ou conjunto) *desde que não exista sobreposição* de actividades no mesmo mercado geográfico ou de produto, nem adjacência no que toca ao mercado de produto entre as partes envolvidas na concentração. Em alternativa, verificando-se sobreposição ou adjacência, as operações *ainda serão elegíveis* quando as quotas de mercado combinadas fiquem aquém dos 15% no caso de sobreposição (relações horizontais), ou aquém dos 25% no caso de adjacência (relações verticais). Finalmente (e é esta a principal novidade de 2004), são elegíveis as operações através das quais a parte notificante adquire o controlo singular de uma empresa da qual *já possuía* o controlo conjunto.

Contempla-se, todavia, de modo exemplificativo, a ocorrência de diversos *factores de exclusão*, quer dizer, de circunstâncias que podem desqualificar uma operação potencialmente elegível, reservando-se a Comissão a faculdade de, a qualquer momento, reverter para o procedimento normal[220].

O procedimento simplificado *também não terá lugar* se algum Estado-membro apresentar um pedido de remessa ou se a Comissão aceitar analisar a operação nos termos do art. 22.° do RegCct. Já se os pedidos de remessa forem apresentados pelas partes através do expediente dos memorandos fundamentados e a decisão da Comissão for no sentido de conservar ou aceitar a competência para analisar o caso, *não fica prejudicada* a adopção do procedimento simplificado.

À luz da *nova disciplina das restrições acessórias*[221], não será possível recorrer ao procedimento simplificado se as partes houverem requerido uma avaliação expressa das limitações de concorrência directamente relacionadas com a operação de concentração e a ela necessárias.

---

100 milhões de euros no território do Espaço Económico Europeu) em conjugação com o *valor total dos activos* transferidos para a empresa comum (inferior a 100 milhões de euros no território do Espaço Económico Europeu).

[220] Cfr. os n.ºs 6 e ss. da ComPrSimp.

[221] Analisada *infra*, no ponto II.F)5.

Quanto à simplificação propriamente dita, incide, de sobremaneira, na análise dos mercados e dos efeitos da operação a efectuar pela Comissão, cuja *decisão de compatibilidade simplificada* revela um conteúdo mais sucinto que as vulgares decisões de autorização. Além das informações já publicadas por ocasião da notificação, limita-se a incluir uma declaração de compatibilidade pelo facto de a operação estar abrangida por alguma(s) das categorias elegíveis, devidamente identificada(s)[222].

Também para as empresas o procedimento simplificado *traz vantagens*, proporcionando uma redução do volume de informações a prestar aquando da notificação – mediante a utilização de um *formulário simplificado* – e permitindo fundar uma expectativa optimista quanto a uma rápida aprovação da concentração (assim que for praticável após o termo dos 15 dias úteis concedidos aos Estados-membros para apresentarem o seu pedido de remessa)[223].

E) *Condução do processo, acesso ao processo e fiscalização das decisões*

Iremos tratar, de forma concisa, alguns aspectos salientes do controlo comunitário das concentrações, sem entrar, ainda, nos critérios de análise substantiva das operações. Faremos a resenha dos poderes conferidos à Comissão no que toca à instrução do processo, à aplicação de sanções e à revogação das suas próprias

---

[222] Cfr. ponto 13 da ComPrSimp.

[223] Na primitiva versão da ComPrSimp, podia confrontar-se, respectivamente, o n.º 10 (em articulação com o art. 3.º2 do anterior Regulamento de Execução) e o n.º 11 (onde se relacionava o benefício do procedimento simplificado com uma 'autorização tácita'). Actualmente, prevê-se a utilização de um formulário simplificado (que constitui o Anexo II do RegExec) e desapareceu qualquer referência a uma 'autorização tácita', incluindo-se, porém, uma nota relativa ao prazo tendencialmente mais abreviado (n.ºs 15 e 17).

decisões. Abordaremos o tema da audição de interessados e da transparência processual. Terminaremos, enfim, com uma referência ao quadro de fiscalização da actuação da Comissão por intermédio de recurso judicial.

1. Poderes atribuídos à Comissão na condução do processo

I – Poderes relativos à instrução do processo; II – Poderes relativos à aplicação de sanções; III – Poder de revogar as suas próprias decisões.

I – No que respeita à instrução do processo, o RegCct atribui à Comissão determinados poderes, destinados a *viabilizar a recolha de informação* e a realização de inspecções *nas instalações das empresas*.

Os poderes dirigidos à obtenção informações junto de empresas e particulares estão consagrados no art. 11.º. A Comissão utilizará, consoante o caso, uma de três vias: a entrevista, o simples pedido ou a decisão.

A possibilidade de entrevistar uma pessoa singular ou colectiva para recolher informações relacionadas com o objecto da investigação foi introduzida em 2004 e representa o expediente mais moderado, já que supõe a anuência da pessoa entrevistada, nos termos do o art. 11.º7. A entrevista pode ser efectuada presencialmente, por telefone ou através de qualquer outro meio electrónico, mas logo de início deve a Comissão indicar o respectivo fundamento jurídico e finalidade, de modo a que o entrevistado possa prestar o seu consentimento esclarecido.

Já o *simples pedido de informações* pode ser dirigido a uma pessoa[224], a uma empresa ou a uma associação de empresas, nos

---

[224] Pessoa que detenha o controlo de pelo menos uma empresa – cfr. o art. 11.º1, conjugado com o art. 3.º1b) para o qual remete.

termos do art. 11,°2, indicando também o respectivo fundamento jurídico e finalidade. É fixado um prazo para a resposta, mas não se comina qualquer sanção específica para o seu desrespeito – ao contrário do que sucede com o fornecimento de informações inexactas ou deturpadas, que desencadeia a aplicação da coima prevista no art. 14.°1b). Em termos práticos, contudo, a ausência de resposta no prazo fixado levará certamente à utilização do expediente mais musculado – a decisão.

Se a Comissão tiver que *utilizar uma decisão* para obter informações junto de pessoas, empresas ou respectivas associações (indicando, também aqui, o fundamento jurídico e finalidade – art. 11.°3), tanto o desrespeito pelo prazo fixado como o fornecimento de informações inexactas, incompletas ou deturpadas determinam a possibilidade de aplicação de uma coima (art. 14.°1c), sendo que a Comissão dispõe ainda do instrumento previsto no art. 15.°1a – a sanção pecuniária compulsória – para levar os destinatários da decisão a fornecer informações completas e exactas[225]. Em contrapartida, da decisão que solicite informações cabe recurso para o Tribunal de Justiça.

Os *destinatários materiais do pedido ou decisão* são identificados pelo art. 11.°4, que prevê também a hipótese de representação voluntária – sem prejuízo da responsabilidade plena do mandante pelo carácter incompleto, inexacto ou deturpado das informações fornecidas.

Os *Estados-membros* não são esquecidos nesta matéria – nem como *destinatários de pedidos* específicos de informação por parte

---

[225] Veja-se o caso *Mitsubishi Heavy Industries*, M.1634, decisão de 12.07.2000, JO 2001 L 004/31 Foi aplicada uma coima de 50.000 euros por fornecimento de informações incompletas em resposta a um pedido efectuado por via de decisão, acrescida de uma sanção pecuniária compulsória num montante total de 900.000 euros relativa ao cômputo dos dias de atraso no fornecimento da informação pedida (desde 10.07.1999 até ao encerramento do caso, por abandono da concentração pelas partes, em 08.09.1999). Foi a primeira vez que a Comissão aplicou uma coima a uma empresa não notificante e a primeira vez que recorreu à imposição de uma sanção pecuniária compulsória.

da Comissão (art. 11.°6), nem como *parceiros nas diligências* efectuadas pela Comissão que contendam com o respectivo território (art. 11.°5 e 7, §2.°).

Já os *poderes conferidos à Comissão no que respeita à investigação* in loco apenas podem ser exercidos *junto das empresas e respectivas associações* (e não junto das pessoas singulares), conforme prescreve o art. 13.°, e pressupõem sempre uma estreita cooperação com os Estados-membros em cujo território são levadas a cabo[226].

É normal que as *empresas envolvidas estejam dispostas a colaborar* com a Comissão (até para não provocar atrasos no processo – cfr. o art. 10.°4); dificuldades só tenderão a surgir quando seja necessário proceder a verificações junto de terceiros. De qualquer modo, é opinião geral que muito raramente a Comissão necessitará de usar os poderes conferidos pelo art. 13.° em sede de controlo de concentrações[227]

Se o fizer, a inspecção será levada a cabo por agentes (e outras pessoas) *munidos de um mandato escrito* indicando o objecto e finalidade da inspecção. Poderão inspeccionar e extrair cópia dos livros e de outros documentos comerciais, solicitar explicações orais a representantes ou membros do pessoal da empresa e ter acesso a todas as instalações, terrenos e meios de transporte. Terão, ainda, o poder de selar quaisquer instalações, livros e registos durante o período necessário à inspecção (art. 13.°2 e 3). Prevêem-se *sanções* para a apresentação incompleta de livros e registos, bem como para a resposta inexacta ou deturpada ao pedido de explicações orais e para a quebra dos selos apostos– art. 14.°1d), e) e f).

A Comissão pode utilizar a *via da decisão* para ordenar uma inspecção, caso em que as empresas são obrigadas a sujeitar-se

---

[226] Podem os Estados-membros proceder às investigações a pedido Comissão (art. 12.°1); podem prestar assistência aos agentes da Comissão (art. 13.°5) ou ser por eles assistidos (art. 12.°2); em qualquer caso, serão sempre informados das diligências (art. 13.°3, *in fine*) e poderão mesmo ter de ser ouvidos *a priori* (art. 13.°4).

[227] C. J. COOK/ C. S. KERSE, *E.C. Merger Control, cit.*, p. 117.

a ela sob pena de incorrer nas sanções contempladas pelo art. 14.°1d), 2ª parte, e e), §3.°, e na sanção pecuniária compulsória do art. 15.°b), embora possam recorrer para o Tribunal de Justiça da decisão da Comissão. O eventual *apoio das forças policiais* e a sindicância dessa intervenção pelas *autoridades judiciais do Estado-membro* encontram-se previstos nos n.°s 6 a 8 do art. 13.°.

II – Sempre por via de decisão e verificados os respectivos pressupostos, pode a Comissão proceder à *aplicação de coimas e de sanções pecuniárias compulsórias a pessoas singulares*[228], *a empresas e a associações de empresas*. A decisão é passível de recurso para o Tribunal de Justiça, que pode suprimir, reduzir ou aumentar a coima ou a sanção pecuniária compulsória aplicadas (art. 16.°); os destinatários da sanção devem ter oportunidade de se *pronunciar* antecipadamente sobre as objecções formuladas pela Comissão (art. 18.°1).

As *coimas* são disciplinadas pelo art. 14.° em dois grupos, consoante a gravidade das infracções a que respeitam. Vigora a punibilidade quer das condutas dolosas, quer das condutas negligentes e o montante da coima terá em conta a natureza, gravidade e duração da infracção.

As patologias relativas aos *inputs* processuais são punidas com coimas até 1% do volume de negócios (art. 14.°1). As infracções abrangem *vicissitudes da notificação e dos memorandos fundamentados* (no essencial, o fornecimento de informações inexactas ou deturpadas); *vicissitudes da prestação de informação* através de simples pedido (informações inexactas ou deturpadas) ou através de decisão (informações inexactas, incompletas, deturpadas ou desrespeito pelo prazo); e, por último, *vicissitudes ocorridas no âmbito das inspecções* (apresentação incompleta de livros ou

---

[228] Que detenham o controlo de pelo menos uma empresa – cfr. o art. 3.°1b) para o qual se remete.

documentos; recusa de inspecção ordenada por decisão; patologias dos esclarecimentos orais solicitados; quebra de selos).

Mais pesadas – podendo ascender aos 10% do volume de negócios – são as coimas previstas pelo art. 14.°2 para a o *desrespeito da regra da suspensão* ou para a *violação de decisões relativas à sorte da operação de concentração*. Os comportamentos puníveis incluem a execução de uma operação de concentração não notificada ou (ainda) não autorizada, bem como a inobservância das condições impostas para a derrogação da suspensão; a realização de uma operação de concentração proibida ou o incumprimento de medidas de desagregação ordenadas; e, ainda, o desrespeito pelas condições ou obrigações impostas por uma decisão de autorização.

Quanto às *sanções pecuniárias compulsórias*, visam pressionar quer ao à *prestação de* inputs *processuais*, quer ao *cumprimento de decisões* relativas à sorte da operação de concentração e, segundo o 15.°1, podem ascender a um máximo de 5% do volume de negócios total diário médio por cada dia útil de demora.

Em concreto, pretendem compelir à prestação completa e exacta de informações e à submissão a inspecções ordenadas por decisão; compelem, igualmente, ao cumprimento de obrigações associadas a uma derrogação da suspensão ou associadas à autorização da concentração e, ainda, ao cumprimento de medidas de desagregação.

Se (e quando) os destinatários da sanção pecuniária compulsória adoptarem o comportamento previsto, pode a Comissão *reduzir retroactivamente* o montante total a pagar[229].

III – O RegCct confere, igualmente, a Comissão *o poder de revogar as suas próprias decisões*, quando baseadas em pressu-

---

[229] A Comissão recorreu, pela primeira vez, à imposição de uma sanção pecuniária compulsória no caso *Mitsubishi Heavy Industries*, M.1634, citado na nota 226.

postos que se vêm a revelar insubsistentes por razões imputáveis às empresas em causa.

A revogação pode incidir tanto sobre *decisões de inaplicabilidade do RegCct* como sobre *decisões de autorização de uma operação de concentração*.

A revogação de decisões de inaplicabilidade pode ter lugar se a decisão houver sido baseada em informações inexactas da responsabilidade de uma das empresas em causa, ou se tiver sido obtida fraudulentamente – art. 6.º3a).

Quando incida sobre decisões de autorização, sejam elas de primeira ou de segunda fase, a revogação pode ocorrer não só na medida em que a decisão se venha a revelar baseada em informações inexactas da responsabilidade de uma das empresas ou obtida fraudulentamente, como, ainda, no caso de as empresas violarem uma obrigação associada à decisão – arts. 6.º3a) e b); art. 8.º6a) e b).

Não tem sido um poder grandemente utilizado; de todo o modo, são importantes *as consequências que decorrem do seu exercício*. A Comissão procederá a uma nova apreciação do caso, à luz das condições actuais (art. 10.º5, último parágrafo) e sem estar sujeita a qualquer prazo (arts. 6.º4 e 8.º7); quanto às empresas, sujeitam-se a incorrer numa das infracções tipificadas pelo art. 14.º (*v.g.*, pela prestação de informações inexactas ou por desrespeito da obrigação associada à autorização).

2. ACESSO AO PROCESSO: PARTICIPAÇÃO E PUBLICIDADE

I – Audição de interessados; II – Publicações feitas pela Comissão;
III – Sigilo comercial ou profissional.

I – Tivemos oportunidade de constatar[230] que existem várias categorias de interessados, titulares de direitos de densidades diver-

---

[230] *Supra*, pontos II.D)4 e II.D)5.

sas no que toca ao acesso ao processo e à possibilidade de serem ouvidos.

O *quadro jurídico aplicável* a estas situações tem como vértice o art. 18.º do RegCct e compreende as normas dos arts. 11.º a 17.º do RegExec. Igualmente relevantes são ComConsP (discriminando o que pode ser consultado, como e em que circunstâncias) e a já mencionada DecFAud (disciplinando a nomeação e estatuto do Auditor e estabelecendo regras sobre as audições).

II – Além de emitir, habitualmente, notas de imprensa resumindo o conteúdo das principais decisões que adopta, há documentos que a Comissão está obrigada a divulgar, através da sua publicação no Jornal Oficial, e outros a cuja divulgação procede em homenagem à transparência processual.

São *obrigatoriamente publicados no Jornal Oficial* os resumos da notificação das operações de concentração que a Comissão considere abrangidas pelo RegCct (art. 4.º3), bem como as decisões de encerramento da segunda fase, as decisões relativas à dissolução da concentração e as decisões de revogação de autorização concedida na segunda fase (art. 20.º1); igual tratamento é actualmente dispensado ao parecer do Comité Consultivo (art. 20.º1)[231]. Será ainda publicado no Jornal Oficial o relatório final do Auditor[232].

Já *por iniciativa da Comissão* é normalmente publicado no Jornal Oficial o anúncio da adopção de uma decisão de encerramento da primeira fase – quer se trate de uma decisão de dar início à segunda fase, quer de uma decisão de não oposição à concentração. Mas estas últimas – as decisões de não oposição tomadas ao abrigo do art. 6.º1b), sejam ou não acompanhadas de compromissos – são geralmente divulgadas através do serviço de publicações, que procede à sua colocação no *site* da Comissão durante um período

---

[231] Ver o que dissemos *supra*, na nota 215.
[232] Cfr. o art. 16.º3 da DecFAud.

limitado de tempo (podendo disponibilizá-las em papel, mediante pedido).

III – Em equilíbrio com esta atenção dispensada ao acesso ao processo e à respectiva transparência, aflora em diversos pontos do regime das concentrações *a preocupação com a confidencialidade das informações fornecidas pelas empresas*, ancorada no legítimo interesse na *não divulgação dos respectivos segredos comerciais e profissionais*.

Tomemos alguns exemplos: as informações obtidas através de pedido, de inspecção ou de audição *só podem ser utilizadas para os efeitos* que justificaram a sua obtenção (art. 17.°1); impõe-se à Comissão, aos Estados-membros e a todos os funcionários e agentes envolvidos o *dever de não divulgar as informações* obtidas no contexto do RegCct que, pela sua natureza, estejam abrangidas pelo sigilo profissional (art. 17.°2); as várias publicações a que se procede – *v.g.*, do resumo da notificação (art. 4.°3); das decisões de encerramento de segunda fase (art. 20.°2); do parecer do Comité Consultivo (art. 19.°7); ou do relatório final do auditor (art. 16.°3 DecFAud) – devem *respeitar o sigilo comercial*; o mesmo sigilo comercial é salvaguardado aquando da apresentação de uma notificação conjunta (ponto 1.5, §3.°, do Formulário CO), da audição conjunta de interessados (art. 15.°6 RegExec) ou nas situações de acesso ao processo (art. 17.°3 RegExec).

Em contrapartida, impõe-se às empresas *o ónus de identificar, ab initio, quais são as informações* que reputam confidenciais e de *justificar a necessidade de segredo*. Fá-lo-ão, desde logo, *ao entregar a notificação* (como determina o ponto 1.5, §2.°, do Formulário CO, tais informações devem ser apresentadas separadamente, com a aposição clara, em cada página, da menção "segredo comercial" e indicação dos motivos pelos quais não devem ser divulgadas ou publicadas), mas, também, *na resposta à Comunicação de Objecções ou em quaisquer observações apresentadas* no processo (art. 18.°2 do RegExec). Pode ainda a Comissão *solicitar às empresas que identifiquem* as partes de uma decisão ou de outro documento por ela adoptado que, no seu entender, contenham segredos comerciais (art. 18.°3 do RegExec). As empresas deverão, nesses casos (e até para garantir a possibilidade de consulta do processo por outrém[234]) fornecer uma versão não confidencial dos dados ou documentos.

Daqui já se infere, naturalmente, *a importância dos limites da noção de "segredo comercial"*. A questão é abordada na (ainda vigente) ComConsP[235]. Aponta-se para um conceito amplo de segredo comercial, que assegure a protecção do interesse legítimo das empresas em que determinadas indicações estratégicas sobre os seus interesses essenciais ou sobre o andamento e desenvolvimento dos seus negócios não sejam divulgadas a terceiros[236].

Especialmente melindrosa é a situação em que as informações que constituem segredo comercial fornecem a prova de uma infracção ou permitem ilibar uma empresa. Aí cabe à Comissão decidir se a necessidade de divulgação é mais importante do que o prejuízo susceptível de ser provocado[237]. Caso a Comissão *pretenda divulgar ou publicar* no Jornal Oficial uma informação susceptível de constituir "segredo comercial", seguir-se-á procedimento descrito no art. 9.° da DecFAud. A empresa tem a faculdade de apresentar por escrito as suas objecções, mas a última palavra é da

---

[233] Assim Ponto II.B.1.c) da ComConsP.

[234] Que também circunscreve conceito, um pouco diverso, de *documentos confidenciais* – informações para as quais é pedida a confidencialidade dentro de certos pressupostos (salvaguarda do anonimato de fontes de informação, segredos militares, estudos que façam parte do património da empresa) mas que, *grosso modo*, estão sujeitos a um regime semelhante ao do sigilo comercial.

[235] Ponto I.A.1. da ComConsP. Dão-se como exemplos os métodos de avaliação dos custos de fabrico e de distribuição, os segredos e processos de fabrico, as fontes de aprovisionamento, as quantidades produzidas e vendidas, as quotas de mercado, os ficheiros de clientes e distribuidores, a estratégia comercial, a estrutura do preço de custo ou a política de vendas e de informações relativas à organização interna da empresa.

[236] Cfr. Ponto I.A.1. da ComConsP.

Comissão. E a Comissão pode considerar, através de decisão fundamentada, que a informação não deve ser protegida.

O regime que acabamos de descrever sofre algumas alterações no Projecto de ComConsP, actualmente em discussão. Aí se delimitam duas categorias de informações confidenciais: os *segredos comerciais* e as *outras informações confidenciais*. O critério passa a ser o da susceptibilidade de a divulgação das informações lesar gravemente a empresa à qual dizem respeito (segredo comercial) ou de lesar gravemente uma pessoa ou empresa (outras informações confidenciais). Os casos apontados, contudo, permanecem *grosso modo* idênticos[237]. A classificação de informações como confidenciais *depende da aceitação, pela Comissão, do pedido fundamentado* apresentado pelas pessoas ou empresas em causa. A Comissão atenderá à pertinência das informações para determinar a existência ou não de uma infracção; à sua força probatória; ao seu carácter indispensável, à medida em que a sua divulgação pode lesar os interesses em causa (nível de sensibilidade); e, ainda, à apreciação preliminar da gravidade da infracção.

Sempre de acordo com o Projecto, quando a Direcção-Geral da Concorrência não concordar com o pedido de confidencialidade e, por conseguinte, tencionar divulgar as informações em causa, informará por escrito o destinatário da sua intenção, fundamentando-a, e fixará um prazo para que apresente por escrito as suas observações. Se persistir um desacordo relativamente ao pedido de confidencialidade, o caso será remetido para o Auditor, que deliberará no âmbito das suas funções (art. 9.º da DecFAud[238]).

---

[237] Acrescentando-se às "outras informações confidenciais" as cartas de clientes.

[238] N.º 41 do Projecto de ComConsP.

3. RECURSO DAS DECISÕES RELATIVAS A OPERAÇÕES DE CONCENTRAÇÃO

I – Recurso de anulação e recurso por omissão; II – Recurso contra decisão de aplicação de sanção.

I – No que toca à *fiscalização da legalidade dos actos da Comissão*, o RegCct não contém qualquer regime especial, valendo as regras gerais do direito comunitário[239]. O Tribunal de Primeira Instância (TPI) tem competência para julgar recursos de anulação e recursos por omissão apresentados por particulares contra as decisões da Comissão em matéria de aplicação do RegCct; o Tribunal de Justiça conhecerá dos mesmos casos em via de recurso circunscrito à matéria de direito, tendo ainda a competência para julgar os litígios entre os Estados-membros e a Comissão no que toca à aplicação do RegCct[240].

Assim, nos termos do art. 230.º CE, é possível interpor um *recurso de anulação das decisões adoptadas pela Comissão na aplicação do RegCct*[241]. Susceptíveis de recurso não são apenas as decisões de proibição, mas todos os actos que, atendendo à sua substância, preencham os critérios gerais – incluindo decisões de autorização ou de inaplicabilidade do RegCct.

>As *decisões de autorização podem inclusive,* no entender do TPI, *ser objecto de recurso pelos próprios destinatários.* No acórdão de 22.03.2000, *Coca-Cola vs. Comissão*, processos apensos T-125/97 e T-127/97, Col. 2000, p. II-01733, o Tribunal sustentou que o simples facto de uma decisão

---

[239] Sobre a competência e funcionamento do Tribunal de Justiça e do Tribunal de Primeira Instância, cfr. M. GORJÃO-HENRIQUES, *Direito Comunitário*, Almedina, Coimbra, 2001, pp. 131, ss., e 141, ss.

[240] E. VARONA/ A. GALARZA/ J. CRESPO/ J. ALONSO, *Merger Control in the European Union*, *cit.*, pp. 421-422.

[241] Sobre a competência contenciosa e o controlo de legalidade do comportamento dos órgãos comunitários, em geral, pode ver-se M. GORJÃO-HENRIQUES, *Direito Comunitário*, *cit.*, pp 257, ss.

da Comissão declarar a operação de concentração notificada compatível com o mercado comum e de não causar, a esse nível, qualquer prejuízo às recorrentes, não dispensa o Tribunal de apreciar se as *declarações contidas nos motivos dessa decisão produzem efeitos jurídicos vinculativos* com o teor exigido pelo art. 230.° CE (efeitos que afectem os interesses do recorrente, alterando de forma caracterizada a situação jurídica deste). Todavia, em concreto, o TPI considerou que não preenchia essas condições a simples declaração, pela Comissão, da existência de uma posição dominante, mesmo que pudesse vir a exercer influência sobre a política e a estratégia comercial futura da empresa. Semelhante declaração não é pressuposto das obrigações impostas às empresas pelo art. 82.° CE e resulta de uma análise da estrutura de mercado e da concorrência cronologicamente situada.

No acórdão de 24.03.1994, T-3/93, *Air France vs. Comissão*, Col. 1994, p. II-00121, o TPI admitiu, em abstracto, a *legitimidade de terceiros para pedir a anulação de uma decisão de não aplicação do RegCct* a uma operação de concentração (aquisição da Dan Air pela British Airways). Uma decisão deste género permite, de direito e de facto, a realização imediata da operação projectada e, portanto, pode induzir uma alteração imediata da situação do mercado relevante. Por isso, a decisão *diz* (além do mais) *individualmente respeito* a uma empresa que actua no mesmo mercado, na medida em que esta vê a sua própria posição alterada em virtude de um dos seus concorrentes reforçar substancialmente a dele.

Igualmente saliente, no mesmo acórdão, foi o facto de o Tribunal considerar que *constitui um acto susceptível de ser objecto de recurso de anulação* a declaração do porta-voz do Comissário responsável pelas questões de concorrência, falando em nome da Comissão, segundo a qual uma operação de concentração projectada entre duas empresas não era abrangida pelo âmbito de aplicação do RegCct por carecer de dimensão comunitária. Para o TPI, a decisão da Comissão assim tornada pública produz efeitos jurídicos em relação aos Estados-membros (reafirma a respectiva competência), às empresas envolvidas (dispensa-as de notificar) e aos concorrentes (que podem assim ver a sua posição no mercado imediatamente alterada pela realização da operação). Não obsta à interposição de um recurso de anulação a circunstância de o acto revestir *uma forma pouco habitual* (não existia qualquer documento escrito além da transcrição efectuada por uma agência noticiosa) e de não ter sido objecto de notificação regular.

Têm legitimidade activa, desde logo, os destinatários da decisão (as empresas envolvidas) e as pessoas que por ela tenham sido directa e individualmente afectadas – o que, dependendo das circunstâncias concretas, tem conduzido a equacionar a legitimidade de sujeitos como os sócios das empresas em causa, os seus empregados ou os seus concorrentes.

No acórdão de 19.05.1994, *Air France vs. Comissão*, T-2/93, Col. 1994, p. II-00323, o TPI considerou que a Air France, *concorrente das partes, tinha legitimidade* para interpor recurso de anulação da decisão de não oposição à operação de concentração consubstanciada na aquisição, pela British Airways, de 49,9% do capital da companhia TAT European Airlines, porque a decisão lhe dizia directa e individualmente respeito

O TPI considerou pacífica a verificação do primeiro requisito e debruçou-se, essencialmente, sobre o segundo. Como os sujeitos que não são destinatários de uma decisão só podem alegar que ela lhes diz individualmente respeito se forem afectados em virtude de certas qualidades próprias ou de uma situação de facto que os caracteriza relativamente a qualquer outra pessoa e que, por isso, os individualiza de forma análoga ao destinatário, julgou o TPI que a Air France preenchia essas condições. Isto porque havia apresentado observações tidas em conta no processo; a sua posição no mercado relevante havia sido especialmente examinada pela Comissão; e, por fim, havia sido anteriormente obrigada (nos termos de um acordo celebrado entre ela, o Estado-membro competente e a Comissão) a ceder a sua participação numa das empresas envolvidas na concentração.

No acórdão de 03.04.2003, *Babyliss vs. Comissão*, T-114/02, Col. 2003, p. II-01279, o TPI admitiu *a legitimidade de um concorrente potencial*, que havia participado activamente no processo, atendendo a que as partes na concentração operavam em mercados oligopolistas caracterizados por elevadas barreiras à entrada resultantes da grande fidelidade à marca e pela dificuldade de acesso ao comércio a retalho.

O TPI foi mais longe, no acórdão de 30.09.2003, *ARD vs. Comissão*, T-158/00, Col. 2003 p. 00000, *admitindo a legitimidade activa* de uma associação de estações de televisão alemãs de serviço público, *apesar de não poder ser considerada sequer concorrente potencial*, da KirchPayTV no mercado da televisão por assinatura. Por um lado, a ARD havia participado activamente no processo, chegando a afectar, em certa medida, o conteúdo do acto impugnado, tanto no que se refere à determinação das sérias dúvidas colocadas pela concentração, como no que diz respeito aos compromissos necessários para as afastar. Por outro lado, o TPI considerou que, no caso concreto, estavam presentes elementos susceptíveis de demonstrar a afectação da posição da recorrente (a existência de uma certa concorrência entre a televisão gratuita e a televisão por assinatura; a convergência no futuro entre a televisão gratuita e a televisão por assinatura devido à digitalização; os efeitos da concentração nos serviços de televisão interactiva digital; a participação da recorrente no projecto FUN e a aquisição dos direitos de retransmissão).

Nos acórdãos *Comité Central d'Entreprise de la Societé Generale des Grandes Sources e Outros vs. Comissão*, de 27.04.1995, T-96/92, Col. 1995, p. II-01213; e *Comité Central d'Entreprise de la Societe Anonyme Vittel e Outros vs. Comissão*, de 27.04.1995, T-12/93, Col. 1995, página II-01247, o TPI pronunciou-se sobre a *legitimidade das comissões de trabalhadores*.

O TPI considerou que a decisão da Comissão de autorizar a concentração (constituída pela oferta pública de aquisição das acções da Perrier lançada por uma filial comum da Nestlé e do Banco Indosuez), mediante o respeito pelos compromissos impostos, *dizia individualmente respeito aos representantes dos trabalhadores das empresas em causa*. Isto é assim na medida em que o RegCct os faz constar expressamente entre os terceiros titulares de um interesse suficiente para serem ouvidos pela Comissão durante o processo de análise do projecto de concentração, permitindo, ainda, à Comissão ter em consideração as consequências sociais da concentração quando estas são susceptíveis de prejudicar os objectivos sociais referidos no art. 2.º CE.

Contudo (e salvo circunstâncias excepcionais), *a decisão não lhes diz directamente respeito*. A decisão de autorização não implica por si só qualquer consequência para os direitos próprios dos representantes dos trabalhadores, nem ofende directamente os interesses dos trabalhadores, cujos direitos em caso de transferência de empresas estão assegurados pela legislação comunitária e nacional. Se ocorrerem medidas que afectem os interesses dos trabalhadores em consequência da operação de concentração, elas dever-se-ão às empresas envolvidas e, quanto à respectiva compatibilidade com a legislação social (tanto comunitária como nacional), estarão sujeitas à fiscalização do juiz nacional.

Deve, todavia, ser reconhecida aos referidos representantes a *faculdade de interpor um recurso limitado à defesa dos seus direitos processuais*, já que estes estão consagrados no RegCct e só podem, em princípio, ser sancionados pelo juiz comunitário aquando da fiscalização da regularidade da decisão final da Comissão. Portanto, no âmbito do exercício deste direito de recurso (limitado à fiscalização da observância das garantias processuais reconhecidas pelo direito comunitário), apenas a violação essencial dos direitos processuais pode levar à anulação da decisão da Comissão.

Como *fundamentos para a anulação*, valem os prescritos no art. 230.° CE, de entre os quais relevarão, particularmente, *a violação do direito comunitário* e *a preterição de formalidades essenciais*. A título de exemplo[242], pode contestar-se que a concentração possua dimensão comunitária ou que entrave significativamente a concorrência efectiva; ou pode reclamar-se que não foi conferido o acesso ao processo nos termos devidos.

No acórdão do TPI de 22.10.2002, *Schneider Electric vs. Comissão*, T-310/01, Col. 2002, p. II-04071, um dos fundamentos para a anulação consistiu na *violação dos direitos de defesa*: a Comissão introduzira na decisão final um argumento que não figurava na Comunicação de Objecções[243].

No acórdão de 27.11.1997, *Kaysersberg SA vs. Comissão*, Col. 1997, p. II-02137, o TPI apreciou a *posição processual dos terceiros no contexto do RegCct*[244]. Entendeu que essa posição não deveria ser equiparada à dos interessados, não podendo os terceiros invocar a seu favor garantias idênticas. Aliás, o direito dos terceiros concorrentes a serem ouvidos pela Comissão tem de ser conciliado com o respeito pelos direitos das partes e com a finalidade principal do regulamento, que é a de assegurar a eficácia do controlo e a segurança jurídica das empresas envolvidas. Neste contexto, considerou o TPI que o facto de um terceiro apenas ter disposto de um prazo de dois dias úteis para apresentar as suas observações sobre as alterações propostas (à época não existiam disposições específicas, pelo que a Comissão não podia recusar-se a proceder ao exame dos compromissos mesmo que apresentados praticamente no termo do prazo para a decisão de segunda fase) não era susceptível de demonstrar que o seu direito a ser ouvido havia sido ignorado pela Comissão.

---

[242] C. J. COOK/ C. S. KERSE, *E.C. Merger Control*, cit., p. 222.

[243] Concomitantemente (num acórdão distinto proferido no mesmo dia, T-77/02, Col. 2002, p. II-04201), o TPI anulou a decisão da Comissão que ordenava à Schneider a cisão da Legrand, uma vez que, com a anulação da decisão de incompatibilidade, aquela deixava de ter base legal.

[244] Sobre a posição processual de terceiros, apontando criticamente as suas fragilidades, GEORGES KARYDIS, "Le contrôle des concentrations entre entreprises en vertu du Règlement 4064/89 et la protection des intérêts légitimes des tiers", *Cahiers de Droit Européen*, 1997, ano 33.°, n.ºs 1-2, pp. 81-139.

Em *matéria de análise económica*, os Tribunais comunitários geralmente respeitam uma certa discricionariedade da Comissão, embora sejam exigentes em termos de prova.

No acórdão *Petrolessence SA vs. Comissão*, T-342/00, de 03.04.2003, Col. 2003, p. II-01161, reafirmou o TPI que *a fiscalização judicial dos poderes discricionários conferidos pelo RegCct à Comissão no que respeita a apreciações de ordem económica* (em particular, no âmbito do art. 2.°) deve limitar-se à verificação do respeito das regras processuais e da fundamentação, bem como à comprovação da exactidão da matéria de facto, da inexistência de erro manifesto de apreciação ou de desvio de poder. Não cabe, pois, ao juiz comunitário substituir a apreciação económica da Comissão pela sua própria apreciação.

Todavia, no acórdão do TPI de 22.10.2002, *Schneider Electric vs. Comissão*, T-310/01, Col. 2002, p. II-04071, um dos fundamentos para a anulação da decisão da Comissão consistiu no facto de esta ter incorrido, no entender do Tribunal, em *erros na análise económica* quanto ao impacto da operação.

Em *matéria de fundamentação*, as posições dos Tribunais comunitários também são exigentes. Veja-se o exemplo do acórdão do TPI de 22.03.2000, *Coca-Cola vs. Comissão*, processos apensos T-125/97 e T-127/97, Col. 2000, p. II-01733, onde foi sustentado que, sempre que a Comissão encare a possibilidade de *declarar uma operação de concentração notificada compatível com o mercado comum*, fica obrigada, à luz das particularidades de cada operação, a fundamentar de forma suficiente a sua decisão, a fim de permitir a terceiros contestar a justeza da sua análise perante o órgão jurisdicional comunitário. Reconheceu porém o TPI que da prática das decisões da Comissão resulta, regra geral, que esta não procede a uma análise detalhada da definição do mercado pertinente e das empresas que aí actuam a não ser que encare a possibilidade de proferir uma decisão de proibição.

É importante recordar que, desde 2000, vigora o chamado *"procedimento acelerado"* para a apreciação pelo TPI de decisões relativas ao controlo de concentrações. A utilização deste procedimento depende da aceitação do pedido pelo Tribunal. A maior rapidez é sobretudo conseguida pela prioridade concedida ao caso, pelo ênfase colocado na oralidade e pela simplificação processual.

A pendência dos processos tem sido encurtada para menos de 12 meses[245].

Quanto ao *prazo para interpor recurso,* é de dois meses contados desde a notificação da decisão ao recorrente ou, na falta desta, desde a tomada de conhecimento da decisão.

O *recurso não tem efeito suspensivo* da decisão da Comissão, mas pode ser pedido ao Tribunal de Justiça (e/ou ao TPI) que suspenda a respectiva execução, a título cautelar – art. 242.º CE –, ou que ordene as medidas provisórias necessárias[246]

Se o Tribunal *vier a anular a decisão da Comissão,* ordena o art. 233.º CE a adopção das medidas necessárias ao cumprimento do acórdão. O art. 10.º5 do RegCct concretiza este comando, determinando o *re-exame da concentração pela Comissão à luz das condições de mercado vigentes no momento da nova análise.* Se o lapso de tempo decorrido houver suscitado alterações nas condições de mercado ou nas informações inicialmente fornecidas, devem as empresas apresentar nova notificação ou notificação complementar. Os *prazos só começam a correr* a partir da recepção dessa notificação ou do documento alternativo no qual as partes certifiquem a ausência de alterações.

> Note-se que o regime aplicável à tramitação subsequente à anulação de uma decisão da Comissão conheceu desenvolvimentos apreciáveis com a revisão do RegCct em 2004. Na origem desses desenvolvimentos estiveram, sem dúvida, as questões levantadas por situações concretas.
>
> Assim, na reapreciação do caso *Kali und Salz*, M. 308, decisão de 09.07.1998, JO C 1998 275/03, a Comissão teve que determinar qual o momento temporal relevante para a sua nova avaliação – a primitiva versão do art. 10.º5 do RegCct apenas indicava que um novo prazo começava a

---

[245] Cfr. KYRIAKOS FOUNTOUKAKOS, "Judicial review and merger control: The CFI's expedited procedure", *Competition Policy Newsletter,* 2002, n.º 3, pp. 7-12.

[246] Sobre o ponto, E. VARONA/ A. GALARZA/ J. CRESPO/ J. ALONSO, *Merger Control in the European Union, cit.,* pp.434, ss.

correr a partir da data do acórdão. Na sua decisão, a Comissão, estabeleceu o princípio da apreciação à luz das condições actuais, o qual acabou por ser acolhido pela revisão de 2004 do RegCct (cfr. art. 10.°5 §2)[248]. Instituiu, contudo, duas excepções – uma relativa ao exame da dimensão comunitária e outra à apreciação do argumento da empresa insolvente – que a norma do RegCct não veio a contemplar.

Um exemplo do relevo desta apreciação à luz das circunstâncias contemporâneas pode ser fornecido pelo caso *Tetra Laval/Sidel*, M.2416, decisão de 13.01.2003, JO 2003 C 137/14 Na sequência da anulação pelo TPI, a Comissão reiniciou o exame da concentração referente ao mercado de embalagens para produtos alimentares líquidos. Foi detectada a presença de *um dado novo*, referente à tecnologia Tetra Fast, a qual vinha suscitar sérias dúvidas quanto à criação de uma posição dominante nos mercados (mais vastos) das máquinas de moldagem por sopro. A objecção acabou por ser afastada pelo compromisso da Tetra de licenciar a tecnologia Tetra Fast[249].

Cabe, por fim, uma referência à possibilidade de ser movido contra a Comissão um *recurso por omissão*, também dito acção para cumprimento (art. 232.° CE). Note-se que apenas poderá relevar a *inacção contra uma concentração não notificada* porque, de outro modo, a falta de decisão terá o valor de uma aprovação tácita.

O TPI teve oportunidade de se pronunciar sobre alguns aspectos do problema no despacho de 11.03.2002, proferido no caso *Schlüsselverlag J. S. Moser GmbH e outros vs. Comissão*, T-3/02 Col. 2002, p. II-01473. Em causa estava um recurso por omissão relativo à alegada recusa da Comissão em examinar uma concentração desprovida de dimensão comunitária. O TPI rejeitou o recurso, por considerar que não havia qualquer omissão por parte da Comissão. É certo que os demandantes haviam convidado a Comissão a tomar formalmente posição quanto ao início de um processo ao abrigo do RegCct, assim preenchendo um dos

---

[247] Para uma apreciação crítica deste princípio, cfr. J.-Y. ART / D. VAN LIEDEKERKE, "Developments in EC Competition Law in 1998 – An overview", *Common Market Law Review*, vol. 36, n.° 5, 1999, pp. 971-1026, pp. 1001-1002.

[248] Como a Comissão interpôs recurso da anulação pelo TPI da sua primitiva decisão de proibição e da subsequente ordem de separação, a decisão de autorização de 2003 poderá, entretanto, vir a ser afectada pelo resultado do recurso, criando uma situação juridicamente complexa.

requisitos do art. 232.º CE. Mas considerou o Tribunal que a carta enviada pelo director da *task-force* das concentrações com a resposta da Comissão constituía, na acepção do art. 232.º, *uma tomada de posição* que punha termo à alegada inacção.

II – Recorde-se, por último, a susceptibilidade de ser interposto *recurso contra a decisão que aplique uma coima ou uma sanção pecuniária compulsória.*

O art. 229.º CE prevê que os regulamentos comunitários atribuam plena jurisdição ao Tribunal de Justiça – o que é efectuado, em concreto, pelo art. 16.º do RegCct. Como vimos[249], ao Tribunal é conferido o poder de suprimir, reduzir ou aumentar a coima ou a sanção pecuniária compulsória aplicada por decisão da Comissão.

F) *Apreciação substantiva das operações de concentração*

1. INTRODUÇÃO

Temos vindo a constatar que o fulcro da apreciação comunitária das operações de concentração reside em determinar a sua *compatibilidade com o mercado comum*. Essa aferição, prescrita pelo art. 2.º1 do RegCct, deverá ser realizada à luz dos diversos factores enunciados pelas als. a) e b) da mesma norma – que vão da estrutura dos mercados envolvidos e da existência de concorrência real ou potencial ao poder económico e financeiro das empresas em causa, passando pelo interesse dos consumidores e pela evolução do progresso técnico e económico[250].

---

[249] *Supra*, ponto II.E.1), II.
[250] A ideia subjacente ao art. 2.º1, contemporânea da versão primitiva do RegCct, parece ter sido a de orientar a actuação da Comissão, a qual, entretanto, foi ganhando a sua própria experiência e sedimentando um conjunto de regras. Os elementos 'a ter em conta' não possuem, pois, um relevo *ad-hoc*, sendo incluídos na análise global da operação – C. J. COOK/ C. S. KERSE, *E.C. Merger Control*, cit., p. 150.

Neste contexto, vai-se apurar se a concentração notificada é *susceptível de entravar significativamente a concorrência efectiva no mercado comum* (ou numa parte substancial deste), referindo em particular o art. 2.°2 e 3 do RegCct a hipótese da *criação ou reforço de uma posição dominante* (singular ou colectiva), alicerçada na existência de um determinado grau de poder de mercado.

Remete-se, portanto, a análise para o plano da concorrência, *deixando muito pouco espaço a outras considerações* – como o reforço da política industrial comunitária, da coesão económica e social ou do nível de emprego – que, todavia, também presidiram à elaboração do RegCct[251]. Ou seja: esses outros objectivos devem ser atendidos na medida do possível, mas não podem ser prosseguidos à custa do sacrifício da estrutura concorrencial do mercado comum[252].

---

[251] Vejam-se os Considerandos 4 (aumento de competitividade da indústria europeia) e 23 (o qual remete para o art. 2.° do Tratado de Roma e para o art. 2.° do Tratado da União Europeia, normas que estabelecem, respectivamente, os objectivos da Comunidade e da União, e que incluem, entre eles, os referidos no texto). Sobre as discussões que rodearam a adopção do primitivo texto do RegCct quanto a saber se e em que medida considerações de política social e industrial deveriam influir na apreciação comunitária das concentrações, SOFIA OLIVEIRA PAIS, *op. cit.*, pp. 381, ss. Considerações de natureza social são invocadas sobretudo no que toca à situação dos trabalhadores empregados pelas empresas intervenientes. Todavia, não têm obtido grande sucesso, pois são praticamente irrelevantes no plano concorrencial em que a questão se coloca e existem outros instrumentos comunitários que lhes dão expressão.

[252] C. J. COOK/ C. S. KERSE, *E.C. Merger Control, cit.*, p. 127. Não há excepções, como acontece, por exemplo, nos sistemas português ou alemão.

2. Delimitação dos mercados relevantes

I – Mercado de produto e mercado geográfico; II – Substituibilidade da procura e a substituibilidade da oferta.

I – Na medida em que se pretende apurar se a concentração entrava a concorrência num mercado, ou se a empresa em causa passa a deter uma posição dominante num mercado, ou se adquire poder de mercado, é natural que o primeiro passo consista em *delimitar o mercado relevante*, com atenção ao produto transaccionado e às fronteiras geográficas. Sendo este, geralmente, o ponto de partida da análise da Comissão, cobra especial importância a Comunicação da Comissão relativa à definição de mercado relevante para efeitos do direito comunitário da concorrência (ComMRv).

De acordo com as directrizes aí traçadas, *o mercado de produto* compreenderá todos os produtos e serviços considerados permutáveis ou substituíveis pelo consumidor devido às suas características, preços e utilização pretendida; já *o mercado geográfico* abrangerá a área em que as empresas em causa fornecem produtos ou serviços e em que as condições da concorrência são suficientemente homogéneas e diferentes das que se verificam em áreas geográficas vizinhas.

Para proceder à delimitação dos mercados, torna-se necessário identificar certos condicionalismos concorrenciais a que as empresas estão sujeitas: essencialmente, a substituibilidade do lado da procura e a substituibilidade do lado da oferta[253].

---

[253] A estes condicionalismos acresce um outro, a concorrência potencial, a qual exprime as condições de penetração no mercado. Contudo, uma vez que não possui um efeito disciplinador tão imediato, só costuma ser devidamente tido em consideração numa fase posterior (a averiguação da existência de poder de mercado). Sobre o tema da delimitação dos mercados, na doutrina, pode ver-se ALISTAIR LINDSAY, *The EC Merger Regulation: Substancial Issues*, Sweet & Maxwell, London, 2003, pp. 67, ss.

II – A *substituibilidade do lado da procura* constitui o elemento de disciplina mais imediato e eficaz sobre os fornecedores de um dado produto, em particular quanto às suas decisões em matéria de preços.

Para determinar os produtos considerados substituíveis pelo consumidor, *formula-se a hipótese de uma pequena variação duradoura* (um aumento em torno dos 5 a 10 %) *dos preços relativos* (*i.e.*, do preço do produto vendido pelas empresas em causa em relação ao do produto cuja inclusão no mercado se pretende testar) *e avaliam-se as prováveis reacções dos clientes a esse aumento*. Em concreto, indaga-se se os adquirentes do produto em questão transfeririam rapidamente a sua procura para os produtos de substituição disponíveis ou para fornecedores do mesmo produto situados em outros locais. Se a resposta for positiva, isso significa que o fenómeno da substituição é suficiente para tornar o aumento de preços não lucrativo devido à perda de vendas daí resultante. Por conseguinte, os produtos de substituição e as áreas adicionais serão incluídos no mercado relevante. Este procedimento irá continuar até ser identificado um conjunto de produtos em relação ao qual um aumento de preços já não induziria um fenómeno de substituição suficiente do lado da procura.

Já a *substituibilidade do lado da oferta* apenas será tomada em consideração no momento da definição dos mercados quando os seus efeitos sejam imediatos. Isso acontece sempre que, em resposta a pequenos aumentos duradouros no preço dos produtos relevantes[254], os fornecedores de outros produtos estejam em condições de *transferir a sua* produção para aqueles cujo preço aumentou e de comercializá-los a curto prazo, sem incorrer em custos ou riscos suplementares significativos[255]. Caso isto aconteça,

---

[254] Aumentos relativos, porque se supõem idênticos os preços nos mercados onde esses fornecedores originariamente se encontravam.

[255] Normalmente, estas situações ocorrem quando as empresas comercializam uma vasta gama de qualidades ou tipos de um mesmo produto. Sempre que a substituibilidade do lado da oferta implicar a necessidade de uma adaptação

o mercado relevante englobará todos os produtos que sejam *substituíveis do ponto de vista da oferta*, mesmo se, para um determinado cliente final ou grupo de consumidores, os diferentes produtos não forem substituíveis. Idêntico raciocínio pode levar a que sejam reunidas diferentes áreas geográficas, se os respectivos fornecedores estiverem em condições de invadir o território em que se verificou o aumento de preços.

Todos estes exercícios de substituibilidade tendentes à delimitação dos mercados relevantes *têm em conta um certo número de factores*. Partindo das características do produto e da sua utilização projectada, atende-se, nomeadamente, aos elementos comprovativos da substituição num passado recente e aos entraves e custos associados à transferência da procura para potenciais produtos de substituição; a testes quantitativos de econometria e estatística; às opiniões dos clientes e concorrentes; às preferências dos consumidores, nomeadamente as ligadas a marcas nacionais, língua, cultura e estilo de vida; ou à possibilidade de discriminação em matéria de preços gerada pela existência de diferentes categorias de clientes[256].

---

significativa dos activos corpóreos existentes, a realização de investimentos adicionais, alterações nas decisões estratégicas ou substanciais atrasos, não será tida em conta na fase de definição do mercado, relevando, outrossim, nas vestes de concorrência potencial.

[256] Cfr. pontos 36 a 52 da ComMRv. Uma aplicação dos critérios utilizados pela Comissão para definição de mercados de bens de consumo corrente pode ser encontrada nos casos *Coca-Cola/Amalgamated Beverages*, M.794, decisão de 22.01.1997, JO 1997 L 218/15; e *Coca-Cola/Carlsberg A/S*, M.833, decisão de 11.09.1997, JO 1997 L 145/41. Para uma interessante segmentação dos mercados do leite e lacticínios, ver *Arla/Express Dairies*, M.3130, decisão de 10.06.2003, JO 2003 C 297/25 (bem como na decisão de remessa publicada em http://www.europa.eu.int/comm/competition/mergers-/cases/decisions/m3130_9_en.pdf). Considera a Comissão que os mercados de fornecimento de leite fresco na Grã-Bretanha possuem dimensão regional e que, em termos de produto, se distinguem dos mercados de leite UHT. Já o mercado do leite fresco aromatizado tem dimensão nacional, devido à natureza perecível do produto, que inviabiliza o transporte a longas distâncias. Quanto à manteiga,

3. O ENTRAVE SIGNIFICATIVO À CONCORRÊNCIA EFECTIVA

I – O novo critério de avaliação substantiva das concentrações; II – Quotas de mercado e níveis de concentração; III – Efeitos não coordenados; IV – Efeitos coordenados; V – Concorrentes potenciais e aumento do poder de mercado dos compradores; VI – Integração vertical, conglomerados e criação de empresa comum.

I – Vimos que a análise da Comissão vai dirigida a apurar se a concentração notificada é susceptível de entravar significativamente a concorrência efectiva no mercado comum ou numa parte substancial deste, com particular atenção à hipótese de criação ou reforço de uma posição dominante (singular ou colectiva). O tipo de considerações a desenvolver está recolhido nas "Orientações para a apreciação das concentrações horizontais nos termos do regulamento do Conselho relativo ao controlo das concentrações de empresas" ("Orientações").

Há que realçar, antes de mais, *a alteração trazida pela reforma de 2004 na formulação do critério de avaliação substantiva das concentrações*. Pretendeu-se dissipar as dúvidas relacionadas com o alcance do conceito de posição dominante, permitindo incluir claramente as situações que geram efeitos anticompetitivos em mercados oligopolísticos (a chamada dominância colectiva). Atende-se, assim, essencialmente ao impacto das concentrações sobre a concorrência efectiva, sem contudo romper com o anterior acervo decisório da Comissão e dos Tribunais comunitários[257].

A *noção sedimentada e operativa de posição dominante* assenta no coeficiente de poder de mercado detido pela empresa, poder traduzido na possibilidade de uma actuação com considerável grau de independência em face dos concorrentes (actuais ou poten-

---

à margarina e aos cremes de barrar, entendeu a Comissão as diferentes condições de oferta e de procura colocavam estes produtos em mercados distintos.

[257] Cfr. os documentos *Merger Review Package In A Nutshell* e *New Merger Regulation Frequently Asked Questions*, disponíveis no *site* da Comissão (http://www.europa.eu.int/comm/competition/index_pt.html).

ciais), dos fornecedores e dos clientes. Deste modo, a empresa que ocupe uma posição dominante está em condições de exercer uma apreciável influência sobre os preços sem se arriscar a perder a sua quota de mercado[258]. Mas não só: além da capacidade de aumentar os preços de forma lucrativa, o acréscimo de poder de mercado permite reduzir a produção, a escolha ou a qualidade dos bens e serviços; diminuir a inovação ou influenciar de outra forma negativa os parâmetros da concorrência[259].

Quanto aos *conceitos de criação e de reforço*, pretende abranger-se tanto os casos em que é a operação de concentração que dá origem à posição dominante, como aqueles outros em que a posição dominante já existe e vem a ser robustecida pela concentração.

Em suma, quer-se determinar se a concentração projectada é susceptível de colocar *um obstáculo significativo à concorrência efectiva*, a qual traz consigo diversos benefícios para os consumidores: preços baixos, elevação da qualidade dos produtos, vasta escolha de bens e serviços e inovação[260].

> Em termos sistemáticos, cabe aqui uma referência à *relação entre o RegCct e o art. 82.° CE, que proíbe o abuso de uma posição dominante*. O TPI debruçou-se sobre a questão no seu acórdão de 25.10.2002, *Tetra Laval vs. Comissão*, T-05/02, Col. 2002, p. II-04381. A discussão foi desencadeada pelo facto de a preocupação não ser gerada pela estrutura resultante da operação de concentração, mas sim pelos comportamentos futuros das empresas envolvidas.
>
> Neste contexto, considerou o TPI que, no exercício do seu poder de controlo das concentrações, a Comissão não pode presumir que as partes irão desrespeitar o direito comunitário, mas também não deve excluir tal possibilidade. Todavia, quando a análise dos efeitos de uma concentração se basear na previsão de actuações susceptíveis de constituir, elas próprias,

---

[258] Relembre-se o que dissemos *supra*, ponto I.A)1, quanto aos mecanismos de determinação de preços em sistemas monopolistas e oligopolistas. Nas "Orientações", ver o n.° 2, § 2.°, recolhendo a posição dos Tribunais comunitários na matéria.

[259] "Orientações", n.° 8.

[260] Cfr. *supra*, ponto I.A)1, I.

abusos de posição dominante, compete à Comissão apreciar *se é verosímil que a entidade resultante da operação se venha a comportar de tal maneira* – ou se, pelo contrário, o carácter ilegal do comportamento e o concomitante risco de detecção e punição torna essa estratégia pouco provável. Na apreciação, deverão ser tidos em conta os compromissos propostos pelas partes em relação ao seu comportamento futuro.

O TPI voltou ao assunto no acórdão de 03.04.2003, *Babyliss vs. Comissão*, T-114/02, Col. 2003 p. II-01279, exprimindo o entendimento de que, perante a criação ou o reforço de uma posição dominante, a inexistência do risco de comportamento abusivo da entidade resultante da concentração não pode ser pressuposta, devendo ser *suficientemente demonstrada* pela Comissão.

II – Na aplicação do novo critério, continua a recorrer-se a um *raciocínio conjectural*: comparam-se as condições de concorrência resultantes da concentração com as que se verificariam se a operação não fosse realizada.

Assim, após a etapa da definição de mercados, a primeira abordagem dos efeitos sobre a concorrência é geralmente fornecida pela apreciação das quotas de mercado e dos níveis de concentração resultantes da operação notificada.

As *quotas de mercado* a ter em conta resultam da soma das quotas detidas pelas partes antes de realizada a operação e são geralmente calculadas em função das vendas dos produtos relevantes na área em causa. Podem ser apuradas por referência ao valor (*i.e.*, à expressão financeira das vendas efectuadas) ou ao volume (*i.e.*, quantidade de produto transaccionado); para a correcta avaliação de certos casos será útil dispor de ambas.

Como regra, quanto mais elevada for a quota de mercado apurada, mais provável será a existência de uma posição dominante (singular), e vice-versa. A título indicativo, a partir do limiar dos 50% já se dispõe de um elemento de prova constituído pela dimensão da quota em si; abaixo dos 25%, vigora uma presunção de compatibilidade com o mercado comum[261].

---

[261] Vejam-se os n.ºs 17 e 18 das "Orientações". Todavia, a conclusão final depende, naturalmente, das circunstâncias concretas. No caso *GE/Instrumen-*

Quanto aos *níveis de concentração*, utiliza-se geralmente como escala o Índice Herfindahl-Hirschman (IHH), que é calculado adicionando os quadrados das quotas individuais de todos os participantes no mercado. Deste modo, confere maior peso proporcional às quotas das empresas de maiores dimensões. Consoante os níveis do índice e a variação por eles sofrida com a operação notificada, assim esta levantará mais ou menos preocupações do ponto de vista da concorrência.

III – Após esta abordagem preliminar, a análise da Comissão tem como enfoque principal a determinação da *criação ou reforço de uma situação de dominância singular ou de dominância colectiva*. Na formulação das "Orientações", a primeira situação recebe o nome de efeitos não coordenados e a segunda de efeitos coordenados da operação de concentração[262].

Os *efeitos não coordenados ou unilaterais* dizem respeito a um aumento do poder de mercado das empresas envolvidas que não dependa do recurso a comportamentos coordenados[263]. Esse

---

tarium, M.3083, 02.09.2003, JO 2004 L 109/01, as partes viriam a reunir uma quota superior a 50% em alguns mercados, mas a operação veio a ser autorizada com condições; o mesmo sucedeu no caso *Verbund/EnergieAllianz*, M.2947, decisão de 11.06.2003, IP/03/852, http://www.europa.eu.int/comm/competition (megers/cases/decisions/m2947 de.pdf, em que a quota comjunta das partes nos mercados de fornecimento de electricidade aos grandes consumidores, pequenos distribuidores e pequenos consumidores na Áustria oscilava entre 50% e 75%. Em contrapartida, no caso *AXA/UAP*, caso M.862, decisão de 20.12.1996, JO 1997 C 38/06, foram alvo de análise cuidadosa, pelo risco de criação de posição dominante, quotas de mercado da ordem dos 30%.

A Comissão tem aceite quotas de mercado mais elevadas *no âmbito das economias dos pequenos países* do que em mercados de dimensão mais alargada, nomeadamente pelo relevo da existência de concorrentes credíveis suficientemente próximos (cfr. *XXXI Relatório sobre a Política de Concorrência*, Serviço das Publicações Oficiais das Comunidades Europeias, Luxemburgo, 2002, p. 64).

[262] Veja-se o ponto 22 das "Orientações".
[263] Na doutrina, actualizado já em face das "Orientações" (cujo Projecto

aumento é produzido porque e na medida em que a concentração elimina pressões concorrenciais importantes. Desde logo, e deforma directa, suprime a concorrência entre as empresas que são objecto da operação de concentração, embora isso também possa beneficiar, reflexamente, as outras empresas actuantes no mercado[264].

São diversos os *factores a considerar para a avaliação dos efeitos não coordenados*[265].

Desde logo, retoma-se *a cumulação das quotas de mercado* gerada, uma vez que quanto maior for essa soma, maior será a probabilidade de aumento do poder de mercado das empresas envolvidas[266].

---

foi tomado em conta), ALISTAIR LINDSAY, *The EC Merger Regulation: Substancial Issues, cit.*, pp. 145, ss.

[264] N.º 24 das "Orientações". No caso *Siemens/Drägerwerk/EC*, M.2861, decisão de 30.04.2003, JO 2003 L 291/01, a Comissão considerou que a operação *eliminava um concorrente* muito próximo e que, em certos mercados, a cumulação das gamas de produtos permitiria às partes impor preços mais elevados, uma vez que grande parte dos clientes perdidos devido ao aumento de preços de uma das partes seria angariada pela outra parte. Já na avaliação da Comissão relativa ao caso *AGF/Allianz*, M.1082, JO 1998 C 246/04, pesou a existência de *ligações com um concorrente* (detenção de uma participação social não controladora, associada à presença de laços pessoais e de colaboração), ligações que poderiam reduzir o grau de concorrência entre as empresas.

[265] Sintetizaremos o conteúdo essencial dos n.ºs 24 e ss. das "Orientações", onde a Comissão enuncia os factores que considera mais importantes, sem fazer uma lista exaustiva.

[266] No entendimento do TPI (acórdão de 25.03.1999, *Gencor vs. Comissão*, T-102/96, Col. 1999, p. II-00753), a existência de quotas de mercado de grande dimensão é altamente significativa, mas o seu sentido varia de mercado para mercado, consoante a estrutura – designadamente no que respeita à produção, oferta e procura. Quotas de mercado extremamente importantes constituem, por si só e salvo circunstâncias excepcionais, a prova da existência de uma posição dominante, já que transformam o seu detentor num parceiro obrigatório, facto que lhe assegura, durante períodos relativamente longos, a independência de comportamento característica da posição dominante.

Também se atende ao *grau de substituibilidade entre produtos* – quer no que toca às *empresas envolvidas* na concentração, quer no que respeita aos seus *concorrentes próximos*. Isto porque quanto mais elevado for o grau de substituibilidade, no primeiro caso, mais provável se torna que as empresas aumentem os preços após a concentração: foi eliminada a rivalidade entre elas, que funcionava como pressão concorrencial limitativa dos preços. No segundo caso, o maior grau de substituibilidade significa uma menor ameaça à concorrência, já que a circunstância de as empresas concorrentes fabricarem produtos próximos desencoraja o aumento dos preços.

Avaliada será igualmente *a dificuldade* que os clientes das partes na concentração poderão ter *em mudar para outros fornecedores*, pela escassez de fornecedores alternativos ou pela dimensão dos custos de transferência[267]. A vulnerabilidade dos clientes ao aumento de preços será maior sempre que, antes da concentração, utilizassem a rivalidade entre as partes como forma de obter preços concorrenciais.

As *limitações de capacidade existente* desempenham também um papel importante. Com efeito, se for pouco provável que os concorrentes expandam significativamente a sua produção em resposta a um aumento de preços (ou porque as limitações de capacidade são insuperáveis, ou porque a expansão é onerosa, ou porque a capacidade excedentária tem custos de exploração bastante mais elevados), as partes na concentração podem ter um incentivo a reduzir a sua produção (para um patamar inferior aos níveis agregados do período anterior à concentração) de modo a beneficiar de um aumento do preço no mercado[268].

---

[267] No caso *Imperial Tobacco/Reemtsma Cigarettenfabriken*, M.2779, decisão de 08.05.2002, JO 2002 C 153/12, foram adoptados compromissos destinados a pôr fim à dependência dos distribuidores (clientes) em relação à Imperial Tobacco (fornecedor), garantindo que os cigarros «com marca do distribuidor» continuassem a ser uma fonte de concorrência efectiva no mercado britânico.

[268] Relembre-se o que dissemos *supra*, ponto I.A)1, II.

Levantam, ainda, preocupações as concentrações que proporcionam à empresa delas resultante a capacidade e o incentivo para *dificultar consideravelmente a expansão das empresas de menores dimensões*, bem como *para entravar a entrada de concorrentes potenciais* no mercado. Isto tende a acontecer nas hipóteses em que a empresa controla, em boa medida, a oferta de matérias-primas, os canais de distribuição ou certos tipos de propriedade intelectual (*v.g.*, marcas ou patentes)[269].

Transparece em várias decisões a preocupação da Comissão com o *efeito de encerramento de mercado gerado pelas concentrações*, sobretudo (mas não só) no âmbito de mercados emergentes.

Paradigmático neste contexto é, sem dúvida, o caso *DaimlerChrysler/ /Deutsche Telekom/EC*, M.2903, decisão de 30.04.2003, JO 2003 L 300/62 Em causa estava a criação da empresa comum Toll Collect, destinada a *instalar e explorar um sistema de cobrança de portagens rodoviárias* a veículos pesados na Alemanha, sistema *susceptível de ser utilizado como plataforma para prestação de serviços telemáticos*. O acordo reunia dois operadores privilegiados no sector: o construtor de veículos pesados líder no mercado alemão (mercado onde liderava também a oferta de sistemas telemáticos de transportes) e uma das mais importantes empresas de comunicações móveis da Alemanha.

Havia sido recentemente publicada, na Alemanha, uma lei introduzindo *taxas* (calculadas em função dos quilómetros percorridos) para os veículos pesados de mercadorias em circulação nas auto-estradas. Quanto

---

[269] Para um exemplo do relevo do « efeito de carteira», *i.e.*, do poder de mercado resultante da detenção de uma carteira de marcas, cfr. *Guiness/Grand Metropolitan*, M. 938, decisão de 15.10.97, JO 1998 L 288/24. E em mercados onde é vital a interoperabilidade entre diferentes plataformas (como sucede nas indústrias de rede, *v.g.*, a energia ou as telecomunicações), é vulgar que as concentrações permitam o aumento dos custos ou a diminuição da qualidade do serviço dos concorrentes – ver, em especial, o n.º 36 das "Orientações". Para um exemplo do relevo do "efeito de rede", ou seja, da melhor posição em que a entidade resultante da concentração se encontra para captar o futuro crescimento do mercado através de novos clientes, devido ao atractivo que para estes constitui o estabelecimento de uma ligação directa com a rede de maior dimensão, cfr. *WorldCom/MCI*, M.1069, decisão de 08.07.1998, JO 1999 L 116/01.

aos *serviços telemáticos* destinados a transitários e a empresas de logística, representavam um mercado emergente que, segundo estudos, conheceria uma evolução significativa nos próximos anos. Os *terminais móveis telemáticos* permitem a prestação de serviços de gestão das frotas (análise das horas de serviço dos veículos, controlo do parque automóvel), de navegação (informações de trânsito actualizadas e orientação dinâmica), de segurança (chamadas de emergência e pedidos de assistência em caso de avaria), assim como de diversão ("infotainment" – programação das viagens e dos itinerários, informações sobre o estado do tempo, notícias).

As preocupações da Comissão *não incidiram sobre o sistema de cobrança de portagens* (note-se que a implementação e a exploração do sistema de cobrança foi objecto de um concurso público lançado pelo Estado alemão), ma*s sim sobre a respectiva infra-estrutura – as unidades de bordo*, compostas por um receptor GPS e por um emissor GSM, que as empresas de transporte de mercadorias receberiam (na fase de lançamento) gratuitamente. Sucede que os aparelhos de telemática instalados a bordo dos veículos *utilizariam um sistema protegido por direitos exclusivos.* Assim, sendo provável que as empresas de transporte aderissem em número significativo a tal sistema e improvável que pretendessem instalar, posteriormente, uma segunda unidade em cada veículo (por forma a aceder a serviços telemáticos de transportes de operadores da concorrência), a operação daria à DaimlerChrysler, através da empresa comum Toll Collect, uma posição dominante no mercado dos sistemas telemáticos para transitários e empresas de logística, *permitindo-lhe controlar o acesso à prestação dos serviços nessa plataforma.*

Em resposta às preocupações manifestadas pela Comissão, as partes comprometeram-se a constituir um portal telemático central através do qual seria facultado aos prestadores de serviços telemáticos o acesso às funcionalidades principais e aos dados básicos das unidades de bordo; a desenvolver uma interface GPS para a unidade de bordo, de forma a poder interligá-la aos periféricos de outros fornecedores de serviços telemáticos; e a desenvolver um módulo de cobrança de portagens que pudesse vir a ser integrado em equipamentos telemáticos de terceiros.

Também no caso *MSG Media Service*, M.469, decisão de 09.11.1994, JO 1994. L 364/01, a Comissão proibiu a constituição de uma *joint venture* devido ao *efeito de encerramento de um mercado emergente*: o mercado do fornecimento de serviços administrativos e técnicos (e respectivas infraestruturas) a canais de televisão por assinatura no mercado germânico.

Por último, também no caso *AOL/Time Warner*, M.1845, decisão de 11.10.2000, JO 2001 L 268/02, os compromissos impostos visavam a *eliminação do risco de uma posição dominante em mercados emergentes* – os mercados do fornecimento de música via internet e dos mecanismos de reprodução de música.

Já no caso *Ciba-Geigy/Sandoz*, caso M.737, decisão de 17.07.1996, JO 1997 L 201/01, a Comissão teve em conta *o efeito de encerramento de mercados futuros*, quer dizer, de mercados que à data ainda não existiam. A fusão das empresas envolvidas numa nova entidade (a Novartis), pela combinação de *futuros direitos de patente*, era susceptível de bloquear o desenvolvimento de terapêuticas genéticas para tumores por parte dos concorrentes.

Naturalmente, a atenção da Comissão também incide sobre o *risco de encerramento de mercados actuais* – veja-se o caso *Newscorp/Telepiù*, M.2876, decisão de 02.04.2003. JO 2004 L 110/73. Os compromissos impostos *em matéria de conteúdos* destinavam-se a garantir que os filmes de grande êxito, os jogos de futebol e outros direitos desportivos estariam disponíveis e poderiam ser disputados no mercado. A Comissão impôs mesmo a supressão dos direitos exclusivos para a transmissão feita por outra via que não o satélite, de modo a que os operadores por cabo, DTT e Internet pudessem vir a adquirir os conteúdos directamente aos titulares dos direitos. Para garantir o acesso por potenciais concorrentes via satélite, permitiu-se aos titulares dos direitos (clubes de futebol e produtores ou distribuidores de filmes) a rescisão unilateral e sem penalização dos contratos em vigor. Introduziram-se limites à duração de futuros contratos (2 anos para o futebol e 3 anos para os filmes). No que respeita ao *acesso à plataforma*, a Newscorp comprometeu-se a concedê-lo aos concorrentes via satélite, bem como a outorgar licenças para a sua tecnologia privativa CAS e a concluir acordos de *simulcrypt* com concorrentes que pretendam adoptar uma tecnologia CAS diferente.

III – Já *a avaliação dos efeitos coordenados (ou da dominância colectiva)* diz respeito à possibilidade de coordenação de comportamentos entre empresas (*maxime* sob a forma de aumento de preços, mas também de limitação da produção, de repartição dos mercados, etc.). Abrange tanto os casos em que, após a concentração, a coordenação se torna muito *mais provável* entre empresas anteriormente independentes, como aqueles outros em que a coordenação já existia mas é tornada *mais fácil, estável, rentável ou efectiva* pela operação de concentração.

A esta abordagem subjaz ideia de que, em mercados altamente concentrados, onde apenas umas quantas empresas conseguem sobreviver, é inevitável que acabem por reconhecer a sua recíproca dependência e torna-se muito provável que optem por um comportamento colusivo, abandonando a concorrência activa[270].

De acordo com os princípios resumidos nas "Orientações", ao apreciar a probabilidade de existência de efeitos coordenados a Comissão terá em conta diferentes condicionalismos: as características do mercado; a facilidade de controlo dos desvios; o peso dos mecanismos de dissuasão; e a reacção dos (outros) concorrentes, actuais e futuros, bem como a reacção dos clientes[271].

Assim, o mercado deve apresentar *características típicas do oligopólio*: um reduzido número de empresas; homogeneidade do produto; maturidade (procura e oferta estáveis); facilidade na repartição de clientes; transparência da informação (sobretudo quanto a preços e capacidade); além de simetria de quotas de mercado, de custos de produção, de níveis de capacidade e de níveis de integração vertical entre as empresas participantes.

Deve, igualmente, *ser possível detectar e controlar a ocorrência de desvios* ao comportamento coordenado[272], o que implica um determinado grau de transparência do mercado, e *os mecanismos de retaliação* contra esses desvios devem ser suficientemente credíveis e dissuasores.

Por fim, é necessário que *o comportamento das empresas que não participam* na coordenação, *dos concorrentes potenciais e dos clientes* não se revele capaz de prejudicar a coordenação.

> A proibição de concentrações pela criação ou reforço de dominância colectiva começou a ser levada a cabo pela Comissão em várias decisões na

---

[270] Ver, por exemplo, C. J. COOK/ C. S. KERSE, *E.C. Merger Control*, cit., pp 168 e 171; ALISTAIR LINDSAY, *The EC Merger Regulation: Substancial Issues*, cit., pp. 307, ss.; ou E. VARONA/ A. GALARZA/ J. CRESPO/ J. ALONSO, *Merger Control in the European Union*, cit., pp. 191, ss.

[271] Sintetizamos o conteúdo essencial dos n.ºs 44 e ss. das "Orientações".

[272] Veja-se o que dissemos *supra*, no ponto I.A)1, III, sobre a efémera tentação da dissidência nos mercados oligopolistas.

década de noventa – *Kali&Salz/MdK/Treuhand*, M. 308, decisão de 14.12.1993, JO 1996 L 186/38; *Gencor/Lonrho*, M.619, decisão de 24.04.1996, JO 1997 L 11/30; *Airtours/First Choice*, M.1524, decisão de 22.09.1999, JO 2000 L 093/01. Afirmando abertamente a aplicabilidade do RegCct a estas situações, a Comissão sustentou, inclusive, que a dominância oligopolística seria susceptível de se verificar por intermédio da adopção de comportamentos paralelos, sem que existisse colusão activa entre os membros do oligopólio (*Gencor/Lonrho*). No caso *Airtours/First Choice*, a Comissão considerou que a concentração aumentaria a interdependência e a transparência no mercado das viagens organizadas, ao reduzir o número de grandes operadores de quatro para três. As ligações e laços económicos estreitos entre os oligopolistas, bem como o risco de um excesso de oferta do mercado, dissuadi-los-ia de concorrer activamente entre si. Acresce que a concentração iria marginalizar ainda mais os pequenos operadores que existiam e actuavam no mercado.

Os Tribunais comunitários, com base em fundamentos diversos, acabaram por anular estas três decisões – acórdão do TJ de 31.03.1998, *República Francesa/ SCPA/ EMC vs Comissão*, processos apensos C-68/94 e C-30/95, Col. 1998. p. I-01375; acórdão do TPI de 25.03.1999, *Gencor vs. Comissão*, T-102/96, Col. 1999, p. II-00753; acórdão do TPI de 06.06.2002, T-342/99, *Airtours vs. Comissão*, Col. 2002, p. II-02585. Ainda assim, confirmaram a aplicabilidade do RegCct às hipóteses de dominância colectiva, apoiando-se num argumento teleológico[273].

De acordo com o a posição do TJ, cabe à Comissão apreciar, segundo uma análise prospectiva do mercado, se a operação causa entraves significativos à concorrência efectiva não apenas por parte das empresas que intervêm na operação de concentração, como, igualmente, *por estas em conjunto com uma ou mais empresas terceiras*, sobretudo quando, em função dos factores de correlação que existam entre elas, possam adoptar a mesma linha de acção no mercado e agir, em medida apreciável, independentemente dos outros concorrentes, da sua clientela e, em última análise, dos consumidores. Se esta análise não fosse feita, frustrar-se-iam as finalidades do legislador comunitário. E não depõe em contrário, para o TJ, o facto de o RegCct não prever um procedimento específico destinado garantir os direitos da defesa das empresas terceiras que possam ser

---

[273] Sobre o tema, cfr., em particular, JAMES S. VENIT, "Two steps forward and no step back: economic analysis and oligopolistic dominance after *Kali&Salz*", *Common Market Law Review*, 1998, vol. 35, n.º 5, pp. 1101-1134.

consideradas em posição dominante colectiva juntamente com as empresas partes na operação.

O TPI, no acórdão *Gencor vs. Comissão*, reiterou a aplicabilidade do RegCct e acrescentou que a existência de ligações de tipo estrutural não é um critério necessário: duas ou mais entidades económicas independentes podem deter em conjunto uma posição dominante colectiva pelo facto de se encontrarem unidas por laços económicos. No acórdão *Airtours vs. Comissão*, o TPI especificou as três condições necessárias para que possa ser criada, na sequência de uma operação de concentração, uma situação de posição dominante colectiva. Assim, cada membro do oligopólio deve poder conhecer o comportamento dos outros membros; deve existir um incitamento ao não afastamento da linha de conduta comum; e, por fim, a reacção previsível dos concorrentes actuais e potenciais, bem como dos consumidores, não deve por em causa os resultados esperados. Todavia, o TPI anulou a decisão da Comissão (que proibira a operação de concentração entre a Airtours e a First Choice) por considerar que aquela não havia provado suficientemente a presença de uma tendência para a posição dominante colectiva, nem tinha apreciado adequadamente a volatilidade das quotas de mercado, além de haver procedido a uma interpretação incorrecta dos dados relativos ao crescimento da procura.

A Comissão tem apreciado outras concentrações sob o prisma da dominância colectiva, sem chegar, contudo, a uma conclusão desfavorável. Assim aconteceu no caso *Price Waterhouse/ Coopers & Lybrand*, M. 1016, decisão de 20.05.1998, JO 1999 L 50/27. Tanto a Price Waterhouse (PW) como a Coopers & Lybrand (C&L) eram duas das denominadas Seis Grandes sociedades mundiais de auditoria e contabilidade, sendo as outras quatro a Arthur Andersen, a Deloitte Touche, a KPMG e a Ernst & Young (E&Y). Considerou a Comissão estarem presentes no mercado relevante dos serviços de auditoria e de contabilidade prestados às grandes empresas clientes das Seis Grandes alguns dos traços que, num mercado oligopolístico, podem dar origem ao aparecimento de uma posição dominante colectiva: o crescimento moderado e a inelasticidade da procura; uma oferta altamente concentrada com uma elevada transparência de mercado; um produto homogéneo; uma tecnologia de produção madura; elevadas barreiras à entrada (incluindo significativos custos irrecuperáveis); e laços estruturais com fornecedores. Estes traços permitiam e incentivavam a adopção de comportamentos paralelos pelas empresas, risco reforçado, em concreto, pela circunstância de as relações entre auditores e clientes tenderem a ser de longa duração. Mas a possibilidade da criação de uma posição dominante colectiva foi analisada pela Comissão *no âmbito de um cenário de dupla operação de concentração*, após a KPMG e a E&Y haverem conjuntamente notificado à Comissão a sua intenção de se fundir a nível mundial. Tendo em conta as elevadas quotas de mercado combinadas que seriam detidas pelas duas empresas resultantes das concentrações, bem como as características do mercado, a Comissão chegou à *conclusão preliminar* de que a operação de concentração PW/C&L criaria um nível de concentração do lado da oferta que, considerado conjuntamente com a operação de concentração KPMG/E&Y, corroboraria a hipótese de existência de uma posição dominante colectiva. Mas, posteriormente, a KPMG e a E&Y*vieram a abandonar os seus projectos de concentração*. Por conseguinte, a Comissão concluiu que a operação PW/C&L não geraria uma situação nociva, já que reputou uma posição dominante colectiva envolvendo mais de três ou quatro fornecedores demasiado complexa e instável para se manter no tempo. Atendeu, igualmente, à presença de concorrência no mercado sob a forma de concursos. Tão pouco haveria, no entender da Comissão, risco de posição dominante duopolística, já que continuariam a existir pelo menos cinco fornecedores, não se verificando o aparecimento de duas empresas claramente preponderantes.

No caso *Exxon*/*Mobil*, M.1383, decisão de 29.09.1999, JO 2004 L 103/01, a Comissão acabou por autorizar a operação mediante a imposição de compromissos (designadamente, compromissos de alienação). A entidade resultante da concentração tornar-se-ia líder de mercado na maior parte dos países envolvidos, onde as quotas de mercado combinadas da Exxon, BP/Mobil e Aral variavam entre um mínimo de 20-30% e um máximo de 30-40%. Mas foi a presença, em todos estes países, de *alguns concorrentes fortes* (quotas de mercado de 15-20% ou mais), associada às características estruturais dos mercados em causa que *deslocou o fulcro da análise para a criação ou reforço de uma posição dominante colectiva*. Considerou a Comissão que os mercados retalhistas dos combustíveis para motores apresentam todas as características necessárias para permitir o aparecimento de dominância colectiva, a saber: concentração a nível da oferta; homogeneidade do produto; reduzida inovação tecnológica; transparência e crescimento moderado do mercado, com elevados obstáculos à entrada e ausência de concorrência potencial; simetria dos custos e das quotas; graus semelhantes de integração vertical das empresas e ligações estruturais entre elas; rigidez da procura e ausência de poder de compra.

Nos casos *UPM-Kymmene*/*Haindl*, M.2498, e *Norske Skog/ /Parenco/Walsum*, M.2499, decisão de 21.11.2001, JO 2002 L 233/38, a investigação da Comissão centrou-se na questão de apurar se as operações conduziriam à criação de uma posição dominante colectiva nos mercados do papel de jornal e do papel de revistas contendo madeira. As concentrações suprimiriam um concorrente significativo, a Haindl, e conduziriam a um mercado relativamente mais transparente e menos incerto, com a redução de cinco para quatro empresas no mercado do papel de jornal e de quatro para três empresas no mercado do papel de revista. No entanto, a Comissão acabou por autorizar ambas as operações, ponderando *uma série de características que entravariam a criação de uma posição dominante colectiva*, designadamente a reduzida estabilidade das quotas de mercado, a falta de transparência dos projectos de expansão da capacidade antes da respectiva divulgação oficial e a falta de simetria das estruturas de custos.

No caso *Candover/Cinven/Bertelsmann*, M.3197, decisão de 29.07.2003, JO 2003 C 207/25, a concentração criou ligações entre a Bertelsmann Springer e a editora neerlandesa Kluwer Academic Publishers (que já tinha sido adquirida pelo grupo Candover e Cinven), a operar no mercado global da edição académica, e deu lugar à constituição do segundo operador no mercado (embora bastante atrás do líder, a Elsevier Science). A Comissão *não encontrou indicações de que a concentração resultasse numa posição dominante colectiva*, em função da heterogeneidade dos produtos obstar à transparência do mercado e dada a improbabilidade de mecanismos de retaliação efectivos.

V – Ainda no âmbito da avaliação do impacto sobre a concorrência efectiva, a Comissão dedica especial atenção às *concentrações com um concorrente potencial* e às concentrações que *criam ou reforçam o poder dos compradores nos mercados a montante*[274].

No primeiro caso, é possível que se gerem efeitos anti--concorrenciais significativos, coordenados ou não, desde que se encontrem preenchidas duas condições. Desde logo, que o concorrente potencial exercesse uma *pressão restritiva relevante*, ou que fosse até bastante provável que viesse a entrar no mercado. Depois, é mister que não sobre um número razoável de *outros concorrentes potenciais*, susceptíveis de manter uma pressão concorrencial suficiente mesmo após a operação de concentração[275].

---

[274] N.ºs 58, ss., e 61, ss., das "Orientações".
[275] No caso *Tetra Laval/Sidel*, M.2416, decisão de 30.10.2001, JO 2004 L 043/13, uma das razões da proibição residiu na eliminação da concorrência potencial. A Comissão entendeu que a operação permitiria à Tetra reforçar a sua

No caso de a concentração criar ou reforçar o poder de mercado do comprador nos mercados a montante (situação potenciada pela fragmentação dos vendedores), os efeitos sobre a concorrência podem ser positivos ou negativos, dependendo das condições de mercado. Serão *positivos* se esse poder levar à obtenção de preços mais reduzidos para as matérias-primas e as economias forem repercutidas em preços mais baixos para os consumidores. Serão *negativos* se redundarem numa restrição da produção no mercado final, ou se o poder de mercado vier com toda a probabilidade a ser utilizado para impedir o acesso dos concorrentes a fornecedores.

VI – Não estando, evidentemente, contempladas nas "Orientações"[276], as *concentrações verticais* também passarão pelo crivo do RegCct.

As hipóteses de integração vertical são geralmente consideradas com maior indulgência, devido aos benefícios associados e à escassa frequência de efeitos anti-concorrenciais[277].

Ainda assim, não são desprovidas de *riscos*. Podem levar ao encerramento dos mercados (*v.g.*, pela ausência de alternativas caso o fornecedor, após a integração, deixe de fornecer os concorrentes do ex-cliente)[278], ou à elevação das barreiras à entrada (*v.g.*, se um

---

posição dominante no sector das embalagens de cartão mediante a supressão do maior concorrente no mercado vizinho do equipamento de embalagens PET.

[276] Cfr., aliás, a exclusão expressamente realizada pela nota (6) das "Orientações". Na doutrina, pode ver-se ALISTAIR LINDSAY, *The EC Merger Regulation: Substancial Issues, cit.*, pp. 365, ss.

[277] Cfr. *supra*, II.B)2, I.

[278] No caso *Telia/Sonera*, M.2803, decisão de 10.07.2002, JO 2001 C 201/19, considerou a Comissão que a integração vertical conferiria à entidade resultante da concentração o incentivo e a possibilidade de impedir a entrada de concorrentes nos mercados dos serviços a retalho finlandês e sueco. O risco de encerramento foi mitigado pela proposta das empresas de estabelecer uma separação legal entre as suas redes fixas e móveis (e respectivos serviços) na Finlândia e na Suécia, aliado ao compromisso de conceder acesso não discriminatório a essas mesmas redes.

grande número de empresas no mercado relevante estão verticalmente integradas, quem quiser entrar com sucesso poderá ter que o fazer nos dois níveis, o que é mais difícil e oneroso). A existência de integração vertical também é susceptível de facilitar a colusão e a formação de cartéis e pode, naturalmente, desembocar na criação ou reforço de uma posição dominante.

No que toca aos *conglomerados*, a maior indulgência da abordagem pela escassez de efeitos negativos também não significa ausência de fiscalização ou insusceptibilidade de se gerarem situações anti-concorrenciais[279].

Assim, no caso *General Electric/Honeywell*, M.2220, decisão de 03.07.2001, JO 2004 048/01, envolvendo um importante conglomerado industrial e financeiro (a GE), a Comissão adoptou uma decisão de proibição. Em consequência da conjugação das posições de liderança da Honeywell com a capacidade financeira e a integração vertical da GE em matéria de aquisição, financiamento, locação financeira de aeronaves e serviços pós-venda, a operação teria conduzido à criação de posições dominantes em diversos mercados.

No acórdão de 25.10.2002, *Tetra Laval vs. Comissão*, T-05/02, Col. 2002, p. II-04381, o TPI anulou a decisão da Comissão no caso *Tetra Laval/Sidel* e estabeleceu *jurisprudência em matéria de conglomerados*. Em primeiro lugar, o Tribunal confirmou que a Comissão está habilitada a apreciar os eventuais efeitos anticoncorrenciais de concentrações de tipo conglomerado. Sublinhou, contudo, que concentrações efectuadas entre empresas desprovidas de relação concorrencial preexistente (quer enquanto concorrentes directos, quer enquanto fornecedores ou clientes), uma vez que não implicam sobreposições horizontais nem relações verticais, não levantarão *normalmente* problemas de concorrência. Todavia, em certas circunstâncias, pode acontecer que os meios e capacidades reunidos pela concentração criem condições que permitam à nova entidade adquirir, num prazo relativamente rápido, uma posição dominante num mercado próximo *através de um efeito de alavanca*.

Mas como, no caso em apreciação, a posição dominante prevista pela Comissão só se concretizaria após um certo lapso de tempo (até 2005), a

---

[279] ALISTAIR LINDSAY, *The EC Merger Regulation: Substancial Issues*, cit., pp. 393, ss.

análise prospectiva deveria ser especialmente plausível. Ora, o TPI acabou por concluir que as possibilidades de a nova entidade exercer um efeito de alavanca se apresentavam bastante circunscritas. Registe-se que a Comissão interpôs recurso do acórdão.

Quanto à *apreciação das concentrações que criem uma empresa comum*, como sabemos[280], seguirá os trâmites normais do RegCct, na medida em que constitui uma modalidade de controlo conjunto[281]. A única excepção respeita às situações em que a operação tenha *por objecto ou como efeito a coordenação do comportamento concorrencial das empresas envolvidas*, as quais permanecem independentes. Nesse caso, a apreciação manter-se-á no âmbito do controlo de concentrações, mas utilizando igualmente os critérios do art. 81.º1 e 3 CE.

Na análise da concentração, a Comissão procede à identificação dos mercados nos quais as empresas-mãe são actuais ou potenciais concorrentes (*i.e.*, dos mercados elegíveis para efeitos de coordenação) e estabelece qual a relação desses mercados com aqueles nos quais a empresa comum irá operar. Na avaliação da coordenação em si, dá-se maior relevo às condições reais do que potenciais; exige-se que represente uma expectativa consistente e não uma mera probabilidade; e requer-se, ainda, que seja resultado da concentração e não de anteriores ligações entre as partes[282].

---

[280] Cfr. *supra*, ponto II.C)1, IV.
[281] No caso *Nordic Satellite Distribution*, M.490, decisão de 19.07.1995, JO 1996, L 53/20., foi proibida a constituição de uma empresa comum pelo efeito de reforço das posições em mercados verticalmente adjacentes. A Comissão entendeu que a posição das empresas em causa nos mercados a jusante (televisão por cabo e televisão por assinatura) iria reforçar a posição detida nos mercados a montante (transmissão via satélite e fornecimento de conteúdos) e vice-versa.
[282] Para uma ilustração do tipo de exame levado a cabo, cfr. a remissão efectuada pela nota (3) da Comunicação relativa ao conceito de empresa comum para os n.ºs 17 a 20 da anterior Comunicação (JO 1994 C 385/01).

4. OS FACTORES DE COMPENSAÇÃO RELEVANTES E O ARGUMENTO DA EMPRESA INSOLVENTE

I – O poder de compensação dos compradores; II – A dimensão das barreiras à entrada; III – Os ganhos de eficiência; IV – O argumento da empresa insolvente.

I – A análise do impacto previsível de uma concentração nos mercados relevantes não fica completa sem contrastar os possíveis efeitos anticoncorrenciais com os eventuais factores de compensação[283]; em circunstâncias excepcionais, poderá ser feito valer o argumento da empresa insolvente.

O *poder de compensação dos compradores* – entendido como o poder de negociação do comprador face ao vendedor, decorrente da sua dimensão, da importância comercial que reveste para o vendedor e da sua capacidade de mudar para fornecedores alternativos – está normalmente associado à existência de grandes clientes sofisticados. Este poder de compensação, em certas hipóteses, é susceptível de contrariar o poder de mercado gerado pela concentração[284].

---

[283] N.ºs 64 e ss. das "Orientações", de cujo conteúdo damos conta no texto. Note-se que, anteriormente, os efeitos positivos da concentração poderiam ser tidos em conta na apreciação global, influenciando o juízo de compatibilidade, mas não de modo tão ostensivo – C. J. Cook/ C. S. Kerse, *E.C. Merger Control*, cit., pp. 175, ss.

[284] Como sucedeu no caso *Enso/Stora*, M.1225, decisão de 25.11.1998, JO 1999 L 254/09. A Comissão afastou a hipótese de criação ou ao reforço de uma posição dominante oligopolística devido ao poder de compensação exercido pelos principais compradores (nomeadamente, pela Tetra Pak), apesar da presença de uma estrutura de mercado peculiar (num dos mercados relevantes, em resultado da concentração, um grande fornecedor e dois fornecedores mais pequenos ver-se-iam confrontados com um grande comprador e dois compradores mais pequenos). Também no caso *Havas/Bertlesmann/Doyma*, M.1275, decisão de 27.08.1998, JO 1999 C 139/04, a Comissão considerou que existia um forte poder de compensação do lado da procura, pelo que, apesar de a concentração possibilitar às partes a aquisição de significativas quotas de

Para o efeito, torna-se necessário que o poder de compensação permaneça após a concentração (esta pode reduzi-lo, na medida em que elimina uma alternativa de fornecimento), e não será suficiente se apenas disser respeito a um segmento específico de clientes, deixando os outros vulneráveis à aplicação de preços mais elevados ou à deterioração das condições comerciais. O poder de compensação é susceptível de ser exercido de diversas maneiras dissuasoras – como a ameaça de mudar de imediato para outros fornecedores; a recusa de compra de outros produtos ao mesmo fornecedor; o adiamento das aquisições de bens duradouros; ou, até, a ameaça de integração vertical no mercado a montante ou de apoio à entrada de um concorrente potencial.

II – Quanto menos elevadas forem as *barreiras à entrada* no mercado, menor será o risco de a concentração prejudicar a concorrência efectiva[285]. A ameaça de entrada no mercado de con-

---

mercado combinadas, não lhes daria uma posição dominante. Sobre o poder de compensação, na doutrina, pode ver-se E. VARONA/ A. GALARZA/ J. CRESPO/ J. ALONSO, *Merger Control in the European Union, cit.*, pp. 182, ss.

[285] A delimitação do conceito de barreiras à entrada *não é pacífica* na doutrina. A expressão é por vezes empregue para designar tudo aquilo que o recém-chegado terá de ultrapassar para conseguir estabelecer-se no mercado, ou melhor, as vantagens de que desfrutam as empresas instaladas e que se reflectem na medida em que lhes vem a ser possível elevar os preços acima de um nível competitivo sem atrair novos concorrentes para o mercado – S. DAVIES/ B. LYONS (colab. H. DIXON/ P. GEROSKI), *Economics of Industrial Organisation, cit.*, p. 28, recorrendo à noção de BAIN. A utilização do conceito com esta amplitude é, todavia, criticada por autores como RICHARD POSNER (*Antitrust Law. An economic perspective*, Chicago/London, 1976, p. 59), o qual reputa preferível a definição dada por G. STIGLER: barreiras à entrada serão apenas as condições que impõem custos de longo prazo mais elevados a um recém-chegado do que os suportados pelas empresas já instaladas no mercado, permitindo que as empresas elevem os preços acima do nível competitivo sem receio de perder volume de vendas para os recém-chegados. Em sentido análogo, R. BORK, *The antitrust paradox. A policy at war with itself*, New York, 1993, p. 311, definindo barreiras à entrada como todos os obstáculos "que não sejam formas de eficiência supe-

correntes potenciais[286] pode vir a tornar evanescente o poder de mercado eventualmente obtido com a concentração. Mas, para constituir pressão concorrencial suficiente, a *entrada no mercado deve ser provável, tempestiva e possuir dimensão suficiente*.

A *probabilidade* da entrada depende, desde logo, dos custos e rentabilidade a ela associados (em particular, dos investimentos irreversíveis e da grandeza da escala mínima requerida), mas também da *dimensão das barreiras à entrada de novos concorrentes*. A Comissão define barreiras à entrada como "características específicas do mercado, que proporcionam às empresas estabelecidas vantagens sobre os concorrentes potenciais"[287]. Compreendem vantagens legais (*v.g.*, número restrito de licenças para operar num mercado) e técnicas (*v.g.*, detenção de infra-estruturas essenciais, de recursos naturais ou de direitos de propriedade industrial concedendo o exclusivo de factores produtivos chave; economias de escala e de gama; solidez da rede de distribuição),

---

rior e que impeçam as forças de mercado – ou seja, a entrada e o crescimento de pequenas empresas – de erodir posições de mercado que não se baseiam na eficiência". Contudo, na opinião de VALENTINE KORAH (*An introductory guide to EC competition law and practice*, 6ª ed., Oxford, 1997, pp. 13-14), tais noções só deverão funcionar se o único objectivo da política de concorrência for a maximização da eficiência. Acrescenta que não é o que sucede, desde logo, com o *direito comunitário da concorrência*, o qual não se preocupa apenas com a protecção das empresas eficientes, mas também com a protecção dos concorrentes que pretendam entrar no mercado, independentemente da mais-valia que isso possa trazer aos consumidores. Sobre os objectivos do direito da concorrência, recorde-se o que dissemos *supra*, I.A)2 e 3.

[286] Trata-se de concorrentes que não estão no mercado porque não passam o teste da substituibilidade da oferta, mas que podem fazer a sua entrada num período de tempo suficientemente breve para essa possibilidade ser tida em conta pela empresa na adopção do seu comportamento estratégico.

[287] N.º 70 das "Orientações". Sirva de exemplo o caso *CVC/Lenzig*, M.2187, decisão de 17.10.2001, JO 2004 L 082/20, em que a Comissão considerou, no âmbito das barreiras à entrada no mercado das fibras, o elevado investimento de capital necessário, os entraves em termos de percepção de qualidade, as barreiras culturais e os problemas logísticos.

mas também vantagens de facto das empresas já instaladas (*v.g.*, importância da reputação e da experiência; fidelidade dos consumidores a uma marca; elevados custos de mudança de fornecedor) e as próprias características do mercado (se estiver maduro ou em declínio novas entradas são mais improváveis do que se estiver em expansão; se se tratar de uma indústria de rede a entrada pode não ser rentável a menos que haja oportunidade de conquistar quota suficiente)[288].

A *tempestividade* da entrada implica que seja suficientemente rápida e sólida para impedir ou anular o exercício do poder de mercado das empresas que se concentram. A Comissão fixa como prazo máximo o período de dois anos.

Finalmente, a entrada deve possuir *dimensão suficiente* para impedir ou anular os efeitos anticoncorrenciais da concentração – não basta, por isso, a entrada num pequeno nicho do mercado.

III – Os ganhos de eficiência consistem, essencialmente, na *redução de custos através da reestruturação das empresas envolvidas na operação de concentração*. Trata-se de um argumento lógico, em termos económicos, mas a sua aceitação tem deparado com alguma resistência no plano comunitário, sobretudo porque raramente existem garantias de que as eficiências se venham a transmitir aos consumidores. As "Orientações" acolhem, agora, em homenagem ao aumento de competitividade da indústria europeia[289], o relevo dos ganhos de eficiência que respeitem três apertadas condições cumulativas.

---

[288] Recorde-se o que observámos *supra*, ponto II,F)3, III, a propósito do encerramento dos mercados.

[289] N.º 76 das "Orientações", reportando-se ao Considerando 4 do RegCct.. Sobre a evolução concreta, no plano comunitário, do argumento dos ganhos de eficiência enquanto paliativo de concentrações com efeitos nocivos – desde a complacente ambiguidade inicial à posterior recusa liminar, até chegar à actual aceitação cautelosa –, ver, por todos, ALISTAIR LINDSAY, *The EC Merger Regulation: Substancial Issues*, *cit.*, pp. 429-435.

Em primeiro lugar, os ganhos *têm de se repercutir em benefícios para os consumidores*, sob a forma de preços mais baixos ou de produtos e serviços novos ou melhorados. Para poderem ser tomados em conta, devem ser substanciais e realizados em tempo útil.

A segunda condição é a de que os ganhos de eficiência *sejam específicos daquela operação de concentração*, quer dizer, que não possam ser conseguidos através de alternativas menos prejudiciais para a concorrência.

Em terceiro lugar, *têm os ganhos que ser verificáveis*. Cabe às empresas fornecer a prova necessária para que a Comissão fique razoavelmente segura de que os ganhos se virão a concretizar e que a sua envergadura compensa os efeitos anticoncorrenciais da concentração.

IV – Por fim, cabe referir o relevo do chamado *argumento da empresa insolvente*, que pode conduzir à aprovação de uma concentração que de outro modo viria a ser proibida. A ideia-chave é a de que se a deterioração da estrutura do mercado viria a ser idêntica na ausência da operação de concentração, a Comissão não possui razão útil para a proibir.

Como pressupostos, a mobilização desta defesa exige que se demonstre que, na ausência da concentração, a empresa alvo não conseguiria sobreviver; que, em consequência, os seus activos sairiam inevitavelmente do mercado[290] e, ainda, que não existe uma solução alternativa menos gravosa para a concorrência.

A primeira vez que a Comissão acolheu o argumento da empresa insolvente foi no caso *Kali&Salz/MdK/Treuhand*, decisão de 14.12. 1993,

---

[290] De acordo com a nota (111) das "Orientações", "pode considerar-se, particularmente no caso de um monopólio, que os activos da empresa insolvente sairiam inevitavelmente do mercado em questão se se concluir que a quota de mercado da empresa insolvente iria de qualquer forma reverter a favor da outra parte na concentração".

M. 308, JO 1996 L 186/38. No acórdão de 31.03.1998, *República Francesa/ /SCPA/ EMC vs. Comissão*, processos apensos C-68/94 e C-30/95, Col. 1998, p. I-01375, o TJ considerou válidas as condições exigidas pela Comissão (em particular, as destinadas a apurar a inexistência de um nexo de causalidade entre a concentração e a deterioração da estrutura concorrencial do mercado, *i.e.*, a verificar de que a empresa que procede à aquisição obteria, em qualquer caso, a quota de mercado da empresa adquirida caso esta desaparecesse do mercado), apesar de não coincidirem com as condições a ter em conta no âmbito da tradicional doutrina americana da *failing company defence*.

No caso *BASF/Eurodiol/Pantochim*, M.2314, decisão de 11.07.2001, JO 2002 L 132/45, a Comissão *procedeu a uma flexibilização do argumento da empresa insolvente*. Na verdade, a concentração não preenchia o terceiro critério (ou seja, não era líquido que a empresa adquirente obtivesse a quota de mercado da empresa adquirida, se esta desaparecesse, já que existiam outros operadores nos mercados afectados). Contudo, atendendo a circunstâncias específicas (sobretudo, ao facto de os consumidores vierem a ficar em piores condições sem a operação de concentração), a Comissão considerou o argumento procedente.

Mais longe ainda foi a Comissão no caso *Newscorp/Telepiù*, M.2876, decisão de 02.04.2003. JO 2004 L 110/73. A concentração entre as duas plataformas de *pay-tv* por satélite existentes em Itália (Telepiù e Stream) conduziria à criação de um quase-monopólio duradouro no mercado italiano da televisão por assinatura, dando à Newscorp uma posição controladora (*gatekeeper*) do acesso à plataforma técnica via satélite (plataforma que decifra os sinais radiodifundidos pelo fornecedor do programa e os transmite a assinantes através do descodificador) e criando uma posição monopolista no que se refere à aquisição de alguns tipos de conteúdos de grande audiência (nomeadamente, os direitos exclusivos sobre a transmissão de jogos de futebol sobre filmes de grande audiência). Isto impediria o acesso de terceiros aos referidos conteúdos, que representam o elemento motor das assinaturas de televisão e a chave da exploração rendível da televisão em geral. Ora, no entender da Comissão, os requisitos rigorosos do argumento da empresa insolvente não estavam preenchidos. No entanto, atendendo às dificuldades financeiras crónicas com que ambas as empresas se confrontavam, às características específicas do mercado italiano e à perturbação que o eventual encerramento da Stream causaria aos assinantes, tudo somado, a Comissão considerou que *era mais benéfico para o consumidor autorizar a operação*, sob reserva de condições apropriadas (um vasto pacote a cumprir até 2011), *do que assistir à perturbação do mercado* causada pelo desaparecimento provável da

Stream. Convém, ainda, salientar que a investigação apurou que seria muito improvável a sobrevivência dos dois operadores no mercado da televisão por assinatura em Itália.

5. RESTRIÇÕES ACESSÓRIAS

I – Regime aplicável; II – Conceito de restrições acessórias e casos específicos.

I – Agregados às operações de concentração notificadas surgem, muitas vezes, *acordos restritivos da concorrência entre as partes envolvidas*. Trata-se de pactos que limitam a liberdade de actuação das empresas no mercado e que, pelas suas características e alcance, poderiam vir a cair nas malhas dos arts. 81.° e 82.° CE.

Todavia, prescreve o legislador comunitário que, medida em que configurem *restrições da concorrência directamente relacionadas com e necessárias à operação de concentração*, tais estipulações serão abrangidas – e, portanto, ilibadas – pela decisão de compatibilidade da concentração com o mercado comum. Caso contrário – isto é, se não estiverem directamente relacionadas ou não forem necessárias –, a sua validade deverá ser apreciada à luz dos arts. 81.° e 82.° CE e das regras nacionais de concorrência.

Após a revisão do RegCct em 2004, passou a vigorar a *presunção* de que as decisões (quer de primeira, quer de segunda fase, acompanhadas ou não de condições e obrigações) que declarem a concentração compatível com o mercado comum abrangem as restrições directamente relacionadas com a realização da concentração e a ela necessárias – arts. 6.°1b), §2.°; 8.°1, §2.°; e 8.°2, §3.°. Ou seja, as restrições que preencham tais requisitos *reputam-se automaticamente abrangidas pela decisão de autorização*, sem que a Comissão tenha que proceder à sua avaliação individual[291].

---

[291] Cfr. Considerando 21 do RegCct.

Introduz-se, como salienta a nova Comunicação relativa às restrições directamente relacionadas e necessárias às operações de concentração (ComRA), *um princípio de auto-avaliação*: cabe às empresas notificantes aquilatar o carácter acessório das restrições que acompanham a concentração. Se, após a decisão de autorização da Comissão, se vierem a levantar dúvidas sobre as restrições envolvidas – *i.e.*, quanto a saber se preenchem os requisitos de estarem directamente relacionadas com a concentração e de a ela serem necessárias, para se poderem considerar automaticamente abrangidas pela decisão –, os litígios deverão ser dirimidos perante os *tribunais nacionais*.

A Comissão apenas retém, no que toca às restrições acessórias nas concentrações notificadas, *uma função residual*: sempre que estiverem em causa questões novas ou não resolvidas, susceptíveis de dar azo a uma incerteza genuína, podem as empresas pedir à Comissão que avalie expressamente as restrições, de modo a determinar se preenchem os critérios de isenção[292]. Saliente-se que *'novas ou não resolvidas' serão apenas as questões não abordadas pela ComRA, nem pelas anteriores decisões da Comissão* (tanto as publicadas no Jornal Oficial, como as divulgadas no *site* oficial desta entidade).

II – As restrições de que curamos distinguem-se, desde logo, das estipulações que corporizam o próprio objecto da concentração (*v.g.*, cláusulas relativas à venda de participações sociais ou de activos) – o que justifica a designação de *acessórias*.

Para se poderem considerar *directamente relacionadas com a realização da concentração*, não basta terem sido acordadas ao mesmo tempo ou no mesmo contexto que a operação em si. É fundamental que apresentem uma ligação económica com a concentração, tendo por desiderato salvaguardar uma transição sem turbulências para a nova estrutura empresarial a implementar.

---

[292] Considerando 21 do RegCct e n.ºs 2 e ss. da ComRA. Na exposição que se segue, daremos conta das linhas mais salientes do conteúdo da ComRA.

Serão *necessárias à realização da concentração* as estipulações sem as quais a operação não se poderia realizar – ou só se poderia concretizar em condições mais aleatórias, a custos substancialmente mais elevados, dentro de um prazo consideravelmente mais dilatado ou com muito maiores dificuldades. Tipicamente, as restrições necessárias dirigem-se a proteger os valores alienados, ou a evitar a ruptura dos fornecimentos e dos canais de distribuição, ou, ainda, a viabilizar o arranque de uma nova entidade. Contudo, a avaliação da necessidade das restrições não prescinde da consideração da respectiva duração, nem da consideração do seu âmbito subjectivo e geográfico, os quais se devem conter nos limites do razoavelmente exigido pela operação em causa.

São *diversos os exemplos e os casos-tipo* enunciados na ComRA. Desde logo, os compromissos entre os participantes em ofertas aquisição conjuntas, no sentido de *não apresentar propostas concorrentes*, ou os acordos relativos à *subsequente divisão dos activos* entre os intervenientes numa aquisição de controlo conjunto.

Admitidas serão, também, *as cláusulas de não concorrência associadas à alienação de uma empresa*, mas apenas quando a proibição de concorrer imposta ao vendedor se revele uma protecção necessária para a consolidação dos valores transmitidos[293]. A validade da obrigação está sujeita a limites materiais, pessoais, temporais e territoriais. Idêntico será o regime a aplicar à *limitação da faculdade de o vendedor adquirir participações em sociedades concorrentes* (excepto se se tratar de um mero investimento financeiro), bem como às *cláusulas de confidencialidade* e de *não solicitação de clientes*.

Nos casos em que o alienante da empresa mantém a titularidade de certos direitos de propriedade industrial (direitos sobre

---

[293] O que acontece sempre que seja necessário consolidar a clientela ou assimilar o *know-how*, mas já não se verifica se a operação se limitou à alienação de activos corpóreos ou de direitos de propriedade industrial (na medida em que os novos titulares dispõem de protecção jurídica específica) – cfr. ComRA, n.ºs 18 e 21.

patentes, marcas etc.), que tenciona explorar no contexto de outras actividades, pode haver lugar à *concessão de licenças ao adquirente* da empresa, de modo a que lhe seja facultada a plena fruição dos restantes activos transferidos. *Mutatis mutandis*, o mesmo sucede na situação em que a titularidade de tais direitos haja sido cedida ao adquirente da empresa, sendo, desta feita, o *alienante* quem beneficia de uma licença relativa aos bens em questão. Semelhantes licenças não requerem nenhum limite temporal.

Também as *cláusulas contendo obrigações de aquisição e de fornecimento* serão permitidas, quando se destinem a evitar rupturas subsequentes à operação de concentração e não excedam certos limites temporais. Além disso, não deverão dizer respeito a quantidades ilimitadas, nem conferir exclusivos ou um estatuto privilegiado. O mesmo regime se aplica a *obrigações relativas à distribuição* ou às que tenham por objecto a *prestação de serviços*[294].

Um enfoque especial é conferido às restrições susceptíveis de acompanhar as *operações de criação de uma empresa comum*, aprovando-se, dentro de certos pressupostos, cláusulas de não-concorrência, concessão de licenças e acordos de aquisição, fornecimento, distribuição ou prestação de serviços[295].

---

[294] No caso *Coca-Cola/ Amalgamated Beverages*, M.794, decisão de 22.01.1997, JO 1997 L 218/15, a Comissão considerou não estar directamente relacionada com a operação projectada nem ser indispensável à sua concretização a atribuição de um *direito exclusivo* de fabricar, distribuir, comercializar e vender na Grã-Bretanha, as marcas de bebidas não alcoólicas da Cadbury Scheppes, ao abrigo de um contrato válido *por 15 anos* e renovável por um período adicional de 10 anos.

[295] Veja-se a situação de conflito de interesses envolvendo a criação de uma empresa comum de refinação e comercialização de combustíveis e lubrificantes no caso *BP/Mobil*, M. 727, decisão de 07.08.1996, JO 1996 C 381/08. A Comissão considerou não estarem directamente relacionadas com a operação projectada, nem serem indispensáveis à sua concretização as restrições de concorrência emergentes da circunstância de a Mobil *deter participação accionista minoritária num concorrente da empresa comum* (o que lhe facultaria informação sobre as respectivas actividades), concorrente com o qual mantinha ainda contratos de fornecimento.

G) Compromissos dirigidos a tornar a concentração compatível com o mercado comum

Sempre que uma operação de concentração notificada suscitar *dúvidas ou preocupações* quanto à sua compatibilidade com o mercado comum, é do interesse das partes *introduzir alterações ou propor compromissos* aptos a dissipá-las, viabilizando a aprovação pela Comissão.

Este procedimento, que tanto pode ter lugar na primeira como na segunda fase[296], deverá seguir as directrizes enunciadas na Comunicação da Comissão sobre as soluções passíveis de serem aceites nos termos do Regulamento das Concentrações (ComSols) e respeitar os prazos e as formalidades prescritos pelos arts. 19.º e 20.º do RegExec. Vamos, de seguida, percorrer os seus pontos essenciais.

1. Introdução de alterações e apresentação de compromissos

I – Alterações e compromissos: iniciativa das partes;
II – Modalidades e características dos compromissos aceitáveis;
III – Apresentação na primeira e na segunda fase.

I – Quando Comissão identifica problemas de concorrência levantados por uma operação de concentração notificada cabe às

---

[296] Nem sempre assim aconteceu: a versão original do RegCct só na segunda fase contemplava semelhante hipótese; foi a revisão de 1997 que alargou à primeira fase uma prática já seguida pela experiência concreta da Comissão (cfr. *Bank Austria/ Creditanstalt*, M.873, decisão de 11.03.1997, JO 1997 C 160/04; ou *Lyonnaise des Eaux/ Compagnie de Suez*, M. 916, decisão de 05.06.1997, JO 1997 C 207/12). Porém, na sequência da adopção da ComSols, a Comissão passou a revelar maior prudência na aceitação de compromissos na primeira fase (sobretudo no que toca o acesso às redes de distribuição ou a patentes vitais) e a iniciar um maior número de inquéritos de segunda fase – cfr. *XXXI Relatório sobre a Política de Concorrência*, Serviço das Publicações Oficiais das Comunidades Europeias, Luxemburgo, 2002, pp. 76-77.

empresas, interessadas na respectiva aprovação, proceder às alterações necessárias para solucionar a questão. É claro que tais alterações podem *ser propostas e integralmente executadas ainda antes da decisão de autorização* (que configurará, então, uma decisão de autorização simples). O mais vulgar, contudo, é que as partes se *comprometam a introduzir alterações dentro de um prazo que começa a correr logo após a decisão de autorização* (que será, então, acompanhada de condições e/ou de obrigações).

As soluções apresentadas devem permitir mitigar o poder de mercado das empresas em causa, restaurando as condições de concorrência efectiva que, de outro modo, a concentração viria falsear.

A *iniciativa cabe às partes notificantes*: a Comissão não se imiscui directamente na concepção dos compromissos, apenas traçando o quadro geral e abstracto dos requisitos da sua admissibilidade.

II – Os compromissos aceites pela Comissão podem, na terminologia dos arts. 6.°2 e 8.°2, assumir a forma de *condições* ou de *obrigações*. Como esclarece a Comissão na ComSols, as *condições* dizem respeito à alteração estrutural do mercado visada (*v.g.*, alienação de uma das actividades da empresa); já as *obrigações* constituem as medidas de execução necessárias à obtenção daquele resultado (*v.g.*, nomeação de um administrador com mandato irrevogável para proceder à alienação)[297]. Como veremos[298], também são diferentes as consequências do não preenchimento da condição e da infracção da obrigação.

---

[297] Cfr. o n.° 12. O caso *The Post Office/TPG/SPPL*, M.1915, decisão de 13.03.2001, JO 2004 L 082/01, ilustra claramente a diferença entre condições e obrigações. Entre as primeiras, inclui os compromissos de alienação e de manutenção da viabilidade da actividade alienada, a aquisição por um sujeito que satisfaça os critérios impostos, a conformidade com as medidas decretadas pelo administrador, ou, ainda, o acesso à rede. Como obrigações, surgem a assistência técnica, administrativa e operacional ou a obrigação de não concorrência.

[298] *Infra*, ponto II.G)2.

Uma vez que o objectivo principal é o de assegurar a manutenção de estruturas de mercado concorrenciais após a realização da operação, existe uma *nítida preferência pelos compromissos de índole estrutural*, com particular destaque para a alienação de filial ou de "actividade viável"[299].

Os *compromissos de índole comportamental não são totalmente afastados*, mas a possibilidade da sua aceitação é mais remota e avaliada numa base casuística[300]. Saliente-se a inadmissibilidade

---

[299] São muitos os exemplos deste tipo de compromisso; podem ver-se os casos *Orkla/Volvo*, M.582, decisão de 20.09.95, JO 1996 L 66/17, em que a alienação pretendia evitar a criação de posição dominante no mercado norueguês de venda de cerveja a retalhistas, hotelaria e restauração; o caso *Vodafone Airtouch/Mannesmann*, M.1795, decisão de 12.04.2000, JO 2000 C 141/19., onde foi imposto o compromisso de alienar a Orange Plc; o caso *Bombardier/ /ADtranz*, M.2139, decisão de 03.04.2001, JO L 069/50, onde foi imposto o compromisso de alienar actividades (duas linhas de produtos: o comboio regional Regioshuttle e o eléctrico Variotram) através de licenças exclusivas, não passíveis de serem transferidas; ou o caso *Barilla/BPL/Kamps*, M.2817, decisão de 25.06.2002, JO 2002 C 198/04, onde se impôs o compromisso de alienar as actividades de produção de tostas a um concorrente viável com experiência no sector alimentar

[300] Como exemplos destes compromissos, podem ver-se *Siemens/Italtel*, M.468, decisão de 17.02.1995, JO 1995 L 161/27, compromisso assumido pela STET (detentora a 100% da Italtel), de não intervir na política de aquisição da Telecom Italia; *Glaxo/Welcome*, M.555, decisão de 28.02.1995, JO 1995 C 065/03, concessão a terceiro de licença exclusiva sobre um componente anti-enxaqueca ainda em fase de desenvolvimento por ambas as empresas; *Swissair/ /Sabena*, M.616, decisão de 20.07.1995, JO C 200/10, compromisso de disponibilizar no mercado determinados direitos e de possibilitar aos concorrentes a prestação viável de serviços aéreos entre a Bélgica e a Suíça; *Boeing/ /McDonnell Douglas*, M.877, decisão de 30.07.1997, JO 1997 L 336/16, compromisso de prestar assistência aos clientes dos aviões DAC com o mesmo elevado nível de qualidade prestada aos aviões Boeing, de não retirar ou ameaçar retirar a assistência aos aviões DAC e de não concluir quaisquer acordos de exclusividade adicionais até 2007; *Vodafone Airtouch/Mannesmann*, M.1795, decisão de 12.04.2000, JO 2000 C 141/19, compromisso de facultar aos outros operadores de telefonia móvel acesso aos tarifários de *roaming* inter-operador

de meras promessas, como a de não vir a abusar da posição dominante criada ou reforçada pela operação.

A jurisprudência do TPI tem sustentado que é *indiferente* que o compromisso proposto pelas partes na operação de concentração possa s r qualificado como comportamental ou como estrutural (acórdão de 25.03.1999, *Gencor vs. Comissão*, T-102/96, Col. 1999, p. II-00753). É certo que os compromissos de carácter estrutural (*v.g.*, a redução da quota de mercado da entidade resultante da concentração através da venda de uma filial) são preferíveis na medida em que impedem definitiva – ou, pelo menos, duradouramente – a criação ou o reforço da posição dominante identificada pela Comissão, dispensando medidas de vigilância a médio ou a longo prazo. No entanto, não se pode excluir que compromissos de natureza à primeira vista comportamental (*v.g.*, a não utilização de uma marca durante um certo período; a disponibilização a terceiros concorrentes de uma parte da capacidade de produção ou do acesso a uma infra-estrutura essencial em condições não discriminatórias), sejam igualmente de natureza a impedir a criação ou o reforço de uma posição dominante.

Em outro caso (acórdão de 03.04.2003, *Babyliss vs. Comissão*, T-114/02, Col. 2003, p. II-01279), o TPI considera que a *concessão de uma licença de marca* (que qualifica como compromisso comportamental) pode constituir uma medida adequada para corrigir os problemas de concorrência, ainda que a respectiva eficácia dependa de factores mais difíceis de controlar do que uma alienação de activos.

As soluções propostas, devem, ainda, *ser suficientemente pormenorizadas e explicar de que forma resolvem as preocupações*

---

e aos serviços grossistas pelo período de três anos; *SEB/Moulinex*, M.2621, decisão de 08.01.2002, JO 2002 C 049/18, compromisso de conceder licenças exclusivas, durante um período de cinco anos e em nove países, para a utilização da marca Moulinex na venda de pequenos electrodomésticos; não voltar a introduzir a marca Moulinex nestes países durante um período adicional de três anos, após o termo da licença exclusiva, de forma a que o licenciado tenha tempo para lançar gradualmente a sua própria marca; *Procter&Gamble/Wella*, M.3149, decisão de 30.07.2003, JO 2003 C 195/06, compromisso de a P&G conceder uma licença exclusiva de cinco anos, seguida por um período de *black-out* (não utilização) de três anos, de diversas linhas de artigos, a fim de restabelecer a concorrência efectiva nos mercados de produtos para o cabelo.

concorrenciais suscitadas pela operação. Acresce que os compromissos devem ser *susceptíveis de uma execução eficaz dentro de um prazo curto* e sem necessidade de acompanhamento posterior. A Comissão enuncia alguns exemplos de soluções aceitáveis[301]. À cabeça, pela sua reconhecida eficácia no restabelecimento da concorrência efectiva, surge o *compromisso de alienação*, que permite o aparecimento de um novo concorrente ou o reforço dos já existentes. A alienação terá geralmente por objecto uma *actividade viável*, cuja exploração por um *adquirente adequado* se revele susceptível de concorrer eficazmente, numa base duradoura, com a entidade resultante da concentração. Essa actividade viável tanto pode consistir numa "combinação de activos corpóreos ou incorpóreos, estruturados sob a forma de uma empresa [societária] ou grupo de empresas", como numa "actividade empresarial que não dispunha anteriormente de personalidade jurídica própria"[302]. Mas o compromisso de alienação também pode incidir sobre participações sociais, de modo a quebrar uma relação estrutural com um concorrente importante ou a aumentar os incentivos para competir no mercado[303].

Aceitáveis são também os *compromissos de rescisão de acordos exclusivos de fornecimento ou distribuição*, sobretudo em relação aos contratos que, pelo seu prazo longo, produzam um efeito de encerramento do mercado; os compromissos destinados a garantir *o acesso dos concorrentes a infra-estruturas necessárias*;

---

[301] N.ºs 13 e ss. da ComSols.
[302] N.º 46 da ComSols.
[303] Assim sucedeu no caso *AOL/Time Warner*, M.1845, decisão de 11.10.2000, JO 2001 L 268/28, onde foi imposto à AOL o compromisso de a cortar todos os laços estruturais com o grupo Bertelsmann. Compromisso diferente, destinado a *manter a separação formal*, foi o assumido no caso *Boeing/ McDonnell Douglas*, M.877, decisão de 30.07.1997, JO 1997 L 336/16. A Boeing comprometeu-se a manter a Douglas Aircraft Company, que explora as actividades da McDonnell Douglas no domínio dos aviões comerciais, como entidade jurídica distinta por um período de dez anos.

ou, ainda, os compromissos de *alienação e de concessão de licenças sobre tecnologias essenciais*.

É possível que as preocupações de concorrência suscitadas pela operação apenas encontrem remédio através da combinação de vários compromissos de diferente tipo num verdadeiro *"pacote de soluções"*[304].

E não é certo que todas as dificuldades possam ser resolvidas através do expediente dos compromissos. Pode a situação ser tão grave, do ponto de vista dos efeitos anti-concorrenciais, que *se torna impossível encontrar uma solução* que viabilize a concentração. Ou podem as soluções propostas ser tão extensas e complexas que se torne *inexequível* determinar, com o mínimo de certeza, qual virá a ser o seu resultado prático – o que conduzirá à respectiva rejeição[305].

---

[304] Vejam-se, desde logo, os casos *Vodafone Airtouch/Mannesmann*, M.1795; *Boeing/ McDonnell Douglas*, M.877; e *Swissair/Sabena*, M.616, citados nas notas (300) e (301). No caso *Nestlé/Ralston Purina*, M.2337, decisão de 27.07.2001, JO 2001 C 239/08, foi delineado um *compromisso alternativo* – aquilo a que a doutrina já chamou um "alternative and crown jewel remedie", pois aumenta os incentivos para a rápida concretização da hipótese inicial, dado o valor acrescido da segunda (ALISTAIR LINDSAY, *The EC Merger Regulation: Substancial Issues*, cit., pp. 465-466). A primeira solução consistia na concessão de uma licença relativa à marca Friskies da Nestlé, em Espanha. Se não fosse executada até uma certa data, as partes ficariam obrigadas a recorrer à alternativa do *upfront buyer*, alienando uma participação social de 50% na empresa comum espanhola detida em conjunto com a Agrolimen.

[305] No caso *Saint-Gobain/Wacker Chemie/NOM*, M.774, decisão 04.11.1996, JO 1997 L 247/01, a Comissão proibiu a operação, rejeitando o compromisso proposto pelas partes porque a obtenção do respectivo resultado não dependia apenas da vontade dessas empresas. E no caso *AAC/Lonrho*, M.754, decisão 23.04.1997, JO 1998 L 149/21, foi impossível aceitar um compromisso de alienação porque o único comprador disponível era a empresa Gencor, a qual a Comissão havia proibido, por decisão anterior, de adquirir a empresa em questão.

III – Como sabemos, os compromissos podem ser apresentados em qualquer uma das fases do processo. As *soluções propostas na primeira fase* dirigem-se, sobretudo, a problemas concorrenciais rapidamente identificáveis e que possam ser facilmente sanados. Devem ser submetidas à Comissão no prazo de 20 dias úteis a contar da notificação (art. 19.°1 RegExec), mas nada obsta a que sejam avançadas já no âmbito dos contactos anteriores à própria notificação.

Recorde-se que a apresentação de compromissos, nesta fase, alarga em 10 dias úteis o prazo de que dispõe a Comissão para tomar uma decisão – o que bem se compreende, em função da maior complexidade da análise requerida. Essa análise implicará também uma consulta aos Estados-membros e, quando apropriado, a terceiros interessados. As propostas, uma vez submetidas, apenas podem ser sujeitas a alterações de pormenor, dirigidas a clarificar o sentido ou a melhorar a viabilidade dos compromissos apresentados.

Se as dúvidas manifestadas pela Comissão forem claramente eliminadas pelas soluções das partes, será tomada uma decisão de compatibilidade sujeita a condições ou obrigações; caso contrário, dar-se-á início à segunda fase do processo.

Na segunda fase, os compromissos podem ser apresentados no prazo de 65 dias úteis; em circunstâncias excepcionais, admite-se uma apresentação posterior, desde que não se prejudique a intervenção do Comité Consultivo (art. 19.°2 do RegExec). De qualquer modo, a apresentação de compromissos posterior ao 55.° dia estende o prazo de apreciação ao dispor da Comissão em 15 dias suplementares. As consultas da Comissão abrangerão Estados-membros e não membros e, eventualmente, terceiros interessados.

As propostas devem solucionar todos os problemas levantados na Comunicação de Objecções que, à data, subsistam. É possível proceder a alterações nos compromissos depois da sua apresentação, mas dentro de limites apertados.

A primeira vez que a Comissão *rejeitou compromissos apresentados demasiado tarde* foi no caso *Airtours/First Choice*, M.1524, decisão de 22.09.1999, JO 2000 L 093/01. Aplicando o art. 18.°2 do (então recente)

RegExec de 1998, a Comissão constatou que o compromisso havia sido apresentado para lá dos três meses posteriores à data de início do processo; que não se verificavam circunstâncias excepcionais que pudessem justificar a prorrogação do prazo; e que, no curto período de tempo que restava, não era possível à Comissão proceder a uma avaliação efectiva da proposta.

No caso *Schneider/Legrand*, M.2283, decisão de 10.10.2001, JO 2004 L 101/01, a Comissão recusou compromissos apresentados após o termo do prazo previsto ("compromissos de última hora"), por não resolverem de forma clara todas as dúvidas levantadas.

Já no caso *Telia/Telnor*, M.1439, decisão de 13.10.1999, JO 2001 L 040/01, os compromissos foram aceites pela Comissão, mesmo depois do prazo, por considerar que se verificavam circunstâncias excepcionais.

2. Execução dos compromissos assumidos

I – Regras-base para os compromissos de alienação;
II – Consequências da violação dos compromissos assumidos.

I – A *aceitação dos compromissos* pela Comissão viabiliza uma decisão de compatibilidade; a *execução dos compromissos*, contudo, só ocorre normalmente *após* essa decisão. Daí o conteúdo dos próprios compromissos integrar *disposições relativas à sua execução*.

A Comissão estabeleceu determinadas *regras no que toca à execução dos compromissos de alienação*, cujos princípios considera extensíveis, com as devidas adaptações, aos compromissos de outro tipo[306].

Torna-se, desde logo, necessário definir de forma precisa e exaustiva o *objecto da alienação*, que deve ocorrer *dentro do prazo* acordado com a Comissão em função das circunstâncias[307]. Um

---

[306] N.°s 44 e ss. da Com Soluções. Dentro da unidade de controlo de concentrações, existe uma divisão encarregada de acompanhar a execução dos compromissos – E. VARONA/ A. GALARZA/ J. CRESPO/ J. ALONSO, *Merger Control in the European Union*, cit., p. 377.

[307] No caso *Carrefour/Promodés*, M.1684, decisão de 25.01.2000, JO 2000 C 164/05, o calendário fixado para os compromissos *não pôde ser respei-*

comprador pré-determinado (*upfront buyer*) terá de ser aprovado pela Comissão, exigindo-se que apresente certas características (que se trate de um concorrente viável – existente ou potencial; que seja independente das partes; que disponha de recursos financeiros e de experiência; e, ainda, que esteja interessado em competir com as empresas envolvidas)[308].

Para reduzir o risco de perda do potencial competitivo da actividade na pendência da alienação, a Comissão aprova *a nomeação de um administrador* que ficará responsável por controlar a observância das medidas de conservação que às partes incumbem (*monitoring trustee*). A Comissão aprovará, igualmente, a nomeação de um *administrador responsável pela alienação* (*divestiture trustee*), que acompanhará as diligências das partes para encontrar comprador. Esgotado o prazo acordado para alienação, a este administrador será atribuído um mandato irrevogável para alienar a actividade em causa.

Estes administradores podem ou não ser a mesma pessoa, dependendo dos contornos da situação. Tratar-se-á, normalmente, de um banco de investimento ou de uma empresa de consultoria em gestão ou contabilidade, cuja remuneração ficará a cargo das partes que o propõem.

---

tado devido ao comportamento de terceiros, pelo que a Comissão resolveu prorrogar o prazo em vez de anular a decisão de autorização (*XXXI Relatório sobre a Política de Concorrência*, Serviço das Publicações Oficiais das Comunidades Europeias, Luxemburgo, 2002, p.78).

[308] Foi no caso *Bosch/Rexroth*, M.2060, decisão de 12.01.2001, JO 2004 L 043/01 (cfr. ainda IP/00/957) que, pela primeira vez, a Comissão impôs à empresa destinatária do compromisso de alienação que encontrasse um *upfront buyer*. A Bosch comprometeu-se, assim, a vender o sector das bombas de pistões radiais a uma empresa independente, viável, já existente e activa e que dispusesse de recursos financeiros suficientes. No caso *Carrefour/Promodés*, M.1684, citado na nota anterior, a alienação da participação social acabou por ser feita a um investidor financeiro, tendo a Comissão considerado cuidadosamente as condições em que uma entidade deste tipo poderá constituir um adquirente aceitável.

Em qualquer caso, todavia, a venda da actividade *só se realiza se a Comissão aprovar* tanto o adquirente proposto como o negócio a celebrar à luz dos parâmetros firmados no compromisso.

Assim, no âmbito da execução dos compromissos impostos no caso *TotalFina/Elf Aquitaine*, M.1628, decisão 09.02.2000, JO 2001 L 143/01, a Comissão rejeitou os primeiros adquirentes propostos pela TotalFina, por considerar que não disporiam de qualquer incentivo para concorrer efectivamente no mercado de vendas de gasolina nas auto-estradas francesas.

O TPI, no acórdão de 03.04.2003, *Petrolessence SA vs. Comissão*, T-342/00, Col. 2003, p. II-01161, confirmou o veto, mas determinou que têm *legitimidade para interpor recurso da decisão da Comissão que recuse aprová-los como adquirentes* os terceiros candidatos a adquirir activos cuja alienação haja sido determinada por compromisso.

Registe-se que a própria alienação pode, por seu turno, constituir uma operação de concentração susceptível de ser notificada junto da Comissão ou das autoridades nacionais[309].

Em 2003, após ampla consulta dos Estados-membros, da comunidade empresarial e de administradores de compromissos de alienação, a Comissão adoptou um documento contendo orientações de boas práticas em matéria de compromissos de alienação (*divestiture*), acompanhado de dois modelos: um para a apresentação de compromissos de alienação, outro relativo à nomeação e mandato dos administradores[310]. Pretendeu-se fomentar a eficácia e a transparência na apresentação de compromissos, simplificando a tarefa das partes que têm o ónus de os propor e permitindo que se concen-

---

[309] Por exemplo, o cumprimento do compromisso de alienação no caso *Unilever/Bestfoods*, M.1990, decisão de 28.09.2000, JO 2000 C 311/06, conduziu à realização de uma operação de concentração sujeita a notificação e subsequentemente autorizada – *Campbell/ECBB (Unilever)*, M.2350, decisão de 02.04.2001, JO 2001 C 140/11

[310] http://www.europa.eu.int/comm/competition/mergers/legislation/divestiture_commitments/.

trem na substância mais do que nos requisitos formais. Os modelos adoptados não são exaustivos, nem vinculativos, e prevê-se que venham a ser periodicamente actualizados[311].

II – O *incumprimento dos compromissos* assumidos pelas partes sob a forma de obrigações e de condições[312] acarreta diversas consequências.

Se as empresas infringirem uma *obrigação*, a Comissão pode *revogar a decisão de compatibilidade* de primeira ou de segunda fase – arts. 6.°3b) e 8.°6b) – e proceder à aplicação de uma *coima* – art. 14.°2d) – ou de uma *sanção pecuniária compulsória* – art. 15.°1c).

Se a *condição* que acompanha a decisão de compatibilidade não vier a ser preenchida, a concentração não se pode concretizar. Caso isso aconteça, isto é, caso a operação se realize em infracção da condição associada, a Comissão pode exigir que as empresas procedam à *dissolução da concentração* ou que adoptem qualquer *outra medida adequada para restabelecer* a situação anterior – art. 8.°4b). A Comissão tem igualmente a faculdade decretar as *medidas provisórias adequadas* para restaurar ou manter a concorrência

---

[311] No mesmo ano, começou a aflorar na prática decisória da Comissão a *importância das entidades reguladoras sectoriais dos Estados-membros* na fase de execução dos compromissos. No caso *Newscorp/Telepiù*, M.2876, decisão de 02.04.2003, JO 2004 L 110/73, foi gizado um sistema de execução dos compromissos que conferia à autoridade reguladora das comunicações em Itália um papel fundamental; no caso *Verbund/EnergieAllianz*, M.2947, decisão de 11.06.2003, IP/03/825,http://www.europa.eu.int/comm/competition/mergers/cases/decisions/m2947_de.pdf, autoridade reguladora da energia austríaca ficou encarregada de supervisionar a execução do conjunto de compromissos.

[312] *Supra*, II.G)1. Note-se que no caso *Siemens/Drägerwerk/EC*, M.2861, decisão de 30.04.2003, JO 2003 L 291/01, a Comissão considerou que os compromissos destinados a introduzir alterações estruturais no mercado deveriam ser sujeitos a condições, enquanto que as medidas de execução necessárias deveriam ficar sujeitas a obrigações.

efectiva – art. 8.°5b) – e pode aplicar uma *coima* às partes envolvidas – art. 14.°2d)³¹³.

Em qualquer caso – quer na sequência da revogação de uma decisão por incumprimento de uma obrigação imposta, quer após verificar que a concentração foi realizada em infracção de uma condição associada – a Comissão fica autorizada *a proceder a nova apreciação e a adoptar nova decisão* sobre a sorte da operação de concentração sem estar sujeita aos prazos normais – arts. 6.°4 e 8.°7.

---

³¹³ O desrespeito pelas medidas de dissolução ou pelas medidas provisórias também desencadeia, de *per se*, a aplicação de coima ou de sanção pecuniária compulsória – arts. 14.°2c) e 15.°1d).

**III. CONTROLO NACIONAL
DAS OPERAÇÕES DE CONCENTRAÇÃO:
A LEI N.º 18/2003, DE 11 DE JUNHO**

A) *Apontamento histórico e normativo*

O quadro normativo da concorrência em Portugal foi, recentemente, objecto de *alterações profundas*, tanto de cariz jurídico como de cariz institucional. Propomo-nos, essencialmente, analisar o sistema vigente e os resultados da sua aplicação nos cerca de dezoito meses de experiência acumulada, sem contudo ignorar o anterior acervo de jurídico de mais de uma década[314].

1. REFERÊNCIA AO SISTEMA ANTERIOR

I – Os diplomas de 1988 e de 1993; II – A repartição dos poderes relativos ao controlo de concentrações; III – Apreciação crítica.

I – O primeiro regime de defesa da concorrência nacional foi instituído pelo *Decreto-Lei n.º 422/83, de 3 de Dezembro*[315], que

---

[314] Os Relatórios de Actividade do Conselho da Concorrência mais recentes podem ser consultados em http://www.cconcorrencia.min-economia.pt; para uma lista completa das referências de publicação no Diário da República, ver http://homepage.mac.com/mmsilva/CConcorrencia.htm. As decisões ministeriais mais recentes podem ser consultadas em http://www.autoridadedaconcorrencia.pt/aConcorrencia_C14.aspx?cat=Cat_ArquivoDGCC.

[315] No direito anterior, registaram-se diversas tentativas de adopção de normas de defesa da concorrência, todas elas goradas – cfr. ALBERTO P. XAVIER, "Subsídios para uma lei de defesa da concorrência", *cit.*, n.º 138.º, pp. 105-122, de onde retiramos a cronologia que se segue.

O primeiro regime vocacionado para a tutela da concorrência terá sido o do antigo Código Penal. Dentro dos crimes contra a ordem e a tranquilidade pública, não continha, porém, disposições especificamente aplicáveis às concentrações. Apenas com os preceitos introduzidos pelo *Decreto--Lei n.º 428/88,* de 19 de Novembro, o nosso ordenamento jurídico se dotou de um sistema de controlo preventivo das operações de concentração.

A disciplina veio a ser revista pelo *Decreto-Lei n.º 371/93,* de 29 de Outubro, que estabeleceu um novo regime jurídico da concorrência e revogou os diplomas anteriores. No que toca ao controlo de concentrações, houve a preocupação de o aproximar do figurino comunitário traçado pelo Regulamento (CEE) n.º 4064/89, modificando-se a tramitação processual e alargando-se o âmbito material de aplicação, ao mesmo tempo que se subiram consideravelmente os

---

abrangia o monopólio, o qual se verificava nos casos de açambarcamento, de alteração fraudulenta dos preços, de greve e de lock-out, bem como de conluios e violências em arrematações (arts. 275.º a 278.º). Parece, todavia, que dificuldades de prova do nexo de causalidade impediram este regime de lograr a eficácia desejável. De mais a mais, como salienta DAVID GERBER, "Two models of competition law", *Comparative competition law: approaching an international system of antitrust law*, org. HANNS ULLRICH, Nomos, Baden-Baden, 1998, p. 110, este tipo de utilização da lei penal para protecção da liberdade económica não pode ainda ser visto como "competiton law as such".

Em 1936 foi aprovada uma *lei de prevenção e repressão das coligações económicas*; todavia, a sua entrada em vigor ficou condicionada à publicação de um decreto que a regulamentasse. O condicionalismo político da época não o permitiu e a lei nunca chegou a entrar em vigor. Em 1961, o Decreto-Lei n.º 44 016, de 8 de Novembro, *previa a publicação de legislação penal* tendente a reprimir as práticas económicas restritivas da concorrência interterritorial no espaço económico português. Tal legislação também nunca chegou a ser publicada. Em 1964, o Governo apresentou um *projecto de proposta de lei tendente à defesa da concorrência* pela repressão dos abusos de poder económico a que a política de concentrações (iniciada pela Lei n.º 2005, de 14 de Março de 1945, que, no contexto da reconversão e reorganização da indústria portuguesa, consagrava medidas que iam dos benefícios fiscais à imposição governamental de concentrações) poderia dar lugar. O projecto, contudo (mais uma vez), não chegou a ser aprovado pela Assembleia Nacional e, portanto, a transformar-se em lei.

limiares de aplicação a fim de abarcar apenas as concentrações de maior impacto no mercado.

II – O sistema instituído em 1993 assentava numa *repartição dos poderes* relativos ao controlo de concentrações entre a Direcção--Geral do Comércio e Concorrência (DGCC), o Ministro responsável pela área do comércio e o Conselho da Concorrência (CC) – figurino que já vinha do diploma de 1988, embora gizado em termos não inteiramente coincidentes.

As operações de concentração abrangidas pelo Decreto--Lei n.º 371/93 deveriam ser *notificadas à DGCC*, entidade competente para proceder à instrução do respectivo procedimento no prazo de 40 dias[316] – art. 30.º1, art. 12.º1b) e art. 31.º1. Em seguida, o processo era *remetido ao Ministro responsável pela área do comércio*, o qual dispunha de um prazo mínimo de 10 dias (o limite era de 50 dias a contar da notificação à DGCC) para proceder à sua análise. Se o Ministro (ou o Secretário de Estado em quem houvesse delegado os necessários poderes) entendesse que a operação era susceptível de afectar negativamente a concorrência à luz dos critérios legais vigentes, deveria *remeter o processo ao CC* para que, num prazo de 30 dias, *elaborasse parecer* – art. 32.º1 e art. 33.º[317]. Por fim, nos 15 dias subsequentes à recepção do parecer do CC, o *Ministro tomava a resolução final* sobre a sorte da concentração: decisão de não oposição (eventualmente acompanhada de condições e obrigações adequadas a manter uma concorrência efectiva) ou decisão de proibição (acompanhada, se necessário das medidas adequadas ao restabelecimento de uma concorrência efectiva) – art. 34.º1.

---

[316] A contagem dos prazos fazia-se nos termos do Código de Procedimento Admnistrativo (CPA), de acordo com o art. 29.º do Decreto-Lei n.º 371/93.

[317] A ausência de remessa ao CC tinha o valor jurídico de decisão (tácita) de não oposição à concentração, conforme o prescrito pelo art. 32.º2 do do Decreto-Lei n.º 371/93.

O parecer não era vinculativo, embora sobre o Ministro recaísse o ónus de fundamentar os desvios adoptados em face da posição do CC[318]. Sempre que a decisão a adoptar fosse de proibição ou de não oposição com condições, deveria revestir a forma de *despacho conjunto* com o ministro da tutela das actividades económicas afectadas pela operação de concentração. Destas decisões caberia *recurso contencioso* para o Supremo Tribunal Administrativo (art. 35.º).

III – Foram muitas as operações de concentração notificadas ao abrigo deste regime; mas, curiosamente, *muito poucas as que suscitaram preocupações de concorrência* – como atesta o relativamente escasso número de processos remetidos ao CC, datando o primeiro apenas de 1995[319] –, não se tendo registado, nos cerca de catorze anos de vigência do regime de controlo de concentrações, *qualquer decisão de proibição*.

Acresce que não era invulgar as decisões ministeriais (decisões a que não era dada a mesma publicidade que aos pareceres do Conselho, incluídos no relatório de actividades anual publicado no "Diário da República") *imporem condições e obrigações sem ter*

---

[318] Vejam-se os arts. 98.º2 e 124.º1c) do CPA. Sobre o grau de liberdade da decisão ministerial em face do parecer do CC, detalhadamente, VICTOR CALVETE, "Da relevância de considerações de eficiência no controlo de concentrações em Portugal", *AB VNO AD OMNES – 75 anos da Coimbra Editora*, Coimbra Editora, Coimbra, 1998, pp. 305-366, pp. 350-353. Do mesmo Autor, sobre a delimitação do objecto do parecer do CC, cfr. "*Quis leget haec?* A delimitação do *thema decidendum* do parecer do Conselho da Concorrência em processos de concentração de empresas", *Volume Comemorativo do 75.º tomo do Boletim da Faculdade de Direito*, Coimbra, 2002, pp. 769-789.

[319] Cfr. Parecer emitido sobre a concentração relativa à criação da empresa comum Lactogal, Produtos Alimentares, S.A., *Conselho da Concorrência – Relatório de Actividade 1995*, pp. 99- 04. Segundo VICTOR CALVETE, "*Quis leget haec?* A delimitação do *thema decidendum* do parecer do Conselho da Concorrência em processos de concentração de empresas", cit., p. 773, a remessa ao CC teve lugar em apenas 4% dos casos notificados até Fevereiro de 2002.

ocorrido qualquer remessa ao CC – o que era, no mínimo, estranho, já que tais compromissos se destinavam a eliminar preocupações de índole concorrencial e a lei tornava obrigatório o parecer do CC sempre que se levantassem semelhantes preocupações –, ou, ainda, *afastarem-se dos pareceres desfavoráveis emitidos pelo CC sem desenvolver fundamentação adequada*[320].

Naturalmente que este quadro pouco contribuiu para credibilizar um sistema de controlo de concentrações que se pretendia assente em objectivos de defesa da concorrência, antes deixando esta "governamentalização"[321] adivinhar a *prevalência de conside-*

---

[320] Veja-se, a título paradigmático, o que sucedeu com a decisão ministerial subsequente ao Parecer emitido sobre a concentração relativa à criação da empresa comum Sport TV. O CC havia considerado, após análise aturada, que a operação permitiria à Sport TV alcançar uma posição dominante susceptível de impedir, falsear ou restringir a concorrência no mercado retalhista de direitos de transmissão televisiva de jogos (e resumos de jogos) de futebol com equipas nacionais, sendo todavia possível compatibilizar a concentração com a manutenção de uma concorrência efectiva através da imposição de certas condições (*Conselho da Concorrência – Relatório de Actividade* 1999, pp. 141, ss.). Assim, os direitos exclusivos outorgados à Sport TV deveriam ser reduzidos para três anos (metade da duração prevista pelas partes) e as respectivas renovações não deveriam exceder os dois anos. Por outro lado, a janela de conteúdos consagrada em benefício exclusivo da RTP deveria ser *aberta* a qualquer operador interessado, mediante condições não discriminatórias.

A *decisão ministerial* (Decisão 2/98 – Sport TV, que pode ser consultada em http://www.autoridadedaconcorrencia.pt/aConcorrencia_C14.aspx?cat=Cat_ArquivoDGCC) ignora de todo em todo a primeira condição enunciada pelo CC, permitindo, sem qualquer fundamentação, que o exclusivo da Sport TV mantenha a duração de seis anos. No que toca ao segundo compromisso, limita-se a transformar o exclusivo concedido pelas partes à RTP num direito de preferência (continuando, pois, a permitir a discriminação dos restantes operadores). Entende, por fim, impor um compromisso novo e *sui generis*, que consiste na reprodução textual do prescrito por uma norma legal imperativa (o art. 16.º2f) do Decreto-Lei n.º 241/97, de 18.09).

[321] Note-se que a própria DGCC, a quem competia receber as notificações e instruir os processos, estava hierarquicamente dependente do Governo. Apenas

rações de política industrial, quando não de mal disfarçado proteccionismo[322].

Tudo isto num contexto geral igualmente pouco animador, começando pela *falta de cultura de concorrência* dos agentes económicos e políticos e acabando na *carência de recursos humanos e financeiros* das entidades encarregadas da defesa da concorrência, sem esquecer o *pouco interesse revelado pelas Universidades* no estudo e ensino do direito da concorrência[323].

2. A SITUAÇÃO ACTUAL

I – A reforma legislativa de 2003; II – Síntese do novo quadro institucional de controlo das concentrações.

I – O primeiro passo concreto no sentido de uma reforma foi dado pela Lei n.° 24/2002, de 31 de Outubro, que veio autorizar o Governo a legislar sobre as regras de controlo jurisdicional no quadro da criação da Autoridade da Concorrência e da aprovação dos seus Estatutos

A Autoridade da Concorrência veio a ser criada pelo *Decreto- -Lei n.° 10/2003,* de 18 de Janeiro, entrando em funções em Março de 2003. Quanto ao novo regime de defesa da concorrência, foi aprovado pela Lei n.° 18/2003, de 11 de Junho (Lei de Defesa da Concorrência – LDC).

---

o CC gozava de independência (expressa não só no processo de escolha do seus membros como na inexistência de subordinação hierárquica).

[322] Ver *infra,* ponto III.E)1, quanto à interpretação do art. 10.°2 do Decreto-Lei n.° 371/93.

[323] Para uma lúcida análise do contexto a que nos referimos, veja-se o documento "Balanço de 20 Anos de Actividade", *in Conselho da Concorrência – Relatório de Actividade 2002.* Sobre o ensino do direito da concorrência em Portugal, nas Faculdades de Economia e Direito, veja-se M. M. LEITÃO MARQUES, *Um curso de direito da concorrência,* Coimbra Editora, Coimbra, 2002, pp. 88, ss.

O sistema nacional do controlo de concentrações *aproximou-se bastante mais do figurino comunitário*, embora seguindo o modelo do então vigente Regulamento (CEE) n.º 4064/89, com as alterações introduzidas pelo Regulamento (CE) n.º 1310/97. De qualquer modo, prescreve o art. 60.º1 da LDC que o regime português da concorrência "será adaptado para ter em conta a evolução do regime comunitário", onde se incluem, logicamente, "os regulamentos relativos ao controlo das operações de concentração de empresas". É de esperar, portanto, que as principais novidades do Regulamento (CE) n.º 139/2004 e das normas relativas à sua execução venham a suscitar, a prazo, as correspondentes modificações no sistema nacional.

Independentemente do que possa vir a suceder, muitas e significativas foram as mudanças já implantadas por aquele conjunto de diplomas; delas procuraremos dar conta à medida que formos analisando o actual sistema de controlo de concentrações.

Não prescindimos, porém, enquanto ponto de partida, de esboçar desde logo uma breve *síntese da modificação do quadro institucional de defesa da concorrência*.

II – O eixo institucional do sistema de defesa da concorrência reside, agora, na *Autoridade da Concorrência* (AdC), que reúne "quer os poderes de investigação e de punição de práticas anticoncorrenciais e a instrução dos correspondentes processos, quer os de aprovação das operações de concentração de empresas sujeitas a notificação prévia, sem prejuízo, relativamente aos sectores objecto de regulação, da desejável e necessária articulação com as respectivas autoridades reguladoras"[324]. Em consonância, extinguiu-se o Conselho da Concorrência e as competências da DGCC em matéria de concorrência transitaram para a AdC[325].

---

[324] Cfr. o ponto 4 do Preâmbulo do Decreto-Lei n.º 10/2003.
[325] Ver, designadamente, os arts. 5.º, 7.º, 8.º, 9.º e 11.º do Decreto-Lei n.º 10/2003.

A AdC é uma *pessoa colectiva de direito público*, de natureza institucional, dotada de *órgãos, serviços, pessoal e património próprios*; goza ainda de *autonomia administrativa e financeira*[326]. Prescreve o art. 4.° dos Estatutos da Autoridade da Concorrência (EsttAdC)[327] que a AdC é *independente no desempenho das suas atribuições*, sem prejuízo dos princípios orientadores de política de concorrência fixados pelo Governo e dos actos sujeitos a tutela ministerial (nomeadamente os enunciados pelo art. 33.° dos EsttAdC: aprovação do plano de actividades e orçamento, relatório de actividades, contas anuais, aquisição ou alienação de imóveis).

O órgão máximo da AdC é o *Conselho* (art. 11.° dos EsttAdC), responsável pela aplicação da LDC (e, nomeadamente, pelas decisões em matéria de operações de concentração – art. 17.°1c) dos EsttAdC), bem como pela direcção dos serviços da AdC (note-se que a AdC dispõe dos serviços necessários ao desempenho das suas atribuições e de um quadro de pessoal próprio – arts. 26.° e 27.° dos EsttAdC). O outro órgão da AdC é o *fiscal único* (art. 23.° e ss.), responsável pelo controlo da legalidade e economia da sua gestão financeira e patrimonial.

No exercício dos seus *poderes de supervisão* (a que se juntam os poderes sancionatórios e os poderes de regulamentação), cabe à AdC instruir e decidir os procedimentos administrativos respeitantes a operações de concentração sujeitas a notificação prévia – art. 7.°3c dos EsttAdC. Assim, nos termos dos arts. 30.° e ss. da LDC, *a AdC é competente para receber a notificação, instruir o processo e adoptar a decisão que o encerra*. O recurso das decisões da AdC é interposto para o Tribunal de Comércio de Lisboa (art. 54.° da LDC e art. 38.° do EsttAdC). As decisões que proíbam uma operação de concentração são passíveis de *recurso extraordinário para o membro do Governo* responsável pela área da economia (art. 34.° do EsttAdC).

---

[326] Art. 2.° do Decreto-Lei n.° 10/2003 e art. 1.° dos Estatutos da Autoridade da Concorrência aprovados pelo mesmo diploma. Sobre o *orçamento, património* e *receitas*, vejam-se os arts. 29.° e ss. dos mesmos Estatutos.

[327] Aprovados pelo Decreto-Lei n.° 10/2003.

No confronto com o sistema anterior, é desde logo patente a "*desgovernamentalização* do processo de apreciação prévia das operações de concentração", bem como a "*unidade orgânica*" que se confere às funções anteriormente repartidas entre a DGCC, o CC e o Ministro responsável[328]. Se acrescentarmos a independência de que a AdC é dotada, bem como a sua autonomia administrativa e financeira, estarão reunidas as condições para que o controlo de concentrações assuma, entre nós, a credibilidade que lhe pertence. Resta saber quais serão os resultados da aplicação concreta deste regime, que dá agora os primeiros passos[329].

B) Âmbito de aplicação

1. OPERAÇÕES DE CONCENTRAÇÃO SUJEITAS A CONTROLO

I – Sectores abrangidos; II – Noção de concentração relevante.

I – Uma das novidades mais significativas do novo regime das concentrações foi a submissão da banca e dos seguros às regras gerais. Com efeito, a lei anterior exceptuava do controlo prévio as *operações de concentração envolvendo instituições de crédito, sociedades financeiras e empresas de seguros*[330]. Estas concen-

---

[328] Cfr. o ponto 4 do Preâmbulo do Decreto-Lei n.º 10/2003.

[329] Para uma sinopse das principais decisões já adoptadas pela AdC, pode ver-se *infra* o ponto III.E)3. As versões integrais ou resumidas das decisões, bem como os Relatórios de Actividades da AdC, podem ser consultados em www.autoridadedaconcorrencia.pt

[330] Art. 7.º2 do Decreto-Lei n.º 371/93. Criticando esta excepção, para mais perante a sujeição do mesmo tipo de operações de concentração, envolvendo empresas nacionais, ao RegCct, e considerando "irreversível" a futura submissão da banca à lei de defesa da concorrência, C. BAPTISTA LOBO, *Concorrência bancária?*, Almedina, Coimbra, 2001, p. 605.

trações apenas se encontravam sob a alçada das autoridades de supervisão financeira (Banco de Portugal e Instituto de Seguros de Portugal), as quais não se norteiam, predominantemente, por preocupações de índole concorrencial. Eliminada a excepção, também as concentrações envolvendo empresas financeiras e seguradoras serão apreciadas pela AdC, tendo já sido notificadas algumas operações[331].

Alargado foi também o âmbito geral da LDC (incluindo, portanto, o sistema de controlo das concentrações) de forma a abranger as empresas concessionárias de serviços públicos, anteriormente excluídas[332]. Em face do novo art. 3.º[333], a LDC aplica-se tanto a *empresas públicas* como às *empresas a quem o Estado tenha concedido direitos especiais ou exclusivos*, incluindo as empresas encarregadas por lei da gestão de serviços de interesse económico geral ou que tenham a natureza de monopólio legal. Só não será assim nos casos específicos em que a aplicação das regras da concorrência constitua obstáculo, de direito ou de facto, ao cumprimento da missão particular que a estas últimas empresas foi confiada. A solução, é bom de ver, está em sintonia com a disci-

---

[331] Sirvam de exemplo os casos Ccent. 28/2004 – *Caixa Seguros/ NHC (BCP Seguros),* (aprovação com condições, após investigação aprofundada, pela susceptibilidade de criar uma posição dominante que entravasse a concorrência efectiva em diversos mercados nacionais de seguros do ramo não vida); e Ccent. 02/2004 – *CGD/BES/ Locarent* (aquisição do controlo conjunto da Locarent – Companhia Portuguesa de Aluguer de Viaturas, S.A por parte da CGD e do BES; a AdC adoptou uma decisão de não-oposição de primeira fase por entender que a concentração não seria susceptível de criar ou reforçar uma posição dominante da qual possam resultar entraves significativos à concorrência efectiva no mercado nacional de *renting*).

[332] Pelo art. 41.º2 do Decreto-Lei n.º 371/93, que determinava a inaplicabilidade do regime "às empresas concessionadas pelo Estado por diploma próprio, no âmbito e na vigência do respectivo contrato de concessão".

[333] Todas as normas mencionadas neste Capítulo III sem indicação de proveniência referem-se à LDC.

plina comunitária na matéria, recolhida nos n.ºs 1 e 2 do art. 86.º CE[334].

II – A noção de concentração relevante para efeitos de aplicação da LDC é, *grosso modo*, semelhante à adoptada pelo RegCct[335]. Assenta na distinção entre as categorias da *fusão* e da *aquisição de controlo* – respectivamente, als. a) e b) do art. 8.º1.

A *fusão*, perante os dados do nosso ordenamento jurídico (em especial, perante o disposto no art. 97.º do Código das Sociedades Comerciais), abrange a "unificação de duas ou mais sociedades, extinguindo-se todas ou todas menos uma, transferindo-se globalmente os patrimónios das sociedades que se extinguem para a nova sociedade ou a incorporante, e tornando-se os sócios das sociedades extintas sócios da nova sociedade ou da incorporante"[336].

Quanto à *aquisição de controlo*, tanto pode ser feita *por uma* (ou várias) *empresa*(s), como *por uma pessoa singular detentora de, pelo menos, uma empresa*. O conceito de empresa, na acepção do art. 2.º1 da LDC, abrange qualquer entidade que exerça uma actividade económica que consista na oferta de bens ou serviços no mercado, independentemente do seu estatuto jurídico (seja, portanto, uma

---

[334] De acordo com a exposição de motivos da Proposta de Lei n.º 40/IX, que esteve na origem da LDC, o art. 86.º CE "revelou-se um preceito de grande equilíbrio entre os interesses da concorrência e os do serviço público, que tem permitido à jurisprudência não só evitar a discriminação entre empresas privadas e públicas, mas também encontrar, em nome do princípio da proporcionalidade, as soluções mais equilibradas no plano da política económica ou social, sem resvalar para intervenções dos poderes públicos na economia com carácter abusivo ou discriminatório".

[335] Recorde-se o que vimos *supra*, no ponto II.C)1.

[336] É a noção oferecida por J. COUTINHO DE ABREU, nos seus "Sumários de Direito das Empresas – Curso de Pós-Graduação em Direito das Empresas", policopiados, IDET, 2003. Ver, ainda, RAÚL VENTURA, *Fusão, cisão, transformação de sociedades*, Almedina, Coimbra, 1990.

pessoa jurídica singular ou colectiva, pública ou privada) e modo de funcionamento (*rectius*, modo de financiamento)³³⁷.

O controlo tanto pode ser *singular* como *colectivo*, e para a sua obtenção relevam tanto as *circunstâncias de facto como as de direito*, desde que aptas a possibilitar³³⁸ ao adquirente o exercício de uma *influência determinante sobre a actividade de uma empresa*. O art. 8.°3 da LDC exemplifica com a aquisição (total ou parcial) de participações sociais; com a aquisição (seja a título de propriedade, seja de uso ou de fruição) da totalidade ou de parte dos activos de uma empresa³³⁹; e, ainda, com a aquisição de direitos (ou a celebração de contratos) que confiram uma influência determinante na composição ou nas deliberações dos órgãos de uma empresa.

Como situação particular de obtenção de controlo autonomiza-se *a criação ou aquisição de uma empresa comum*, seguindo-se o critério comunitário do desempenho duradouro de todas as funções de uma entidade económica autónoma³⁴⁰ – art. 8.°2³⁴¹.

---

³³⁷ A referência ao "modo de funcionamento" parece configurar uma "tradução gralhada" –J. M. COUTINHO DE ABREU, *Curso de Direito Comercial*, vol. I, *cit*, p. 208. Na verdade, os acórdãos dos Tribunais comunitários utilizam, isso sim, a expressão "independentemente do seu modo de financiamento". O Autor critica ainda (pp. 209-210) a oportunidade da extensão operada pelo art. 2.°2 da LDC, que apenas fará sentido em casos particulares – e não com a abrangência genérica de que aparece dotada.

³³⁸ Possibilidade que pode ser adquirida pela via de um *contrato promessa* (cfr. Ccent. 03/2004 – *Lusomundo/Ocasião e Anuncipress*) ou, mesmo, através de uma promessa de compra tendo por correspectivo uma simples *opção de venda* (cfr. Ccent. 48/2003 – *EDP/CGD/NQF*).

³³⁹ Para um exemplo de trespasse de estabelecimento (no caso, a chamada unidade de *handling*), veja-se a Ccent. 43/2003 – *TAP/SPdH/PGA*; para um exemplo de aquisição de actividade (à qual correspondia, inclusive, um nome específico: "Hill-Rom Air-Shields"), ver Ccent 44/2003 – *Dräger Medical/ /Hillenbrand*.

³⁴⁰ Critério já aplicado pelo CC – interpretando o conceito "entidade económica autónoma de carácter duradouro" contido no art. 9.°1c) Decreto--Lei n.° 371/93 em conformidade com o direito comunitário – no Parecer emitido sobre a concentração relativa à criação da empresa comum Sport TV, *Conselho*

Mesmo que correspondentes ao conceito de concentração, excluídas estarão as operações previstas no art. 8.°4: aquisições realizadas no quadro do *processo especial de recuperação de empresas ou de falência*[342]; a aquisição de participações sociais com *mera função de garantia*; e, ainda, a aquisição lícita[343] de participações sociais em *empresas não financeiras feita por instituições de crédito*. As duas primeiras excepções transitam do regime anterior (art. 9.°3 do Decreto-Lei n.° 371/93, embora tenha

---

da Concorrência – Relatório de Actividade 1999, cit., pp. 156, ss. Sobre o conceito de *full function joint venture*, ver *supra*, ponto II.C)1, VI.

[341] Segundo os dados estatísticos divulgados pela AdC no seu *Relatório de Actividades 2003*, das 45 decisões adoptadas desde a sua entrada em funcionamento até 31 de Dezembro de 2003, o grosso (76%) consistiu em aquisições maioritárias de capital social; a seguir vieram as operações envolvendo a aquisição de activos (11%) e a aquisição de controlo conjunto (11%), quedando se em último lugar as ofertas públicas de aquisição (4%) e as fusões (2%). Note-se que esta sistematização não segue linearmente o critério legal fusão/aquisição de controlo exclusivo ou conjunto (art. 8.°1 LDC), atendendo de modo detalhado à natureza concreta da operação. No que toca à modalidade de concentração (cfr. *supra*, ponto I.B)2), 78% das decisões disseram respeito a concentrações horizontais e apenas 2% a concentrações verticais, registando-se 20% de decisões relativas a conglomerados.

[342] Vigora, pois, entre nós, uma espécie apriorística de *failing firm defense*, já que o argumento da empresa insolvente se basta com a constatação da própria insolvência (cfr. art. 3.° do Código da Insolvência e da Recuperação de Empresas, aprovado pelo Decreto-Lei n.° 53/2004, de 18 de Março; a propósito, note-se a alteração terminológica introduzida pelo novo diploma, que refere o processo *de insolvência* e não de falência), sem requisitos adicionais de índole concorrencial (cfr., no plano comunitário, o que dissemos *supra*, ponto II.F)4), IV).

[343] Quer dizer, não proibida pelo art. 101.° do Regime Geral das Instituições de Crédito e Sociedades Financeiras, que impede as instituições de crédito de deter, directa ou indirectamente, numa sociedade não financeira, por prazo seguido ou interpolado superior a três anos, participação que lhes confira *mais de 25% dos direitos de voto*. Sobre a possibilidade de exercer uma influência determinante sem possuir a maioria dos direitos de voto, ver o que dissemos *supra*, no ponto II.C)1.

desaparecido a referência à aquisição de participações com função de satisfação de créditos); a última é novidade, mas com reminiscências do tratamento de favor que o regime anterior dispensava ao sector financeiro.

2. AFERIÇÃO DO IMPACTO NACIONAL

I – Concentrações abrangidas; II – Cálculo da quota de mercado e do volume de negócios.

I – Segundo o art. 1.°2, caem sob a alçada da LDC as operações de concentração que ocorram em *território nacional* ou que neste tenham ou possam ter efeitos[344]. Concretizando o critério de modo a abranger as concentrações susceptíveis de, pela sua envergadura, gerar maiores preocupações no plano da concorrência, sujeita o art. 9.°1 a notificação prévia *as operações que preencham uma de duas condições alternativas.*

A primeira configura um parâmetro predominantemente qualitativo, que assenta na *posição das empresas no mercado* após a realização da concentração: diz respeito às operações que criem ou

---

[344] De acordo com os dados estatísticos divulgados pela AdC no seu *Relatório de Actividades 2003*, no que toca à sistematização das decisões segundo a *localização geográfica* das empresas envolvidas, a maior fatia é constituída por operações de concentração inteiramente domésticas (49%). Registou-se um caso (correspondendo, estatisticamente, a 2%) de *reenvio à Comissão* de uma concentração notificada, utilizando o mecanismo do art. 22.° do RegCct (Ccent. 11/2003 – *GE/AGFA*, que envolvia a aquisição da totalidade dos activos do fabrico e venda de testes não destrutivos da AGFA pela General Electrics). É interessante notar que o caso Ccent 44/2003 – *Dräger Medical/ /Hillenbrand*, apreciado pela AdC, envolvia uma sociedade *holding* de direito norte-americano, uma *joint-venture* de direito alemão e uma sociedade constituída em Delaware, EUA, para servir de veículo à operação, além de abranger activos situados fora de Portugal (incluindo instalações para a produção, uma fábrica e equipamento localizado na Pensilvânia, EUA).

reforcem uma *quota superior a 30%* no mercado nacional de determinado bem ou serviço (ou numa sua parte substancial) – art. 9.°1a).

A segunda utiliza um parâmetro quantitativo, exigindo que o volume negócios realizado em Portugal pelo *conjunto das empresas participantes na concentração* seja superior a 150 milhões de euros. Adiciona-lhe, contudo, um requisito suplementar – a saber, que o volume de negócios realizado individualmente em Portugal *por, pelo menos, duas dessas empresas* seja superior a 2 milhões de euros. O objectivo deste aditamento foi o de evitar a obrigatoriedade de notificar operações de concentração em que uma das partes realiza em Portugal um volume de negócios *insignificante* ou não está *sequer presente* no mercado português. Tal é susceptível de ocorrer quando a aquisição de uma empresa situada em Portugal *tem lugar por arrastamento* de uma operação de carácter mais vasto – mas desprovida de dimensão comunitária, caso contrário deixaria de se aplicar a lei portuguesa[345] – levada a cabo por uma empresa presente em outros países[346]

II – O *apuramento do volume de negócios* – essencial para determinar não só se a operação preenche o critério do art. 9.°1b), como ainda, para calcular a quota de mercado utilizada como parâmetro pelo art. 9.°1a)[347] – faz-se de acordo com as regras do art. 10.°[349].

---

[345] Ver *supra*, ponto II.B)1.

[346] Assim discorre a exposição de motivos da Proposta de Lei n.° 40/IX (que deu origem à LDC) no seu ponto 4, onde se alude à inspiração no regime espanhol.

A prática recente, contudo, revela que *não houve qualquer notificação decorrente do preenchimento da al. b) do art. 9.°1*: em 64,4% dos casos decididos o volume de negócios das empresas ficou aquém dos 5 milhões de euros, sendo que ao escalão mais elevado (intervalo compreendido entre os 50 e os 100 milhões de euros) apenas ascenderam 6,8% dos casos. Nenhuma concentração ultrapassou, pois, a barreira dos 100 milhões de euros.

[347] Na medida em que a quota de mercado de cada empresa depende da relação entre o seu volume de negócios e o volume de negócios total do mer-

O volume de negócios relevante é calculando em função do valor dos produtos vendidos e dos serviços prestados a empresas e consumidores em território português, líquido dos impostos com ele directamente relacionados (art. 10.°3). Sempre que uma das empresas envolvidas numa concentração *pertença a um grupo* na acepção circunscrita pelo art. 10.°1, als. a) a e), não se atende ao volume de negócios interno (*i.e.*, verificado entre as empresas do grupo), mas releva o volume de negócios gerado pelo conjunto das empresas do grupo nas suas relações com terceiros (art. 10.°1 e 2) – o que se explica na medida em que se pretende obter o peso económico real dos recursos agregados pela operação de concentração.

No que toca à *aquisição de partes de empresas*, sejam ou não dotadas de personalidade jurídica, só se tem em consideração o volume de negócios relativo às parcelas que são objecto da transacção (art. 10.°4).

Por último, se estiverem envolvidas *instituições de crédito* (ou outras instituições financeiras) *e companhias de seguros*, nas operações de cálculo o volume de negócios deve ser substituído, respectivamente, pela soma das rubricas de proveitos enunciadas e pelo valor dos prémios brutos emitidos (art. 10.°5).

---

cado (*i.e.*, aquele que resulta do somatório do volume de negócios de todos os participantes).

[348] Regras muito similares às que vigoram no domínio do RegCct – cfr. *supra*, ponto II.C)2, II e III.

C) Tramitação processual

1. NOTIFICAÇÃO

I – Prazo para apresentação e consequências da falta de notificação; II – Conteúdo da notificação; III – Produção de efeitos, pagamento de taxas e publicação; IV – A regra da suspensão da operação.

I – As operações de concentração que preencham um dos requisitos enunciados pelo art. 9.°1 devem ser notificadas no prazo de sete dias úteis a contar da conclusão do acordo (art. 9.°2). Se a concentração implicar uma oferta pública de aquisição ou de troca, deve ser notificada até à data da publicação do respectivo anúncio[349]; se consistir na aquisição de uma participação de controlo, a notificação deve ocorrer até à data em que a aquisição se realiza.

Pese embora a confessada inspiração comunitária do regime nacional das concentrações, a disciplina em matéria de notificação afasta-se quer da anterior redacção do RegCct quer, sobretudo, da actual. Na verdade, *o primitivo RegCct* dava às partes uma semana após a ocorrência de qualquer um dos factos relevantes (fosse a celebração do acordo, fosse o anúncio da oferta pública de aquisição ou troca, fosse a aquisição de uma participação de controlo) para proceder à notificação da operação. Mas mesmo esse prazo foi eliminado *na versão actual do RegCct*, por se entender que a regra da suspensão das concentrações até à sua notificação e aprovação seria suficiente para garantir os objectivos visados, não se tornando necessário sobrecarregar as partes com a pressão do cumprimento de prazos de entrega[350].

Repare-se, ainda, na discrepância que a lei portuguesa introduz no tratamento, para efeitos de notificação, das concentrações que

---

[349] Cfr. a disciplina prescrita pelos arts. 173.°, ss., do Código dos Valores Mobiliários.

[350] Veja-se o que dissemos *supra*, pontos II.D)2 e II.D)3.

implicam a "aquisição de uma participação de controlo": essa aquisição será, na maioria dos casos, levada a cabo *através de um acordo*; todavia, não beneficiam as partes do prazo de sete dias que vigora, por exemplo, para os acordos de fusão.

A falta de notificação de uma operação abrangida pelo art. 9.° determina a possibilidade de *aplicação de uma coima* não superior a 1% do volume de negócios que cada uma das empresas realizou no ano anterior (art. 43.°3a). Além disso, tem a AdC a faculdade de impor às empresas relapsas uma sanção pecuniária compulsória (num montante que pode ir até 5% da média diária do volume de negócios) por cada dia de atraso na apresentação da notificação, a contar da data fixada na decisão (art. 46.°b)[351].

Sem prejuízo destas consequências sancionatórias, a falta de notificação confere ainda à AdC o poder de *dar início a um procedimento oficioso de apreciação da concentração*, nos termos do art. 40.°1a). Este procedimento caracteriza-se, essencialmente, pelo facto de a AdC deixar de estar submetida aos *limites temporais* prescritos pelos arts. 32.° a 37 na sua tomada de decisão; as empresas relapsas como que "perdem o benefício do prazo". Para obter os dados necessários, a AdC intima as empresas para que procedam à notificação no período que lhes fixar (art. 40.°3), podendo cominar, em simultâneo, uma sanção pecuniária compulsória destinada a incentivar a rapidez no cumprimento da obrigação de notificar.

---

[351] Ainda ao abrigo do prescrito pelo diploma anterior, adoptou já a AdC duas decisões de aplicação de coima por ausência de notificação. Aplicou uma coima à Edinfor-Sistemas Informáticos, SA. (15 000 euros) e a quatro accionistas da CASE (1 000 euros a cada) por ausência de notificação da operação de constituição da empresa comum ACE Holding SGPS (houve atenuação especial da punição por os arguidos terem actuado com erro sobre a ilicitude – art. 18.°3 do RGCO). Aplicou, ainda, uma coima de 75.000 euros à Secil – Betões e Inertes (SGPS), S.A., por não notificação da aquisição de 64,35% do capital social da empresa Almeida & Carvalhais, Lda. Ambas as decisões obtiveram confirmação judicial, mas no caso Secil o Tribunal de Comércio reduziu a coima para 20.000 euros.

II – Nos termos do art. 31.º, *a notificação deverá ser apresentada à AdC pelas pessoas ou empresas envolvidas na operação de concentração* – as que intervêm na fusão ou as que pretendem adquirir o controlo conjunto ou singular. As notificações conjuntas serão entregues por um representante comum, com poderes para enviar e receber documentos em nome de todas as partes notificantes.

Cumprindo o disposto no art. 31.º3, a AdC aprovou o Formulário de Notificação de Operações de Concentração de Empresas (FormNtf), que as partes devem utilizar para notificar as suas concentrações.

No que respeita ao *volume de informação a prestar*, não fica, porém, a AdC limitada pelo FormNtf, já que, sempre que tal se mostre necessário, pode, no decurso da apreciação, solicitar informações adicionais a qualquer das partes envolvidas na concentração, utilizando os expedientes legais apropriados[352].

Simetricamente, tem a AdC *o poder de dispensar as partes da apresentação de certas informações ou documentos* que se revelem desnecessários para a concreta apreciação. De acordo com o FormNtf, cabe *prima facie* às partes notificantes a avaliação da necessidade de preencher ou não todos os pontos do Formulário, tendo presentes os critérios de apreciação das operações de concentração contidos no art. 12.º da LDC. Mas o FormNtf circunscreve um acervo mínimo de informação que não poderá deixar de ser fornecida e, como é evidente, não sai prejudicada uma superveniente decisão da AdC no sentido de exigir a prestação da totalidade ou de parte das informações inicialmente omitidas.

A informação fornecida deve ser o mais correcta e completa possível; para fomentar a eficiência e celeridade, deve obedecer aos itens previstos no FormNtf, seguindo obrigatoriamente a numeração e secções nele discriminadas.

Se qualquer das entidades participantes na concentração considerar que a notificação contém informação comercialmente

---

[352] Ver *infra*, ponto III.D)1.

sensível, não devendo ser objecto de divulgação, cabe-lhe assinalar esses elementos com o termo "confidencial" e indicar o respectivo fundamento. Compete à AdC, todavia, a decisão relativa à manutenção da confidencialidade (ponto E do FormNtf).

A secção I do FormNtf compreende as informações de carácter geral a prestar relativamente a cada uma das empresas participantes na concentração – a sua identificação e o tipo de actividade económica que desenvolvem –, bem como a indicação da (eventual) notificação da operação a outras autoridades nacionais de defesa da concorrência.

A secção II do FormNtf ocupa-se das informações relativas à descrição da operação de concentração – a sua natureza e tipo; o volume de negócios envolvido; a estrutura económica e financeira da operação e a calendarização prevista para os actos necessários à sua realização; a estrutura da propriedade e os meios de controlo anteriores e posteriores à concretização da operação; as relações pessoais e financeiras.

A secção III ocupa-se do mercado relevante – nas suas coordenadas geográficas e relativas aos produtos e serviços transaccionados; na sua relação com mercados adjacentes e nos parâmetros atinentes à sua própria dimensão.

A secção IV desempenha a função residual de acolher informações importantes que não hajam ainda sido prestadas noutro ponto do FormNtf – como, por exemplo, a enumeração dos factores que influenciam a entrada e saída do mercado e dos concorrentes potenciais que possam fazer a sua entrada num lapso de tempo razoável; a apresentação de estudos que demonstrem as preferências dos consumidores; informações relativas à fase em que se encontra o mercado e à situação das infra-estruturas essenciais quanto a controlo e acesso; ou, ainda, indicações sobre o contributo da concentração para a evolução do progresso técnico e económico, bem como estudos que demonstrem a importância da operação para a competitividade internacional da economia portuguesa. Poderão ainda ser fornecidos quaisquer outros elementos que as partes notificantes considerem úteis, à luz dos critérios legais de apreciação das operações de concentração.

Finalmente, a secção V contempla as assinaturas relevantes, além das declarações de veracidade e carácter completo das informações prestadas. A notificação deve ser apresentada em número de três exemplares (um original e duas cópias) e apenas fazem fé as versões apresentadas em suporte de papel, devidamente identificadas e assinadas.

III – O momento fixado para a *produção de efeitos pela notificação* não é do da sua recepção pela AdC mas sim a *data de pagamento da taxa devida pela apreciação da operação de concentração*– arts. 32.º1 e 56.º1a). A matéria é objecto do Regulamento N.º 1/E/2003 – Taxas Aplicáveis à Apreciação de Operações de Concentração de Empresas, aprovado pela AdC nos termos do art. 56.º2 da LDC[353].

O montante a pagar depende do *grau de complexidade* da apreciação requerida, tomando como indicadores o volume de negócios das empresas envolvidas e a (des)necessidade de transitar para a fase de investigação aprofundada. Numa lógica diferente, de *cariz sancionatório*, impõe-se um regime de taxa agravada para os procedimentos oficiosos previstos no artigo 40.º da LDC (falta de notificação; autorização baseada em informações falsas ou inexactas; desrespeito por obrigações ou condições impostas).

Em função do *volume de negócios* das empresas participantes, são discriminados *três escalões,* correspondentes ao pagamento de taxas no valor de 7.500, 15.000 e 25.000. Sempre que a AdC iniciar uma investigação aprofundada, será supervenientemente devida uma taxa adicional correspondente a 50% da taxa-base inicial[354]. Nos casos de procedimento oficioso, a taxa-base aplicável será elevada para o dobro.

---

[353] Quanto aos poderes de regulamentação da AdC, cfr. o art. 7.º1 e 4 dos EsttAdC e o art. 21.º da LDC.

[354] No caso Ccent 47/2003 – PPTV / PT Conteúdos, devido a um diferendo relacionado com a existência de suspensão do prazo da instrução em virtude do pedido de parecer dirigido à AACS, a notificante não procedeu, até

O pagamento da taxa deve ser efectuado *a partir da data da apresentação da notificação,* através de transferência bancária para a conta identificada no *site* da Autoridade da Concorrência, a quem (no próprio dia da realização do pagamento) deverá ser remetido o comprovativo. Nas hipóteses de investigação aprofundada ou de procedimento oficioso, o pagamento da taxa é efectuado no prazo fixado em notificação dirigida pela Autoridade da Concorrência às pessoas ou empresas responsáveis.

A notificação pode, contudo, vir a produzir efeitos num momento posterior, sempre que os elementos dela constantes estejam incompletos ou se revelem inexactos, hipótese em que a AdC dispõe de sete dias úteis para convidar por escrito os seus autores a completá-la ou corrigi-la, dentro do prazo que entender fixar-lhes. A produção de efeitos só terá, então, início na *data da recepção dos elementos* em causa pela AdC (art. 32.°2).

Nos 5 dias posteriores à data de produção de efeitos, cabe à AdC promover a publicação dos elementos essenciais da notificação, para que terceiros interessados possam apresentar observações dentro do prazo fixado (nunca menos de 10 dias). A publicação será feita em dois jornais de expansão nacional e os respectivos custos serão suportados pelos autores da notificação (art. 33.°).

Saliente-se que tanto o pagamento de uma taxa como a obrigatoriedade de publicação da notificação constituem *novidades da actual LDC* em face do sistema anterior.

A *imposição de uma taxa* compreende-se se atentarmos na natureza semi-pública do bem em causa[355]. A apreciação das

---

ao momento da tomada da decisão final, ao pagamento da taxa correspondente à passagem à fase de investigação aprofundada (alegando que se havia registado um deferimento tácito). A AdC, no n.° 14 da decisão, afirma a intenção de "dar cumprimento ao disposto no artigo 56.°, n.° 3, da Lei da Concorrência, que prevê a cobrança coerciva das dívidas provenientes da falta de pagamento das taxas, mediante processo de execução fiscal, servindo como título executivo a certidão passada pela Autoridade".

[355] Bem semi-público é aquele que satisfaz, «além de necessidades colectivas, necessidades individuais, isto é, necessidades de satisfação activa,

operações de concentração notificadas satisfaz, ao mesmo tempo, a necessidade colectiva de que sejam asseguradas as estruturas concorrenciais do mercado e as necessidades individuais das empresas que pretendem concretizar os seus projectos estratégicos. E, «precisamente porque os bens semipúblicos satisfazem necessidades individuais, o Estado já pode conhecer quem é que particularmente pretende utilizá-los ou os utiliza, e pode, por conseguinte, tornar essa utilização dependente de, ou relacioná-la com, o pagamento de certa quantia»[356]. No quadro da Lei Geral Tributária, aprovada pelo Decreto-Lei n.º 398/98, de 17 de Dezembro, estamos, pois, perante uma taxa assente «na prestação concreta de um serviço público» (art. 4.º, n.º 2); o sujeito activo da relação tributária é, segundo o art. 18.º1 do mesmo diploma «a entidade de direito público titular do direito de exigir o cumprimento», no caso, a AdC. Para finalizar, recorde-se que o art. 31.ºa) dos EsttAdC inclui no elenco das receitas da AdC "as taxas cobradas pelos serviços prestados".

Quanto à *publicação de um extracto da notificação*, é de saudar, na medida em que promove a transparência e alarga a possibilidade de participação de terceiros interessados ao conferir divulgação adequada ao projecto de concentração.

IV – A nova LDC consagra, em harmonia com o regime comunitário, *a regra da suspensão*: a concentração não pode realizar-se *antes de ter sido notificada e aprovada pela AdC* (art. 11.º1). As ofertas públicas de compra ou de troca podem realizar-se, mas o adquirente fica impedido de exercer os direitos de voto inerentes às participações sociais em causa (art. 11.º3). A AdC pode conceder, a pedido fundamentado das empresas, uma *derrogação à regra da suspensão*, contrapesando os efeitos perniciosos que a paralisação

---

necessidades cuja satisfação exige a procura das coisas» – J. J. TEIXEIRA RIBEIRO, «Noção jurídica de taxa», *Revista de Legislação e de Jurisprudência*, ano 117.º, n.º 3727, Fevereiro de 1985, pp. 298, ss., p. 291.

[356] *Idem, ibidem.*

da operação acarreta para as empresas com os efeitos negativos que a sua imediata realização pode provocar na concorrência (art. 11.°4). Se optar pela concessão da derrogação, tem a faculdade de a fazer acompanhar de condições ou obrigações destinadas a assegurar uma concorrência efectiva.

O *desrespeito pela regra da suspensão* (ou a violação das condições e obrigações associadas à sua derrogação) faz incorrer os autores na contra-ordenação prevista e punida pelo art. 43.°1b) (ou 43.°1c), que prevê que o montante da coima possa ascender aos 10% do volume de negócios do último ano.

Quanto aos *negócios jurídicos celebrados* como intuito de realizar a operação suspensa, a respectiva validade fica dependente da (futura e eventual) autorização da operação pela AdC – art. 11.°2. Esta solução merece-nos alguns reparos[357]. Note-se que nos referimos exclusivamente aos problemas levantados no plano do direito civil, não à moldura sancionatória das condutas (consubstanciadas na conclusão de negócios jurídicos) violadoras da regra da suspensão.

Comece por se dizer que a categoria jurídica da invalidade diz respeito a *patologias formativas* do negócio jurídico, *i.e.*, a uma «ausência de produção dos efeitos negociais» decorrente de «vícios ou deficiências do negócio, contemporâneos da sua formação»[358]. Ora o que o art. 11.°2 faz é *colocar a validade dos negócios a que respeita na dependência de uma decisão a tomar no futuro pela AdC*. Pode objectar-se que a decisão da AdC se limita a aferir a compatibilidade da operação com os critérios legais, plasmados no art. 12.° da LDC e que essa concordância existe (ou não) desde a conclusão dos negócios. Mas não deixa de ser difícil responder à questão de saber qual o valor do acto jurídico no período que vai da sua realização até à decisão da AdC.

---

[357] Similares aos que expendemos *supra*, no ponto III.D)3.
[358] C. MOTA PINTO, *Teoria Geral do Direito Civil, cit.*, p. 605.

Caso se levante em tribunal o problema da sua validade (eventualmente até ao abrigo de uma providência cautelar que obrigue a uma reacção célere), que deverá o tribunal decidir, se ainda não estiver disponível a decisão da AdC da qual depende o valor jurídico do negócio? E não será pouco ortodoxa a situação em que o órgão judicial encarregado de declarar a nulidade ou de anular os negócios jurídicos inválidos (arts. 285.°, ss., CCiv) não tem possibilidade de desempenhar essa tarefa, porque a apreciação dos requisitos do art. 12.° da LDC cabe, nesse entre-tempo, apenas à autoridade administrativa? Mais: tratar-se-á de uma nulidade ou de uma anulabilidade a sanção cominada pelo art. 11.°2? Se conjugarmos a norma com ao art. 41.°a) da LDC, concluímos que se tratará de uma *nulidade*.

Por outro lado, não faz sentido que o regime da suspensão abranja os negócios jurídicos que desencadeiam o dever de notificar (ou, pelo menos, o acordo – art. 9.°2). Mas, se assim for, que regime devemos aplicar aos *resultados produzidos por mero efeito do contrato – v.g.*, transmissões de propriedade ou de outros direitos –, ou seja, às atribuições patrimoniais que executam e concretizam a operação de concentração, embora não correspondam à realização exterior de quaisquer actos? A produção automática destes efeitos, seguindo as regras do regime civil, representa uma violação do prescrito pelo art. 11.°2?

Tudo somado, *afigurava-se-nos mais simples e adequada a solução do direito português anterior*. Entendemos que não se justificava, nesta matéria, uma aproximação ao RegCct. Compreende-se que o legislador comunitário não se tivesse preocupado em demasia com a matéria – caso a questão da validade dos negócios concretizadores de uma operação sob apreciação da Comissão se viesse a colocar no ordenamento jurídico de um Estado-membro, a solução caberia ao direito nacional, respeitando o art. 7.° à luz do Considerando 34 do RegCct. Idêntica não pode ser a abordagem do legislador nacional, que é responsável pela criação de normas a integrar num todo que se deseja coerente.

E pela coerência se pautava a solução anterior: os negócios jurídicos celebrados como o intuito de realizar a concentração *estavam feridos de ineficácia até sobrevir a decisão de autorização* (art. 7.°4 do Decreto-Lei n.° 371/93). Por outras palavras: eram válidos, mas não produziam efeitos. Se a operação viesse a ser autorizada, desencadeava-se a produção de efeitos[359]; se a operação viesse a ser proibida (algo que nunca sucedeu), na medida em que se o requisito fosse de qualificar como condição legal, deveria considerar-se o negócio extinto por caducidade[360]. Caso surgisse um litígio a dirimir, no entretanto, o tribunal teria em conta que se tratava de direitos e obrigações com eficácia suspensa, aplicando regime correspondente (arts. 272.° a 274.° do CCiv).

No quadro jurídico actual, em face das interrogações suscitadas pela articulação do art. 11.°2 com o regime civil da invalidade, será prudente que *as partes notificantes condicionem convencionalmente a eficácia dos seus acordos à aprovação da operação pela AdC*, de modo a resolver expeditamente qualquer querela surgida (não só, mas sobretudo) no decurso da fase de apreciação[361].

---

[359] Em princípio, com eficácia retroactiva (art. 276.° CCiv).

[360] C. MOTA PINTO, *Teoria Geral do Direito Civil*, cit., p. 606, nota (1). Recorde-se que para os negócios de concretização *realizados após a proibição* de uma concentração vigorava a sanção da nulidade (art. 34.°3 do Decreto-Lei n.° 371/93) – o que também fazia todo o sentido, dado que contrariavam, *ab initio*, uma norma legal e uma decisão administrativa.

[361] E é o que tende a suceder: na Ccent 47/2003 – *PPTV / PT Conteúdos*, as partes sujeitaram os contratos de compra e venda de acções e de aquisição dos direitos de transmissão televisiva à condição suspensiva de emissão por parte da AdC de uma decisão definitiva de não oposição à operação com os contornos delineados; na Ccent. 03/2004 – *Lusomundo/Ocasião e Anuncipress*, as partes do contrato-promessa de cessão de quotas condicionaram a obrigação de celebração do contrato definitivo à emissão, por parte da AdC, de uma decisão de não oposição.

2. PROCESSO DE DECISÃO

I – Instrução e decisão de primeira fase; II – Investigação aprofundada e decisão de segunda fase.

I – A primeira fase do processo de apreciação das operações de concentração tem a duração máxima de 30 dias, contados a partir da data em que a notificação produz efeitos, e destina-se à *instrução* do procedimento(art. 34.°1)[362]. O prazo suspender-se-á, contudo, se a AdC considerar *necessária* a prestação de documentos adicionais ou a correcção dos que foram fornecidos, durante o lapso de tempo que mediar da comunicação do facto aos autores da notificação até à recepção dos documentos solicitados (art. 34.°2 e 3).

Também a *audiência de interessados* suspende o cômputo do prazo da fase de instrução (art. 38.°4). A categoria legal dos interessados abrange, segundo o art. 38.°1, tanto os *autores da notificação* como os *contra-interessados (i.e.,* aqueles que em sede própria se hajam manifestado desfavoravelmente quanto à realização da concentração); vale a regra de que *todos deverão ser ouvidos antes de se tomar uma decisão*. Todavia, se a AdC pretender adoptar uma decisão de não oposição simples e se não existirem contra-interessados, o art. 38.°2 permite que se dispense a audiência dos notificantes. Esta solução compreende-se, uma vez que não avulta o seu interesse em ser ouvidos: a decisão é-lhes favorável e não há compromissos a discutir, nem terceiros para contraditar.

---

[362] Note-se que o regime subsidiariamente aplicável ao procedimento de controlo de concentração é o do Código do Procedimento Administrativo (art. 30.° da LDC), pelo que a contagem dos prazos segue o disposto no art. 72 do CPA: o prazo suspende-se aos sábados, domingos e feriados; não se inclui na contagem o dia em que ocorrer o evento a partir do qual começa a contagem; se o termo do prazo coincidir com dia em que o serviço perante o qual deva ser praticado o acto não esteja aberto ao público, ou não funcione durante o período normal, transfere-se para o primeiro dia útil seguinte.

No decurso da instrução, a AdC possui *a faculdade de solicitar a quaisquer entidades, públicas ou privadas*, as informações que considere convenientes para a sua tomada de decisão (art. 34.°4), dispondo dos meios e dos poderes previstos nos arts. 17.° e ss. da LDC[363].

Caso a concentração notificada tenha incidência num mercado objecto de regulação sectorial, *deve ser ouvida a respectiva autoridade reguladora*, a qual se pronuncia a solicitação da AdC e dentro do prazo razoável por ela fixado[364].

No caso de operações de concentração em que participem empresas jornalísticas ou noticiosas, a *Alta Autoridade para a Comunicação Social* (AACS) emitirá parecer prévio vinculativo, parecer que deverá ser negativo quando estiver comprovadamente em causa a livre expressão e confronto das diversas correntes de opinião (art. 4.°4 da Lei de Imprensa, aprovada pela Lei n.° 2/99, de 13 de Janeiro, na redacção conferida pelo art. 57.° da LDC)[365].

---

[363] Para maiores detalhes, ver *infra*, ponto III.D)1.

[364] Sem prejuízo dos *poderes específicos* que ao regulador sectorial caibam no que respeita à operação de concentração – art. 39.°2. O art. 6.° do Decreto-Lei n.° 10/2003, de 18 de Janeiro, estabelece a moldura geral da articulação das competências entre a AdC e os reguladores sectoriais. São entidades reguladoras sectoriais, entre outras: o Banco de Portugal (BP); o Instituto de Seguros de Portugal (ISP); a Comissão do Mercado de Valores Mobiliários (CMVM); a Entidade Reguladora dos Serviços Energéticos (ERSE); o ICP – Autoridade Nacional de Comunicações (ICP – ANACOM); o Instituto Regulador das Águas e Resíduos (IRAR); o Instituto Nacional do Transporte Ferroviário (INTF); o Instituto Nacional de Aviação Civil (INAC); e o Instituto dos Mercados de Obras Públicas e Particulares e do Imobiliário (IMOPPI). Registe-se, por exemplo, que, no caso Ccent. 48/2003 – EDP/CGD/NQF, o parecer da ERSE exprimia o entendimento de que a concentração não levantava problemas do ponto de vista da regulação, mas advertia para a circunstância de a transmissão de acções no cerne da operação carecer, nos termos das normas aplicáveis e sob pena de nulidade, da autorização prévia do Ministro da Economia.

[365] Segundo o entendimento (que nos parece correcto – veja-se o art. 98.°3 do CPA, *a contrario*, e o art. 31.°, também do CPA) da AdC, *o prazo para completar a instrução suspende-se* entre o momento do pedido de parecer prévio (obrigatório e vinculativo) dirigido à AACS e o momento da emissão do parecer

Até ao termo da primeira fase, deve a AdC adoptar uma das decisões previstas no art. 35.°[366]. Pode, desde logo, decidir que a operação *não preenche os parâmetros que determinam a obrigação de notificação prévia*, não estando pois submetida ao escrutínio da LDC[367]. Pode, igualmente, decidir que a operação, tal como foi notificada ou após as alterações subsequentemente introduzidas, não ofende os critérios do art. 12.°, justificando uma *decisão de não oposição*. Esta autorização pode ser *simples*[368] ou acompanhada da imposição de *condições e obrigações* destinadas a garantir o respeito pelos compromissos assumidos com vista a assegurar a manutenção de uma concorrência efectiva (art. 35.°3)[369].

O *posterior desrespeito pelos compromissos* acarreta diversas consequências, desde a nulidade dos negócios jurídicos que os

---

(Ccent 47/2003 – *PPTV / PT Conteúdos*, n.° 128). Em geral, sobre os problemas levantados na experiência comunitária e de diversos países europeus no que toca às concentrações envolvendo os *media*, cfr. A. PÉREZ GÓMEZ, *El control de las concentraciones de medios de comunicación: derecho español y comparado*, Dykinson, Madrid, 2002.

[366] Prescreve o CPA (arts. 66.° e 69.°) que devem ser notificadas aos interessados, no prazo de oito dias, os actos administrativos que decidam sobre pretensões por eles formuladas. A notificação deve conter, nomeadamente, o texto integral do acto administrativo (ou a indicação resumida do seu conteúdo e objecto, quando o acto tiver deferido inteiramente a pretensão formulada), bem como a indicação do órgão competente para apreciar a impugnação do acto e o prazo para este efeito, no caso de o acto não ser susceptível de recurso contencioso (art. 68.° do CPA).

[367] O que sucedeu com 27% das operações notificadas em 2003, um número significativo no entender da própria AdC (*Relatório de Actividades 2003*, p. 41).

[368] Como se verificou na maioria dos casos em 2003 – 60% das decisões adoptadas foram decisões de não-oposição no termo da primeira fase (*Relatório de Actividades 2003*, p. 41).

[369] Apenas houve uma decisão de não-oposição com compromissos no termo da primeira fase em 2003; em 2004, registaram-se duas (Ccent. 03/2004 – *Lusomundo/Ocasião e Anuncipress*, decisão de 19.04.2004, e Ccent. 16/2004 – *CTT/Visabeira / CTT IMO*, decisão de 14.07.2004).

contrariem (art. 41.°b) até à instauração de uma nova apreciação da operação, desta feita seguindo o procedimento oficioso (art. 40.°1c e 4)[370]. Constitui, igualmente, uma contra-ordenação punível com coima até 10% do volume de negócios (art. 43.°1d).

Mas se a AdC concluir que, à luz dos elementos recolhidos, a operação é susceptível de criar ou reforçar uma posição dominante da qual resultem entraves significativos a uma concorrência efectiva, tomará a *decisão de dar início a uma investigação aprofundada* – ou seja, transita-se para segunda fase do controlo das concentrações[371].

Na hipótese de a AdC não adoptar nenhuma decisão até ao fim do prazo previsto, *considera-se verificada uma autorização tácita*: o comportamento omissivo vale como decisão de não oposição (art. 35.°4)[372].

---

[370] Este procedimento oficioso, ao contrário do que sucede com as outras duas hipóteses previstas no art. 40.° (falta de notificação ou prestação de informações falsas ou inexactas) não determina a ausência de prazo para a (nova) apreciação da concentração (art. 43.°3, *a contrario*). O que é peculiar, pois a ideia sancionatória de «perda do benefício do prazo» vale plenamente, também, nesta situação.

[371] O que já sucedeu diversas vezes: Ccent 44/2003 – *Dräger Medical/ /Hillenbrand*; Ccent 47/2003 – *PPTV – Publicidade de Portugal e Televisão, S.A. / PT Conteúdos, S.G.P.S., S.A.*; Ccent. N.° 8/ 2004 – *United Biscuits Iberia S.L / Triunfo-Produtos Alimentares, S.A*; Ccent. 48/2003 – *EDP/CGD/NQF (Portgás)*; Ccent. 21/2004 – *REN/GDP/Rede de Transporte de Gás Natural em Alta Pressão*; e Ccent. 28/2004 – *Caixa Seguros/ NHC (BCP Seguros)*. Em todos estes casos (excepto no penúltimo, cuja investigação ainda está em curso) veio a ser adoptada uma decisão de não oposição mediante a imposição de compromissos.

[372] Veja-se também a regra geral do art. 108.°1 do CPA. Segundo os dados divulgados pela AdC no seu *Relatório de Actividades 2003*, das 45 decisões adoptadas desde a sua entrada em funcionamento até 31 de Dezembro de 2003, três foram de aprovação tácita. Questões relacionadas com a aplicação da lei no tempo (60% das concentrações ainda foram notificadas ao abrigo do diploma anterior) estiveram na origem da extinção dos três procedimentos (Ccent. 22/2003 – *NMC/ Dinefro*; Ccent. 25/2003 – *NMC/CCV*; e Ccent.12/2003 – *Lusomundo / Warner Lusomundo*).

Note-se que se a decisão de não oposição (expressa ou tácita, com ou sem compromissos) houver sido baseada em *informações falsas ou inexactas, relativas a circunstâncias essenciais para a decisão e fornecidas pelos participantes* na operação, terá lugar nova apreciação através de procedimento oficioso não submetido a prazos (art. 40.º1b e 3), podendo a AdC lançar mão da sanção pecuniária compulsória prevista no art. 46.ºc) para pressionar à sua tempestiva correcção. Se as informações falsas ou inexactas não tiverem sido prestadas na notificação e sim *em resposta a um pedido da AdC*, pode ter lugar a aplicação da coima prescrita pelo art. 42.º3b)[373].

II – Se a AdC considerar necessário proceder à abertura de uma *investigação aprofundada*, esta deve ser concluída no *prazo de 90 dias* contados a partir da data da decisão que encerrou a primeira fase (art. 36.º1)[374].

A investigação aprofundada compreende a realização de *diligências complementares* e a recolha de *informações adicionais* em moldes idênticos aos que vigoram para a primeira fase (art. 36.º1 e 2). Também os *interessados* e os *reguladores sectoriais* serão ouvidos nos mesmos termos (arts. 38.º2 e 39.º1).

A segunda fase do processo de apreciação das concentrações conduz a um de dois resultados: a operação será *proibida* ou será *autorizada* – art. 37.º.

---

[373] Portanto, o facto de *os notificantes* haverem prestado inicialmente informações falsas ou inexactas não constitui uma contra-ordenação *ad-hoc*; o art. 43.º3b) só se aplica a informações prestadas «em resposta a pedido da Autoridade». Por outro lado, o regime do art. 32.º2, que possibilita a correcção posterior de informações inexactas contidas na notificação, só se aplica de a AdC ainda não houver tomado uma decisão. Tudo somado, seria porventura mais eficaz, do ponto de vista da prevenção geral, tipificar como contra-ordenação *a prestação de informações falsas ou inexactas na notificação*. De outro modo, em casos extremos, pode ser tentador para as empresas fornecer informações falsas ou inexactas para obter uma decisão de aprovação, uma vez que, detectada a fraude, apenas *correm o risco de uma segunda apreciação*, sem se expor a qualquer consequência sancionatória.

[374] Sobre a contagem do prazo, veja-se a nota (363).

A *decisão de autorização* pode ser *expressa* ou *tácita*, já que vale como não oposição a ausência de decisão no prazo dos 90 dias[375]. Pode incidir sobre a operação *tal como foi notificada* ou com a configuração que venha a assumir *após as alterações* introduzidas pelas partes para a tornar aceitável. Pode, finalmente, consubstanciar uma *autorização simples* ou uma *autorização acompanhada de compromissos* destinados a assegurar a manutenção de uma concorrência efectiva (art. 37.°2)[376]. Também aqui, a exemplo do que acontecia com as decisões de primeira fase, a *subsequente violação dos compromissos* implica a nulidade dos negócios jurídicos celebrados em seu desrespeito (art. 41.°b), bem como a instauração de um procedimento de apreciação oficioso (art. 40.°1c e 4), além de configurar uma contra-ordenação (art. 43.°1d).

À semelhança do que sucedia na primeira fase, sempre que a decisão de não oposição se vier a revelar baseada em *informações falsas ou inexactas* (essenciais e fornecidas pelos participantes) a nova apreciação seguirá o *procedimento oficioso* (previsto no art. 40.°1b e 3) e a AdC poderá lançar mão de uma *sanção pecuniária compulsória* para fomentar a prestação atempada das informações (art. 46.°c). Se as informações falsas ou inexactas não tiverem sido prestadas na notificação e sim em resposta a um pedido da AdC, pode ter lugar a aplicação da *coima* prescrita pelo art. 42.°3b)[377].

Se, no termo da investigação aprofundada, a AdC concluir que a concentração cria ou reforça uma posição dominante da qual podem resultar entraves significativos à concorrência efectiva no mercado nacional ou numa parte substancial deste, adoptará uma *decisão de proibição* (arts. 12.°4 e 37.°1b)[378]. Adicionalmente, se a operação já se houver realizado, a AdC ordenará as *medidas adequadas* ao restabelecimento de uma concorrência efectiva (*v.g.*,

---

[375] Veja-se, novamente, a regra geral do art. 108.°1 do CPA.
[376] Cfr. *supra*, nota (372).
[377] Veja-se o que dissemos na nota (374).
[378] Não se registou, até ao momento, qualquer decisão de proibição.

a separação das empresas ou dos activos agrupados; a cessação do controlo). O art. 41.º fere de *nulidade* os negócios jurídicos celebrados pelas empresas que violem quer a decisão de proibição, quer as medidas de restabelecimento da concorrência ordenadas. A realização de uma operação de concentração proibida constitui, aliás, uma infracção *punida com coima* pelo art. 43.º1a), permitindo o art. 46.ºa) a imposição de uma *sanção pecuniária compulsória* para pressionar à adopção das medidas determinadas pela decisão da AdC.

D) Condução do processo, acesso ao processo e fiscalização das decisões

1. PODERES ATRIBUÍDOS À AUTORIDADE NA CONDUÇÃO DO PROCESSO

I – Poderes relativos à instrução do processo; II – Poderes relativos à aplicação de sanções.

I – Seja na fase de instrução propriamente dita, seja no decurso da investigação aprofundada, dispõe a AdC de determinados poderes cuja atribuição e exercício se encontram disciplinados por lei – pelos arts. 17.º, ss., da LDC, completados pelo regime do CPA.

Goza, desde logo, dos *poderes de inquérito e inspecção contemplados pelo art. 17.º*, sendo titular dos mesmos direitos e estando sujeita aos mesmo deveres que os órgãos de polícia criminal.

Tem AdC, nomeadamente, a faculdade de *inquirir os representantes das empresas* envolvidas (ou de outras empresas, de associações de empresas, ou quaisquer pessoas cujas declarações considere pertinentes) e de *lhes solicitar documentos e outros elementos de informação*. Se estas actividades forem *efectuadas no exterior*, deverão os funcionários ser portadores de credencial emitida pela AdC contendo a finalidade da diligência. No caso de as pessoas serem *convocadas para prestar declarações junto da AdC*, a sua falta de comparência não obsta a que o processo siga os seus termos.

Tem a AdC, igualmente, a faculdade de *proceder à busca, exame, recolha e apreensão* de cópias ou extractos da escrita ou demais documentação que se encontre *nas instalações das empresas* (ou suas associações), mesmo que os elementos se estejam em local reservado ou não livremente acessível ao público, podendo *proceder à selagem dos locais enquanto actua*. Estas diligências de busca, contudo, necessitam da autorização contida no *despacho de uma autoridade judiciária* – a qual profere a sua decisão no prazo de 48 horas após a recepção do requerimento fundamentado da AdC solicitando permissão –, despacho do qual deverão ser portadores (juntamente com a credencial emitida pela AdC) os funcionários que as executem.

Em qualquer caso, os funcionários da AdC encarregados de diligências no exterior poderão, sempre que necessário, *solicitar a intervenção das autoridades policiais*. Quanto à própria AdC, tem a faculdade de *requerer a outros serviços da Administração Pública* – incluindo os órgãos de polícia criminal – a colaboração exigida pelo cabal exercício das suas funções.

Nos termos do art. 18.°, a AdC pode *solicitar às empresas, às suas associações e a quaisquer outras pessoas ou entidades a prestação de informações ou a apresentação de documentos*. Para o efeito, dirigir-lhes-á *um pedido* – instruído com a respectiva base jurídica e objectivo, com o prazo para o cumprimento da solicitação (em regra será de 30 dias, mas pode a AdC fundamentadamente fixar um prazo diverso), com as sanções aplicáveis ao seu desrespeito e, ainda, com a advertência da necessidade de virem identificadas as informações consideradas confidenciais (acompanhadas, se for caso disso, por uma cópia não confidencial).

Esclareça-se que o regime dos arts. 17.° e 18.° da LDC é aplicável à actuação da AdC em sede de controlo das concentrações na medida em que estão em causa os poderes de supervisão atribuídos pelo art. 7.°1 do EsttAdC. No exercício destes poderes, cabe (nomeadamente) à AdC "instruir e decidir procedimentos administrativos respeitantes a operações de concentração de empresas sujeitas a notificação prévia" – art. 7.º3c) EsttAdC. A aplicabilidade do regime em causa é, aliás, reiterada pelo art. 30.º da LDC, ao remeter para a secção I do capítulo III.

Ainda no que toca aos poderes de supervisão, o art. 20.º da LDC submete, *a título subsidiário* (ou seja, ressalvando o especialmente disposto pela LDC), o regime das decisões adoptadas pela AdC à disciplina do procedimento administrativo comum contida no CPA.

No âmbito do procedimento administrativo, em matéria de instrução, merecem destaque as normas dos arts. 86.º a 93.º do CPA, as quais contêm *regras gerais em matéria de prova*. Numa perspectiva mais abrangente, são de salientar os *princípios* contidos nos arts. 54.º a 60.º do CPA – *v.g.*, o princípio do inquisitório; o princípio da audiência dos interessados; o dever de celeridade dos agentes administrativos; ou, ainda, o dever dos interessados de não formular pretensões ilegais, de não articular factos contrários à verdade nem requerer diligências meramente dilatórias

II – Os *poderes sancionatórios da AdC* encontram-se previstos no art. 7.º2 do EsttAdC. Os procedimentos sancionatórios estão submetidos, no termos do art. 19.º da LDC, ao princípio da audiência dos interessados, ao princípio do contraditório e demais princípios a que o CPA sujeita o procedimento administrativo, bem como, se for caso disso, ao regime geral do ilícito de mera ordenação social (RGCO)[379]. No exercício desses poderes, goza a AdC das faculdades previstas nos arts. 17.º e 18.º da LDC, relativas ao inquérito e inspecção, bem como aos pedidos de informação.

Em sede de controlo de concentrações interessa-nos, naturalmente, *o poder da AdC de aplicar as coimas e as sanções pecuniárias compulsórias* previstas nos arts. 43.º e 46.º da LDC, na

---

[379] Aprovado pelo Decreto-Lei n.º 433/82, de 27 de Outubro, na redacção conferida pela Lei n.º 109/2001, de 24 de Dezembro.

medida em que estejam relacionadas com o processo de apreciação das operações de concentração[380].

No que toca às *contra-ordenações* (art. 42.°), podemos sistematizá-las em duas categorias: as mais graves, puníveis com uma coima que, para cada uma das empresas infractoras, pode ir até 10% do volume de negócios do último ano (art. 43.°1); e as menos graves, puníveis com uma coima até 1% do volume de negócios (art. 43.°3).

No *primeiro grupo*, encontramos a realização de operações de concentração que se encontrem suspensas ou que hajam sido proibidas, bem como o desrespeito por condições ou obrigações associadas a uma decisão de autorização ou à derrogação da regra da suspensão. O *segundo grupo* reúne as situações de falta de notificação, de patologias na resposta a um pedido de prestação de informações (ausência de resposta ou prestação de informações falsas, inexactas ou incompletas), e, ainda, a não colaboração com a AdC ou a obstrução aos seus poderes de inquérito e inspecção.

Existe, ainda, uma terceira categoria de ilícitos, que desempenha uma função complementar e à qual corresponde uma moldura contra-ordenacional diminuta (coima no valor máximo de 10 unidades de conta): a falta de comparência injustificada em diligência processual (art. 43.°4).

Ao contrário do que sucedia com o diploma anterior – que pouco mais fazia do que tipificar as contra-ordenações e indicar as entidades competentes para aplicar as coimas, bem como o destino das respectivas importâncias[381], resolvendo-se as restantes questões pela aplicação subsidiária do RGCO – a nova LDC contêm *diversas regras específicas*, que reiteram aspectos daquele regime geral adaptando-o às particularidades das infracções jusconcorrenciais.

Destacaremos, apenas, as que relevam (também) para os ilícitos relacionados com o controlo das concentrações. Aponte-se,

---

[380] Sobre o conteúdo geral dos poderes sancionatórios atribuídos à AdC, veja-se o art. 7.°2 dos EsttAdC.

[381] Cfr. os arts. 37.° a 39.° do Decreto-Lei n.° 371/93.

desde logo, a prescrição do art. 43.°5: sempre que a infracção em causa consista num *acto de omissão* (de observância de dever jurídico ou de ordem da AdC) e o cumprimento ainda seja possível, a aplicação de uma coima não isenta o infractor de adoptar o comportamento devido. A *negligência* continua a ser punível (art. 43.°6) e o art. 44.° enuncia os *factores a ter* (especial mas não exclusivamente) *em consideração aquando da fixação da medida da coima*: a gravidade da infracção na perspectiva da concorrência, bem como o seu carácter reiterado ou ocasional; o grau de participação e as vantagens retiradas pelas empresas prevaricadoras; a colaboração prestada à AdC; ou, ainda, o comportamento na eliminação das infracções e reparação dos prejuízos concorrenciais[382].

Como sanção acessória, caso a gravidade da infracção o justifique, a AdC promoverá, a expensas do infractor, a publicação da decisão no Diário da República e/ou num jornal de expansão correspondente ao mercado afectado – art. 45.°[383].

No que toca aos *sujeitos da responsabilidade contra-ordenacional*, esclarece o art. 47.° que tanto podem ser pessoas singulares como pessoas colectivas, independentemente da regularidade da respectiva constituição. Destaca, expressamente, as sociedades e as associações sem personalidade jurídica (arts. 195.° e ss. do Cciv).

No que toca às *pessoas colectivas (ou entidades equiparadas)*, densifica-se a regra do art. 7.°2 do RGCO em matéria de *imputação da responsabilidade*: relevam os actos dos titulares dos órgãos, mandatários, representantes e trabalhadores, desde que praticados no exercício das respectivas funções ou em nome ou por conta da pessoa colectiva – art. 47.°2. Dada a sua posição particular e os deveres que sobre eles impendem, os titulares do órgão de administração estão sujeitos a um regime mais severo, incorrendo na

---

[382] Ver, ainda, os factores gerais previstos no art. 18.° do RGCO.
[383] Para outras sanções acessórias, veja-se o art. 21.° do RGCO.

"sanção prevista para o autor, especialmente atenuada", caso preencham os pressupostos do art. 47.°3[384].

O *prazo de prescrição* do procedimento de contra-ordenação é fixado pelo art. 48.° de harmonia com o horizonte do RGCO (três anos para as infracções menos graves, cinco anos para as mais graves). As sanções prescrevem no espaço de cinco anos.

As decisões da AdC que determinem a aplicação de coimas *são susceptíveis de recurso*, com efeito suspensivo, para o Tribunal de Comércio de Lisboa – art. 50.°1. As decisões deste órgão judicial, preenchidos os requisitos do art. 73.° do RGCO, são *impugnáveis* junto do Tribunal da Relação de Lisboa, que decide em última instância.

Já no que respeita às *sanções pecuniárias compulsórias*, estatui o art. 46.° que o seu valor máximo se deterá nos 5% da média diária do volume de negócios (do último ano) por cada dia de atraso a contar da data fixada na decisão. Podem ser aplicadas na hipótese (genérica) de desrespeito por decisão da AdC impondo sanções ou ordenando medidas determinadas, ou em duas situações, específicas do controlo de concentrações: a falta de notificação ou a ausência de prestação de informações, bem como a prestação de informações falsas, aquando da notificação de uma operação.

Para terminar, recorde-se que, nos termos do art. 31.°b) dos EsttAdC, *40% do produto das coimas aplicadas constitui receita própria da AdC*.

---

[384] Subsiste o problema de saber, neste e em todos os outros casos em que os infractores sejam *pessoas singulares mas não titulares de empresas* (estão, aqui, em causa membros do órgão de administração da pessoa colectiva – que é, ela sim, titular de uma empresa), de que modo serão aplicadas as coimas cuja moldura contra-ordenacional é definida *em função do volume de negócios do último ano* (cfr. art. 43.°1 e 3). Outra dificuldade, porventura menor, é a suscitada pela redacção dos n.°s 1 e 3 do art. 43.° da LDC – que se refere a "cada uma das empresas" – nas situações em que os *infractores* sejam *pessoas singulares* – como sucedeu na decisão, tomada ainda ao abrigo do diploma anterior, de aplicação de coima a quatro accionistas da CASE que, juntamente, com a Edinfor-Sistemas Informáticos, SA., omitiram a notificação da operação de concentração constituição da empresa comum ACE Holding SGPS.

2. AUDIÊNCIAS, PARTICIPAÇÃO E PUBLICIDADE

I – Audiência de interessados; II – Acesso ao processo e publicações; III – Sigilo e confidencialidade.

I – Qualquer das decisões susceptíveis de ser adoptadas pela AdC na conclusão da primeira ou da segunda fase implicam a realização de uma *audiência prévia dos interessados* – ou seja, dos autores da notificação e daqueles que se tenham manifestado desfavoravelmente quanto à realização da concentração (os contra-interessados) –, conforme prevê o art. 38.°1 e 3.

Esta norma reitera a regra geral do art. 100.° do CPA (subsidiariamente aplicável enquanto moldura geral do procedimento administrativo, art. 30.° LDC), que atribui aos interessados[385] o direito a serem ouvidos no termo da instrução e antes de ser tomada a decisão final, devendo ser informados sobre o sentido provável desta.

O art. 38.°2 da LDC *permite que se dispense a audiência* nos casos em que a AdC pretenda adoptar uma decisão de não oposição (seja de primeira, seja de segunda fase), desde que não existam contra-interessados – o que se compreende, uma vez que, em tais circunstâncias, o sentido da decisão não é desfavorável a qualquer dos interessados[386].

---

[385] Sobre o conceito geral de interessados, cfr. os arts. 52.° e 53.° do CPA.

[386] Concretiza-se, pois, a regra contida no art. 103.°2b) do CPA, que permite a dispensa de audiência quando os elementos constantes do procedimento conduzam a uma decisão favorável aos interessados. Pertinente é a questão de saber se o art. 38.°2 da LDC esgota o elenco de situações permitindo dispensa de audiência no âmbito do procedimento de controlo das concentrações ou se, pelo contrário, permanece aplicável todo o regime do art. 103.° do CPA. Propendemos para a primeira solução, por nos parecer interpretativamente mais adequada (nomeadamente, porque a LDC regula especificamente a matéria). Mas, porventura, será de abrir uma excepção para uma situação (inexplicavelmente) não contemplada pelo art. 38.°2 da LDC: a *dispensa de audiência aquando de uma decisão de inaplicabilidade da LDC*, tomada ao abrigo do art. 35.°1a), sem contra-interessados. Aí já será necessário lançar mão do art. 103.°2b) do CPA para evitar a realização de uma diligência supérflua e dispensável.

Sempre que a audiência tiver lugar, *suspende-se o cômputo dos prazos* para a apreciação da concentração – art. 38.°4.

Caberá à AdC decidir, em cada caso, *se a audiência dos interessados é escrita ou oral* – art. 100.°2 do CPA. Se optar pela *audiência escrita*, notificará os interessados, fornecendo-lhes os elementos necessários para que fiquem a conhecer todos os aspectos relevantes, tanto nas matérias de facto como de direito, e indicar--lhes-á as horas e o local onde o processo poderá ser consultado. Os interessados dispõem de um prazo não inferior a dez dias para apresentar a sua resposta, podendo pronunciar-se sobre as questões que constituem objecto do procedimento, requerer diligências complementares e juntar documentos (art. 101.° do CPA).

Se a AdC optar pela *audiência oral*, os interessados serão convocados com uma antecedência mínima de oito dias (art. 102.° do CPA). Na audiência poderão ser apreciadas todas as questões de facto e de direito com interesse para a decisão. A acta deverá conter o extracto das declarações feitas pelos interessados (que podem juntar alegações escritas, durante a diligência ou posteriormente).

Importa referir que, nos termos do art. 104.° do CPA, após a audiência podem ser efectuadas, oficiosamente ou a pedido dos interessados, *as diligências complementares* que se mostrem convenientes.

II – A LDC não contém disposições especiais sobre *o acesso ao processo*, valendo o regime geral do procedimento administrativo.

Assim, por força do art. 61.° do CPA, os autores da notificação ("directamente interessados", na expressão da lei) terão, sempre que o requeiram e no prazo máximo de 10 dias, o *direito de ser informados pela AdC sobre o desenrolar do procedimento*. O conceito de informação abrange, nomeadamente, os actos e diligências já praticados, as deficiências a suprir pelos interessados, as decisões adoptadas e quaisquer outros elementos que sejam solicitados.

Os interessados (conceito já susceptível de abranger a categoria que o art. 38.°3 da LDC denomina de contra-interessados) possuem igualmente o *direito de consultar o processo* e o *direito de obter certidão, reprodução ou declaração autenticada dos documentos que dele constem*. Excepcionam-se, nos termos do art. 62.º do CPA, os processos contendo "documentos classificados ou que revelem segredo comercial ou industrial ou segredo relativo à propriedade literária, artística ou científica"[387], mas são abrangidos "os documentos nominativos relativos a terceiros, desde que excluídos os dados pessoais". De acordo com o art. 63.º do CPA, as certidões, reproduções ou declarações autenticadas são passadas independentemente de despacho.

Todos estes direitos de acesso ao processo podem, *mediante despacho do dirigente do serviço, ser alargados a quaisquer pessoas* que o requeiram por escrito e que provem ter interesse legítimo no conhecimento dos elementos em causa – art. 64.º do CPA.

Recordemos que permanece aplicável um outro diploma transversal do nosso sistema jurídico – a Lei do Acesso aos Documentos Administrativos (LADA)[388], que dá consagração à *exigência constitucional do acesso aos arquivos e registos administrativos* (art. 268.º2 da CRP), bem como ao *princípio da administração aberta*, enunciado pelo art. 65.º do CPA. O mesmo diploma instituiu, ainda, a Comissão de Acesso aos Documentos Administrativos (CADA), a quem cabe zelar pelo cumprimento das regras que prescreve.

Um outro aspecto a transparência administrativa diz respeito à *publicação de elementos relevantes*. Assim, em matéria de controlo das concentrações, cabe referir um conjunto de normas que, de

---

[387] Recorde-se, a este propósito, que os autores da notificação devem assinalar com o termo "confidencial" qualquer informação que considerem comercialmente sensível, fundamentando essa sua posição, mas é à AdC que cabe decidir da razão de ser da manutenção da confidencialidade – ponto E) do FormNtf. Quando a AdC haja obtido a informação mediante pedido efectuado nos termos do art. 18.º, as informações consideradas confidenciais deverão vir identificadas e acompanhadas, se for caso disso, por uma cópia não confidencial.

[388] Lei n.º 65/93, de 26 de Agosto, alterada pelas Leis n.º 8/95 de 29 de Março e n.º 94/99, de 16 de Julho, e completada pelo Decreto-Lei n.º 134/94, de 20 de Maio.

ângulos diversos, permitem ao público em geral aceder ao conteúdo essencial dos processos e da actuação da AdC.

Em primeiro lugar, o art. 33.º da LDC, que impõe a *publicação de um extracto* contendo os elementos essenciais da notificação em dois jornais de expansão nacional. O objectivo da norma é possibilitar a vinda ao processo de terceiros interessados em formular observações à operação projectada, mas, em simultâneo, divulga-se genericamente a (pretendida) realização da concentração.

Numa perspectiva mais abrangente, o art. 37.º dos EsttAdC (cuja epígrafe é, justamente, "responsabilidade pública"), determina a obrigatoriedade de a AdC elaborar um *relatório anual sobre a respectiva actividade* – relatório que será não só apresentado ao Governo e Assembleia da República mas, também, publicado.

Já o art. 39.º dos EsttAdC *obriga a AdC a manter um sítio na Internet* "com todos os dados relevantes", exemplificando com os diplomas e instrumentos regulatórios do âmbito da concorrência e com as informações relativas à composição dos seus órgãos. Na densificação do conteúdo desta página electrónica, será porventura pertinente a articulação com o art. 11.º da LADA, que comina a publicação de todos os documentos "que comportem enquadramento da actividade administrativa", bem como a identificação de todos os documentos que "comportem interpretação de direito positivo ou descrição de procedimento administrativo", em moldes que "incentivem o regular acesso dos interessados".

Ainda que não exista uma estrita obrigação legal nesse sentido, a AdC tem vindo a adoptar a boa prática de divulgar, na sua página electrónica[389], versões resumidas e/ou integrais das *decisões* tomadas nos processos de concentração de empresas, além de publicar, no mesmo sítio, as *notícias* da notificação e da passagem à fase de investigação aprofundada de operações de concentração.

Finalmente, embora no círculo mais limitado da punição de infracções a preceitos da LDC – infracções que, todavia, também

---

[389] www.autoridadedaconcorrencia.pt

são susceptíveis de ocorrer em sede de procedimento de controlo das concentrações[390] –, pode a AdC, *a título de sanção acessória*, determinar, a expensas do infractor, a publicação da sua decisão no Diário da República e/ou num jornal nacional de expansão coincidente com o mercado relevante.

III – Naturalmente que esta preocupação com a transparência e abertura da administração tem o seu contraponto na *salvaguarda da confidencialidade e sigilo de informações sensíveis*, algo particularmente importante em sede de controlo das concentrações.

Desde logo, o art. 36.° dos EsttAdC impõe aos titulares dos órgãos da AdC e ao respectivo pessoal *um especial dever de sigilo* quanto aos factos cujo conhecimento lhes advenha pelo exercício das suas funções e que não possam ser legalmente divulgados.

Mas também as normas do CPA referidas a propósito dos direitos de informação e consulta do processo *ressalvam os elementos confidenciais* nele contidos – *v.g.*, arts. 62.°1 e 2 ou 63.°2. E o art. 10.°1 da LADA autoriza a administração a *recusar o acesso a documentos* cuja comunicação ponha em causa segredos comerciais, industriais ou relativos à vida interna das empresas.

Mais específicas são as *regras* aplicáveis em sede de notificação e de pedido de prestação de informações. Na verdade, de acordo como ponto E do FormNtf e com o art. 18.°1d) da LDC, os notificantes e os destinatários do pedido de informação têm o ónus de identificar e assinalar, fundamentadamente, os dados que reputem confidenciais. A decisão relativa à manutenção da confidencialidade cabe, em ultima *ratio*, à AdC.

A *prática decisória tem revelado* a sensibilidade da AdC ao carácter confidencial de elementos como o volume de negócios, as quotas de mercado ou o próprio valor das empresas envolvidas; o conteúdo dos negócios jurídicos por elas celebrados; os estudos de viabilidade económica submetidos; os dados apresentados para

---

[390] Ver *supra*, ponto III.D)1.

justificar a duração de certas obrigações; os prazos relativos ao exercício de opções de compra; as tabelas de preços e de descontos praticados; os custos de transporte incorridos; ou a quantificação dos ganhos de eficiência.

Os elementos confidenciais das decisões divulgadas são, *normalmente, omitidos*. Por vezes, no que toca ao volume de negócios ou às quotas de mercado, são indicados *intervalos quantitativos*, de modo a tornar perceptíveis os raciocínios subjacentes[391].

3. RECURSO DAS DECISÕES RELATIVAS A OPERAÇÕES DE CONCENTRAÇÃO

I – Recurso judicial; II – Recurso extraordinário; III – Recurso da decisão de aplicação de sanção.

I – As decisões tomadas pela AdC em sede de controlo das operações de concentração são, naturalmente, *objecto de fiscalização judicial*, seguindo a tramitação o regime de impugnação contenciosa de actos administrativos definido no Código de Processo dos Tribunais Administrativos (art. 53.° da LDC).

Assim, o recurso deverá ser interposto, nos termos do art. 54.°1, para o Tribunal de Comércio de Lisboa, onde será tramitado como acção administrativa especial. Recorde-se que, na vigência da lei anterior, o tribunal competente para apreciar os recursos das decisões tomadas em sede de controlo das concentrações era o Supremo Tribunal Administrativo (art. 35.° do

---

[391] Mas nem sempre: ver, a propósito, a reclamação de um contra-interessado no processo Ccent. 03/2004 – *Lusomundo/Ocasião e Anuncipress* (n.° 153), sobre o carácter insuficiente da notificação para a audiência, por não indicar valores aproximados das quotas de mercado das empresas envolvidas, argumentando que o facto tornava impossível a tomada de posição sobre as Conclusões Provisórias e que era exigível a indicação de um intervalo na casa dos 10 a 20 pontos percentuais

Decreto-Lei n.º 371/93). Com a alteração, ter-se-á pretendido uniformizar o regime em matéria de fiscalização das decisões da AdC, dado que o recurso das decisões sobre práticas restritivas já era interposto para o Tribunal de Comércio de Lisboa[392]. A solução, contudo, merece alguns reparos.

Desde logo, como se adverte na própria exposição de motivos da Proposta de Lei que deu origem à LDC[393], "um tal sistema de recursos implica a aplicação por tribunais cíveis de regras processuais de natureza administrativa em assuntos materialmente muito complexos e, portanto, deverá requerer um esforço muito importante de apetrechamento e de preparação desses tribunais". O problema, quer-nos parecer, estará menos relacionado com a aplicação de *regras processuais administrativas* e mais com *a complexidade das matérias jusconcorrenciais*[394], *associada ao carácter de 1ª instância do tribunal de recurso*.

Na verdade, como já foi pertinentemente observado[395], não tem sentido criar-se uma autoridade independente "composta de elementos altamente qualificados na matéria e depois garantir-se recurso contencioso para o Tribunal de 1ª Instância (seja criminal,

---

[392] Cfr. a exposição de motivos da Proposta de Lei n.º 40/IX, que deu origem à LDC, no seu ponto 8.

[393] Ver nota anterior.

[394] Não desconhecemos as iniciativas que têm vindo a ser fomentadas pela Comissão Europeia, em geral, e pela AdC, em particular, no sentido da formação específica de magistrados na área do direito da concorrência – de que é exemplo o 1.º Curso de Formação de Juízes Nacionais sobre Direito Europeu da Concorrência, organizado em colaboração com o Conselho Superior de Magistratura, em Novembro de 2004. Todavia, mesmo no âmbito dessa acção, a ênfase foi colocada em outras matérias que não o controlo de concentrações (*v.g.*, a relação entre o Direito Comunitário e Nacional da Concorrência; a modernização das regras comunitárias; a cooperação entre a Comissão, os Tribunais e as Autoridades nacionais; ou os regimes legais de comportamentos colusivos e abusivos de práticas restritivas).

[395] Cfr. "Balanço de 20 Anos de Actividade", *in Conselho da Concorrência – Relatório de Actividade 2002*, p. 17.

seja do comércio)". Para mais, "o princípio constitucional do acesso aos tribunais não impõe tal solução e esta não se compadece com o rigor e celeridade das decisões, fundamentais quando estão em jogo interesses económicos muito importantes". A experiência recolhida pelo sistema anterior (em matéria de recurso das decisões condenando práticas restritivas, mas válida, *mutatis mutandis*, para o tema das concentrações) demonstrou que "não só os juízes não têm preparação numa matéria que participa do direito dos negócios e do direito administrativo, e é, por isso, extremamente complexa, especialmente para quem começa uma carreira, como, a ser assim, em vez de se tornar o processo de decisão mais rápido cria-se, ao contrário, mais uma instância de recurso, o que conduzirá necessariamente a um prolongamento da decisão definitiva"[396].

Somos, pois, de opinião que a revisão da lei da concorrência deveria ter uniformizado num outro sentido o recurso das decisões tomadas pela AdC, *consagrando a competência de um tribunal de 2ª instância*[397].

Em contrapartida, no que toca à sindicância dos diversos tipos de decisões susceptíveis de encerrar o procedimento de controlo de concentrações, é de aplaudir o *desaparecimento do obstáculo à impugnação judicial das decisões de não oposição* (cuja recorribilidade o art. 35.° do Decreto-Lei n.° 371/93 não contemplava[398]). Com efeito, o art. 54.°1 da LDC sujeita a recurso, sem discriminação alguma, todas as decisões da AdC proferidas em proce-

---

[396] "Balanço de 20 Anos de Actividade", *cit*. O recurso para um tribunal especializado estaria, aliás, em maior consonância com a lógica própria do "modelo administrativo" do direito da concorrência, que é o nosso (por oposição ao modelo jurisdicional, que vigora, por exemplo, nos E.U.A.) – cfr. DAVID GERBER, *op. cit.*, p. 108.

[397] Como acontece na generalidade dos outros países, que divergem "tão só na adopção da jurisdição comum ou [da] jurisdição administrativa" – DAVID GERBER, *op. cit.*, p. 18.

[398] Confirmando, VICTOR CALVETE, "Da relevância de considerações de eficiência no controlo de concentrações em Portugal", *cit.*, p. 355.

dimentos administrativos previstos na LDC (como sucede com o controlo de concentrações – arts. 30.º, ss.)[399]. Ora os terceiros – em particular, aqueles que a LDC apelida de contra-interessados, art. 38.º3 – podem ter interesse em e possuir legitimidade para levar a cabo a impugnação das decisões que autorizem a realização de uma operação de concentração.

Em harmonia com os objectivos que presidem ao controlo prévio das operações de concentração, o recurso interposto tem *efeito meramente devolutivo*. Contudo, a título de *medida provisória* (singular ou acompanhada de outras), pode-lhe vir a ser atribuído *efeito suspensivo* – art. 54.º2.

A decisão do Tribunal de Comércio de Lisboa, por seu turno, é susceptível de recurso jurisdicional para o *Tribunal da Relação de Lisboa* e deste, limitado à matéria de direito, para o *Supremo Tribunal de Justiça* – art. 55.º1. Porém, se o recurso jurisdicional respeitar apenas a questões de direito, será *directamente interposto* para o Supremo Tribunal de Justiça – art. 55.º2. Seja como for, qualquer destes recursos possui tão-só *efeito devolutivo*, de acordo com art. 55.º3.

II – Outra novidade da LDC, desta feita de inspiração nitidamente germânica[400], é a possibilidade, prevista pelo art. 34.º1 dos EsttAdC, de interpor *recurso extraordinário para o membro do Governo responsável pela área da economia*. Este, mediante decisão fundamentada e caso os benefícios resultantes da operação de concentração para a prossecução de *interesses fundamentais da economia nacional* superem as desvantagens que acarreta no plano da concorrência, pode *autorizar uma operação de concentração proibida por decisão da AdC*.

Trata-se, em nossa opinião, de uma medida salutar, que, conjugada com a reformulação do critério substantivo de apreciação

---

[399] Veja-se, ainda, o art. 38.º2 dos EsttAdC.
[400] Embora se tenha porventura ido mais longe na derrogação à concorrência do que o art. 42.º da GWB alemã.

das concentrações, *permite separar as águas* entre a defesa da concorrência e a defesa de outros interesses porventura relevantes, nomeadamente na área da política industrial[401]. Fica assim claro que a intervenção da AdC na apreciação das operações de concentração se pauta por um critério intransigentemente concorrencial. Se, tudo considerado, a proibição for a única alternativa para salvaguardar os limiares da concorrência efectiva, a decisão da AdC será impermeável ao peso de outros valores. E caberá ao ministro da área a decisão, eminentemente política e não já estritamente jurídica, de derrogar o juízo da AdC em prol de "interesses fundamentais da economia nacional".

A derrogação concorrencial não tem, todavia, de ser absoluta, já que o ministro possui a faculdade de fazer acompanhar a sua autorização de condições e obrigações destinadas a *minorar o impacto negativo* que a realização da concentração produzirá sobre a concorrência (art. 34.°2 dos EsttAdC).

Note-se que o recurso extraordinário – a interpor pelos autores da notificação da operação no prazo de 30 dias contados da notificação da decisão da AdC proibindo a concentração – *não prejudica a subsequente impugnação judicial da decisão da AdC* (na qual os autores permanecerão interessados caso não obtenham autorização ministerial): o art. 34.°3 dos EsttAdC determina que a interposição do recurso extraordinário *suspende o prazo* para aquela impugnação.

Por último, de acordo com o art. 38.°2 dos EsttAdC e com o art. 54.°1 da LDC, *da decisão proferida pelo ministro cabe recurso para o Tribunal de Comércio de Lisboa*, vigorando, a partir daqui, as mesmas regras que se aplicam ao recurso das decisões da AdC em matéria de controlo das concentrações (arts. 53.°, 54.°2 e 55.° da LDC)[403].

---

[401] Ver o que diremos *infra*, no ponto III.E)1.

[402] E valendo a mesma crítica que fizemos *supra* à competência da 1ª e não da 2ª instância.

III – Das *decisões da AdC que determinem a aplicação de coimas ou de outras sanções*[403] cabe recurso, com *efeito suspensivo*, para o Tribunal de Comércio de Lisboa – art. 50.°1 da LDC.

A disciplina processual aplicável resulta da combinação do disposto nos arts. 49.° e seguintes da LDC (merecem particular destaque as diversas regras prescritas pelo art. 51.°) com o *regime geral dos ilícitos de mera ordenação social*.

As decisões do Tribunal de Comércio de Lisboa que admitam recurso, nos termos previstos por aquele regime geral, são impugnáveis junto do Tribunal da Relação de Lisboa, que *decide em última instância* e de cujos acórdãos *não cabe recurso ordinário* – art. 52.° da LDC.

E) *Apreciação substantiva das operações de concentração*

1. REFERÊNCIA AO MODELO ANTERIOR

I – O critério de avaliação substantiva das operações de concentração; II – Dúvidas e dificuldades de interpretação

I – Também no que respeita ao critério de avaliação substantiva das operações de concentração foram importantes as modificações trazidas pela LDC. Para compreendermos plenamente o seu significado, torna-se necessária uma referência ao critério vigente no âmbito do Decreto-Lei n.° 370/93, bem como aos problemas suscitados pela sua interpretação e aplicação.

De acordo com o art. 10.°1 do anterior diploma, deveriam ser proibidas as operações de concentração que conduzissem à *criação ou reforço de uma posição dominante* – no mercado nacional de determinado bem ou serviço, ou numa parte substancial deste –,

---

[403] Ver *supra*, ponto III.D)1.

desde que essa situação se mostrasse *susceptível de impedir, falsear ou restringir a concorrência*.

Todavia, mesmo que se mostrasse preenchido este requisito de proibição, as concentrações poderiam, ainda assim, vir a ser autorizadas, na medida em que satisfizessem as características exigidas pela *"válvula de escape"* representada pelo art. 10.º2.

Este preceito comportava duas alíneas. A alínea a) remetia para a *verificação dos pressupostos do chamado balanço económico*, ou seja, as operações de concentração deveriam contribuir para melhorar a produção ou a distribuição de bens e serviços ou para promover o desenvolvimento técnico ou económico. Simultânea e cumulativamente, teriam de reservar aos utilizadores uma parte equitativa do benefício resultante; de se coibir de impor às empresas em causa quaisquer restrições que não fossem indispensáveis para atingir aqueles objectivos; e, por fim, não se poderia obter, através da concentração, a possibilidade de eliminar a concorrência numa parte substancial do mercado.

A alínea b), por seu turno, exigia que a operação de concentração conduzisse ao reforço significativo da *competitividade internacional* das empresas participantes.

Claramente, pois, o direito anterior *comportava uma ponderação* susceptível de conduzir à autorização de operações de concentração com efeitos nocivos para a concorrência.

II – Os termos em que essa ponderação paliativa deveria ser efectuada levantavam, porém, dúvidas e divergências.

Com efeito, o art. 10.º2 *nada dizia quanto ao carácter cumulativo ou alternativo dos requisitos* contemplados nas suas duas alíneas. Para poder ser ilibada, teria a operação de concentração com efeitos nocivos sobre a concorrência que preencher *apenas um* dos requisitos do art. 10.º2 (*i.e.*, ou o balanço económico, ou o reforço da competitividade internacional), ou impunha-se que *satisfizesse ambas* as exigências?

Na doutrina nacional perfilavam-se duas posições distintas, com reflexos na prática decisória do próprio Conselho da Concorrência. De acordo com a primeira[404], *bastava o preenchimento de um dos requisitos* (e nada obstava a que fosse o requisito do reforço da competitividade), requisitos que deveriam ser interpretados como *alternativos*. Esta tese buscava essencialmente apoio num *argu-*

---

[404] Defendida por VICTOR CALVETE, "Da relevância de considerações de eficiência no controlo de concentrações em Portugal", *cit.*, pp. 356 e ss. O Autor é de opinião que o Decreto-Lei n.º 371/93 revela um verdadeiro "enviesamento procedimental favorável às operações de concentração" e considera (p. 360) que "se a concentração, mesmo reduzindo a eficácia de funcionamento do mercado nacional, aumenta a eficiência das empresas nela participantes, restaura a concorrência a um nível superior". Será, "portanto, conforme com os valores fundamentais da lei da concorrência, excepto na escala de avaliação", mas é a própria lei que, ao consagrar o requisito da al. b), está a admitir que "menor concorrência interna se pode volver em maior concorrência externa".

Estas ideias encontram eco no documento "Questões gerais do direito da concorrência" (*Conselho da Concorrência – Relatório de Actividade 1995*, pp. 11, ss., p. 12) onde pode ler-se que "não há, em matéria de concentrações, um limiar de lesão da concorrência interna em relação ao qual quaisquer ganhos de competitividade, por maiores que possam ser, sejam insusceptíveis de legitimar". Defende-se, assim, o recurso ao critério do reforço da competitividade internacional mesmo nas situações de balanço económico negativo. Por conseguinte, "a fusão entre os dois únicos operadores no mercado não é legalmente impossível, embora exija, naturalmente, a demonstração de que os ganhos daí resultantes são tão significativos que há vantagem em substituir a estrutura duopolista do mercado por uma estrutura monopolista". No que toca à prática decisória do CC, pode ver-se o "Parecer emitido sobre a concentração relativa à criação da empresa comum Lactogal, Produtos Alimentares, S.A.", *Conselho da Concorrência – Relatório de Actividade 1995*, pp. 99- 104; ou o Processo n.º 3/96 – "Parecer proferido sobre a notificação apresentada por Urex Inversiones, S.A.", e o Processo n.º 4/96 – "Parecer proferido sobre a notificação apresentada por PPM-SGPS, S.A"., *Conselho da Concorrência – Relatório de Actividade 1996*, pp. 133-139, e 141-149.

Na doutrina anterior à primeira lei de defesa da concorrência, também ALBERTO P. XAVIER, "Subsídios para uma lei de defesa da concorrência", *cit.*, n.º 139, p. 113, entendia que se impunha "fomentar a concentração sempre que esta se revele necessária para assegurar uma posição competitiva da nossa economia em relação ao exterior".

mento histórico, ao entender que os trabalhos preparatórios do diploma revelariam um certo favor no que respeita ao controlo das concentrações, patente sobretudo na subida dos limiares susceptíveis de desencadear a obrigação de notificar; e num *argumento teleológico*, segundo o qual, uma vez que a restrição da concorrência provocada por uma operação de concentração possui um carácter meramente eventual, não faria sentido ser aqui mais exigente do que com as práticas efectivamente restritivas da concorrência (onde basta o balanço económico, sem nenhum requisito adicional, para conseguir uma decisão favorável).

A outra tese[405] defendia uma solução abrangente e, em nossa opinião, mais convincente. Distanciava-se do binómio carácter alternativo/cumulativo, defendendo que o reforço da competitividade seria um elemento que *vinha alargar o balanço económico normal e não um requisito autónomo* cujo preenchimento ilibasse de *per se* uma operação restritiva da concorrência, ou cuja ausência

---

[405] Defendida por M. MOURA E SILVA, "Prometeu agrilhoado: breves reflexões sobre a justificação de concentrações no direito português da concorrência", *cit.*, p. 184. Ao autonomizar o requisito da al. b) o legislador apenas "pretendeu garantir que os ganhos em termos de competitividade internacional seriam tidos em conta na apreciação substantiva, o que não seria suficientemente assegurado pelo balanço económico" de *per se*. O Autor cita a advertência de MICHAEL PORTER contra o "canto das sereias" subjacente à criação de campeões nacionais, que na prática raramente conduz ao aumento da competitividade no plano internacional: empresas que não têm que competir no mercado doméstico raramente obtêm sucesso além-fronteiras.

Dos argumentos referidos em texto quanto à primeira posição, recorde-se que o valor hermenêutico do elemento histórico é consensualmente limitado, mas sobretudo, como salienta M. MOURA E SILVA (p. 186, nota (15), "não podemos confundir a sujeição de certas concentrações a notificação com a respectiva valoração jus-concorrencial": com a subida dos limiares apenas se pretendeu centrar a análise nas operações de maior impacto no mercado. Quanto ao elemento teleológico, não explica a desarmonia (em comparação com o regime de permissão excepcional de práticas restritivas) consistente em autorizar uma operação de concentração nociva para a concorrência *só porque* reforça a competitividade internacional das empresas participantes.

impedisse a autorização de uma operação quando os (outros) factores do balanço económico se mostrassem favoráveis[406].

E, na verdade, não faria sentido que o Conselho da Concorrência, órgão de defesa da concorrência, viesse autorizar uma concentração aniquiladora da concorrência no mercado nacional só porque saía reforçada a competitividade internacional das empresas envolvidas. Também não colhe a objecção de que, ainda assim, se estaria a restaurar a concorrência a um nível superior ou internacional, uma vez que o Conselho está encarregado da *defesa da estrutura concorrencial dos mercados à escala nacional*[407].

2. O ACTUAL MODELO DE APRECIAÇÃO SUBSTANTIVA

I – O novo modelo de apreciação; II – Restrições acessórias e criação de empresa comum.

I – A apreciação das operações de concentração faz-se, actualmente, nos termos do modelo prescrito pelo art. 12.º da LDC.

O *critério substantivo* que alicerça o juízo de autorização ou proibição, apesar de ligeiras alterações de redacção, manteve-se essencialmente idêntico: continuam a ser *proibidas* as operações de concentração que criem ou reforcem uma posição dominante, desde que dela possam resultar entraves significativos à concorrência efectiva no mercado nacional ou numa sua parte substancial[408]

---

[406] E ainda assim se continuaria a ser mais flexível (ou menos exigente) em sede de controlo de concentrações do que em sede de práticas restritivas, onde não se podia contar com esse factor adicional no balanço económico.

[407] Além de que um tal entendimento, como salienta M. MOURA E SILVA, "Prometeu agrilhoado: breves reflexões sobre a justificação de concentrações no direito português da concorrência", *cit.*, p. 184, contraria os imperativos constitucionais expressos em matéria de concorrência – art. 81.ºe) da Constituição da República Portuguesa.

[408] A AdC já considerou como mercado geograficamente relevante, no caso Ccent. 48/2003 – EDP/CGD/NQF, a região litoral norte do país.

(art. 12.°4); serão *autorizadas* as operações de concentração que não produzam estas consequências (art. 12.°3).

Desaparece, todavia, no plano da decisão da AdC[409], qualquer "válvula de escape" permitindo a especial autorização de operações que preencham os requisitos da proibição. A lei requer, isso sim, que a aplicação daquele critério substantivo se faça no contexto de uma análise dos previsíveis efeitos da concentração sobre a estrutura da concorrência. Tal análise deverá atender, especialmente, à necessidade de *preservar e desenvolver*, no interesse dos consumidores intermédios e finais, uma concorrência efectiva no mercado nacional (art. 12.°1, *in fine*), mas, igualmente, a uma longa (embora não exaustiva) *lista de factores*, enumerados pelo art. 12.°2[410].

Deve ter-se em conta, designadamente, a concorrência potencial e a presença de barreiras à entrada (*v.g.*, a existência de direitos especiais ou exclusivos, controlo de infra-estruturas essenciais); as possibilidades de escolha de fornecedores e utilizadores e o acesso às fontes de abastecimento ou aos mercados de escoamento, bem como a estrutura das redes de distribuição existentes. De igual modo devem ser considerados a evolução do progresso técnico e económico (que relevará subordinada à condição de trazer vantagens para os consumidores e de não constituir um obstáculo para concorrência) e o contributo da concentração para a competitividade internacional da economia portuguesa.

---

[409] Já que, no quadro global dos mecanismos de controlo das concentrações, a decisão da AdC que proíba uma operação de acordo com o prescrito pela LDC é susceptível de *recurso extraordinário* para o Ministro da Economia, que pode, por seu turno, *autorizar a concentração com base em motivos extra-concorrenciais* – mais concretamente, pelos benefícios dela resultantes para prossecução de interesses fundamentais da economia nacional (art. 34.°1 dos EsttAdC). Veja-se o que dissemos *supra*, ponto III.D)3,II.

[410] Factores que, de acordo com a exposição de motivos da Proposta de Lei n.° 40/IX, que deu origem à LDC, no seu ponto 4, coincidem com "os critérios correntemente utilizados para apreciação das operações de concentração, no plano comunitário como nos planos nacionais".

Apesar de a AdC (ainda) não ter entendido publicar quaisquer orientações relativas à interpretação que perfilha da aplicação dos critérios legais, da recente prática decisória é possível extrair algumas pistas[411].

Desde logo, a adopção de linhas de fundo essenciais da experiência comunitária – *v.g.*, em matéria de delimitação de mercados relevantes ou de apreciação dos limiares de concentração utilizando o índice IHH. No que toca à contestabilidade, já considerou a AdC que a maturidade de um mercado não poderá ser tomada, de *per se*, como uma barreira à entrada: a fraca rentabilidade (que conduz à recuperação mais lenta do investimento realizado) decorre, isso sim, da concorrência existente no mercado. Na delimitação dos mercados, tem sido prestada bastante atenção às condições de substituibilidade da oferta e da procura. A consideração dos ganhos de eficiência tem obedecido a parâmetros estritos, exigindo-se elementos de prova relativos à sua quantificação e repercussão no consumidor. Quanto aos compromissos, nota-se uma incidência particular na imposição de obrigações de monitorização, geralmente para permitir a fiscalização do cumprimento das restantes condições (embora já se tenha verificado a imposição de uma obrigação de monitorização isolada).

II – À semelhança do que acontece com o regime comunitário, também no âmbito da LDC a decisão que autorize uma operação de concentração abrange as restrições acessórias – as restrições da concorrência directamente relacionadas com a realização da concentração e a ela necessárias – art. 12.º2[412].

---

[411] Os exemplos que se seguem são recolhidos em Ccent. 03/2004 – *Lusomundo/Ocasião e Anuncipress*, n.ºs 158, ss., 82-83, 74; Ccent. 48/2003 – *EDP/CGD/NQF*, n.ºs 50, ss, 99, ss.; Ccent 44/2003 – *Dräger Medical/ /Hillenbrand*, n.º 47; e Ccent. 43/2003 – *TAP/SPdH/PGA*.

[412] Cfr. *supra*, ponto III.F)5. Na prática decisória, um dos exemplos mais frequentes de restrição directamente relacionada com a realização da operação e a ela necessária tem sido a *obrigação de não concorrência*. Assim, no

E, nos casos em que a concentração consista na *criação de uma empresa comum* (que desempenhe de forma duradoura as funções de uma entidade económica autónoma[413]), se esta tiver por objecto ou como efeito a coordenação do comportamento concorrencial das empresas-mãe, tal *coordenação* (em sintonia com o regime comunitário e ao contrário da solução consagrada pelo diploma anterior) não desqualifica a operação como sendo de concentração e continua, portanto, submetida ao respectivo procedimento. A coordenação será apreciada de acordo com a disciplina dos arts. 4.º e 5.º da LDC, normas que prescrevem o regime geral das práticas restritivas[414].

3. Sinopse das principais decisões da AdC

Faremos, para terminar, uma sinopse daquelas que consideramos serem, até ao momento, as principais decisões da AdC[415]. Todas dizem respeito à concentrações acarretando possíveis efeitos nocivos para a concorrência, efeitos que a AdC considerou neutralizados pelos compromissos impostos na respectiva decisão

---

caso Ccent 47/2003 – *PPTV / PT Conteúdos*, de acordo com o contrato de compra e venda das acções, a RTP ficou obrigada a não deter ou explorar, ou associar-se directa ou indirectamente com, canais de acesso condicionado que ocupassem com desporto mais de 30% do tempo de emissão entre as 15 e as 22 horas (a decisão não refere, contudo, qual a duração desta obrigação); no caso Ccent. 03/2004 – *Lusomundo/Ocasião e Anuncipress*, os vendedores das participações sociais comprometeram-se a não desenvolver, quer directa quer indirectamente, por conta própria ou alheia, quaisquer actividades integradas na actividade e/ou objecto social das sociedades adquiridas.

[413] Ver Ccent. 16/200 4- *CTT/Visabeira / CTT IMO*.
[414] Solução similar à que vigora no plano comunitário – ver *supra*, ponto II.F)3, VI.
[415] Disponíveis em www.autoridadedaconcorrencia.pt. Quase todas foram já referidas a propósito dos vários problemas tratados, mas julgamos útil ao leitor esta pequena resenha final.

de não oposição. Retira-se do acervo decisório que os compromissos são normalmente apresentados pelas notificantes, sendo posteriormente alvo de negociação com a AdC. Não se registou, até agora, qualquer decisão de proibição.

Ccent. 43/2003 – TAP/SPdH/PGA (unidade de handling), decisão de 04.12.2003

A operação consistiu no *trespasse do estabelecimento* afecto à prestação de serviços de assistência em escala (unidade de *handling*) detido pela PGA- Portugália, Companhia Portuguesa de Transportes Aéreos, S.A., à SPdH – Serviços Portugueses de Handling, S.A. A sociedade adquirente dedicava-se à prestação de serviços de assistência em escala ao transporte aéreo e estava integrada no Grupo TAP, o qual desenvolve actividades de transporte aéreo de passageiros, carga e correios e prestação de serviços conexos.

A AdC identificou como relevante o mercado nacional dos serviços de assistência em escala a terceiros e considerou que a concentração notificada não era susceptível de aí criar ou reforçar uma posição dominante da qual pudessem resultar entraves significativos à concorrência efectiva, adoptando uma decisão de não oposição no termo da primeira fase.

Todavia, atendendo às características do mercado, onde a abertura gradual à concorrência deverá compatibilizar as vantagens inerentes à introdução de factores de mercado com a salvaguarda de elevados padrões de segurança e qualidade, entendeu a AdC impor à notificante uma obrigação de monitorização. Ao longo de três anos, deverá a SPdH enviar à AdC relatórios semestrais com os dados relativos à estimativa da dimensão do total do mercado relevante por aeroporto, bem como das quotas de mercado da SPdH e dos concorrentes, e os dados relativos aos principais clientes e ao volume de facturação da empresa, além do Relatório e Contas da SPdH.

Ccent 44/2003 – DRÄGER MEDICAL/HILLENBRAND (actividade de termoterapia neonatal), decisão de 05.04.2004

A operação dizia respeito à *aquisição da actividade de termoterapia neonatal* da Hillenbrand Industries, Inc. (sociedade *holding* de direito norte-

-americano) pela Dräger Medical AG&Co KGaA (*joint-venture* de direito alemão)[416], através da sua subsidiária Dräger Medical Infant Care, Inc. (sociedade constituída em Delaware, EUA, para servir de veículo à operação). A actividade adquirida funcionava sob a designação de "Hill-Rom Air-Shields" e compreendia activos situados fora de Portugal, incluindo as instalações para a produção, a fábrica e o equipamento localizado na Pensilvânia, EUA.

Os produtos de termoterapia neonatal são utilizados nos hospitais para tratamento de bebés prematuros, sujeitos a hipotermia e a outros problemas relacionados com a temperatura do corpo. A actividade adquirida incluía também equipamento de fototerapia para tratamento da icterícia e acessórios diversos (*v.g.*, balanças para incubadoras, módulos de oxigenação e humidificação, suportes para bombas de gás, tubos de ventilador, prateleiras de monitorização, barra telescópica, sistemas de aspiração e aquecedores de irradiação).

Apesar das considerações submetidas pela notificante no sentido da existência de substituibilidade do lado da oferta, considerou a AdC que, *do lado da procura*, tendo em conta as diferentes utilizações e níveis diferenciados de preços de cada um dos produtos, existiam limites à substituibilidade. Concluiu, pois, não existir um único mercado relevante e sim tantos mercados quantos os produtos que compõem a actividade adquirida (incubadoras fechadas, berços aquecidos, incubadoras de transporte, equipamento de fototerapia e acessórios).

Em *termos geográficos*, os dados submetidos pela notificante delimitavam como relevante o mercado mundial. Todavia, a AdC foi de opinião que factores de ordem diversa (decorrentes da elevada sofisticação tecnológica dos equipamentos, da necessidade da sua adaptação às estruturas hospitalares regionais e da necessidade da existência de pessoal especializado na sua manutenção) impunham que, em termos de distribuição e manutenção dos equipamentos, se privilegiasse a análise concorrencial do *mercado nacional*[417].

---

[416] Constituída no início de 2003 pela Siemens AG (35% do capital) e pela Drägerwerk AG (sociedade que antes detinha o controlo exclusivo e agora possui 65% do capital). Desenvolve actividades no sector do equipamento médico e de outro tipo de equipamento especializado, incluindo o projecto, fabricação e fornecimento de equipamentos de cuidados na área da neonatologia.

[417] Em termos formais, talvez houvesse sido *preferível* uma delimitação de mercados que, partindo da identificação central do mercado mundial da produção

No que respeita a *quotas de mercado*, no mercado mundial a actividade adquirida é líder, ocupando a Dräger o terceiro lugar. No mercado nacional, a actividade adquirida mantém a sua posição de líder, ascendendo a Dräger ao segundo lugar. A quota conjunta de ambas no mercado português de termoterapia neonatal é superior a 80%[418]. Trata-se, pois, de um mercado altamente concentrado[419], onde o segundo principal concorrente se propõe adquirir o primeiro.

Contudo, uma vez que nenhum dos fornecedores se encontra presente em Portugal, *a concorrência é desenvolvida exclusivamente entre os distribuidores* (em regime de exclusividade, ou não) das diferentes gamas e marcas de equipamento. A oferta no mercado nacional é, por conseguinte, assegurada pelos distribuidores, que apresentam uma proposta ao cliente e, em caso de adjudicação, asseguram o fornecimento e manutenção do equipamento, bem como a prestação de serviço pós-venda (seja durante o período de garantia especificado, seja mediante a subsequente celebração de um contrato de assistência técnica). Daí a importância de preservar as condições concorrenciais nos mercados em que os distribuidores actuam.

Quanto à *procura no(s) mercado(s) de produtos de termoterapia neonatal*, é constituída, no território nacional, fundamentalmente pelos *hospitais públicos* (a que se juntam, em menor número, outras instituições de saúde), cujas aquisições estão sujeitas a procedimentos e normas estabelecidos em legislação específica.

(e, eventualmente, comercialização grossista) dos artigos em causa, atendesse à afectação do *mercado verticalmente adjacente da comercialização dos produtos no território nacional*.

[418] Os valores respeitantes às quotas de mercado são fornecidos pela AdC mediante a utilização de intervalos, para salvaguarda de exigências de confidencialidade: "A 'Actividade Adquirida' é líder no mercado nacional com uma quota global de [60-70%], enquanto a da Dräger ascende aos [20-30%]. No conjunto, a quota global no mercado de termoterapia neonatal, em Portugal, é de [> 80%], sendo que para três dos mercados dos produtos relevantes – incubadoras fechadas, incubadoras de transporte e fototerapia – as respectivas quotas conjuntas são de [>80%]. As quotas agregadas nos mercados de berços aquecidos e acessórios representam [70-80%] e [>80%] do mercado, respectivamente." (ponto 34 da decisão).

[419] Os graus de concentração medidos pelo Índice Herfindahl-Hirschman (IHH) excedem largamente os limiares considerados como críticos pela Comissão Europeia.

Da investigação conduzida pela AdC resultou que, para as aquisi-ções de equipamento de termoterapia neonatal, acaba por ser maioritariamente adoptado o procedimento de consulta prévia a três fornecedores. Tais aquisições destinam-se, sobretudo, à reposição do equipamento, motivo pelo qual o valor do respectivo contrato dificilmente atinge quantias suficientes para a adopção de um procedimento mais formal (*v.g.*, o concurso público, em que qualquer concorrente poderia apresentar a sua proposta de fornecimento). Por outro lado, apurou a AdC que as instituições de saúde tentam prolongar ao máximo a vida do seu equipamento (pela confiança no produto, por questões orçamentais, etc.), o que faz avultar a importância do serviço pós-venda e da disponibilidade de peças sobresselentes. Tudo somado, atendendo às elevadas quotas de mercado das empresas envolvidas, a operação de concentração *viria diluir a oportunidade de os restantes (ou potenciais) concorrentes acederem à contratação dos produtos em causa.*

A notificante alegou a verificação de *ganhos de eficiência* decorrentes da concentração, mas não demonstrou que os mesmos se pudessem repercutir no consumidor.

No termo da fase de investigação aprofundada, a AdC concluiu que a operação suscitava, no curto-médio prazo, fortes preocupações do lado da oferta no mercado das incubadoras fechadas, dos berços aquecidos, das incubadoras de transporte, do equipamento de fototerapia e dos acessórios, no interior do território nacional, preocupações que apenas poderiam ser contrabalançadas mediante a aplicação de medidas correctoras. Adoptou, assim, uma decisão de não oposição acompanhada da imposição de condições, completadas por uma obrigação de monitorização.

Nesses termos, a Dräger ficou obrigada a manter um segundo canal de distribuição, em regime de não exclusividade, por um período de três anos[420]; a manter, pelo mesmo período, aparelhos disponíveis para responder à procura que subsista no mercado[421]; e a manter (por um período

---

[420] O que, no entender da AdC, dará azo a três consequências positivas: primeiro, assegura em Portugal a distribuição e comercialização dos produtos (e serviços pós-venda) de uma das maiores empresas mundiais no sector; em segundo lugar, assegura o direito de o segundo distribuidor celebrar acordos de distribuição com qualquer outro fornecedor, fomentando a entrada de novos fornecedores; e, em terceiro lugar, promove a concorrência efectiva entre os dois distribuidores da mesma marca.

[421] Apesar de não constituir sua intenção manter, para o futuro, as duas marcas – Dräger e AirShields – a empresa notificante mostrou-se disposta a

de sete anos contados da produção do último aparelho) a disponibilidade de peças sobresselentes. Fica ainda obrigada, por um período de três anos, a praticar condições não discriminatórias (não cobrar aos distribuidores portugueses preços mais elevados do que os que cobra a outros distribuidores relativamente a encomendas comparáveis e manter em Portugal a mesma gama de produtos que disponibiliza no resto da Europa)[422] e a abster-se de proceder à venda directa em Portugal (com o que se pretende incentivar uma concorrência mais intensa entre os distribuidores). Considerou-se que a duração de três anos fixada para estas obrigações constituiria um período razoável para dar oportunidade a novos fornecedores de entrar no mercado e aos distribuidores de adaptar as suas prioridades e estratégias perante a nova estrutura resultante da concentração.

Para efeitos de monitorização do cumprimento destes compromissos, a notificante deverá enviar à AdC, no final de cada um dos três anos, um relatório contendo informação quanto ao contrato de distribuição em regime de não exclusividade celebrado com o segundo distribuidor nacional; as tabelas de preços e a listagem dos produtos entregues aos distribuidores em Portugal; a listagem das propostas de fornecimento de equipamentos de termoterapia neonatal apresentadas; a lista de peças sobresselentes disponíveis e a lista das que são vendidas aos distribuidores em Portugal.

Caso Ccent 47/2003 – PPTV – PUBLICIDADE DE PORTUGAL E TELEVISÃO, S.A. / PT CONTEÚDOS, S.G.P.S., S.A., decisão de 08.04.2004

A operação consistia na aquisição pelas empresas PPTV e PT Conteúdos do controlo conjunto da Sport TV Portugal, através da compra, em partes iguais, da totalidade da participação até agora detida pela outra sócia, a RTP. Em simultâneo, a Sport TV adquiria à PPTV os direitos

---

conservar, durante aquele período, a gama de produtos fabricados pela AirShields, mantendo também disponíveis no mercado aparelhos de igual funcionalidade a um preço equivalente.

[422] Embora a AdC não tenha deixado de salientar que manutenção de condições não discriminatórias decorre, *a priori*, das regras gerais da concorrência (ponto 75 da decisão).

exclusivos de transmissão dos jogos de futebol do principal escalão do Campeonato Nacional de Futebol ("Super Liga Galp Energia") nas épocas desportivas de 2004/2005 a 2007/2008.

A AdC determinou a passagem do processo à fase de investigação aprofundada, no termo da qual adoptou uma decisão de não oposição mediante a assunção de compromissos pelas notificantes.

Considerou que a operação afectava negativamente dois dos mercados relevantes[423]: *o mercado da televisão paga por assinatura* (eventual discriminação dos concorrentes) e *o mercado dos conteúdos multimédia desportivos para difusão via internet e comunicações móveis* (possibilidade de criação de relações privilegiadas com as empresas do Grupo PT, discriminação dos concorrentes e preocupações relativas à existência obrigatória de uma receita mínima, desligada de quaisquer critérios de racionalidade económica). Todavia, entendeu a AdC que tais situações poderiam ser devidamente acauteladas mediante a adopção de compromissos, propostos pelas notificantes na sequência da passagem à fase de investigação aprofundada e alvo de demoradas e complexas negociações.

Assim, a AdC impôs a obediência a *condições não discriminatórias* no que respeita à distribuição do canal Sport TV (incluindo marketing, promoções e disponibilização do sinal); impôs, ainda, que a comercialização do canal aos distribuidores de televisão por cabo obedecesse a um *sistema de escalões economicamente proporcionais,* dependentes do número de subscritores (e tendo em conta o crescimento passado dos subscritores da Sport TV, os investimentos feitos e os serviços prestados pelos operadores).

No que respeita aos conteúdos multimédia desportivos, impôs-se à Sportinveste Multimédia, S.A.[424], a *obediência a condições não discriminatórias* no relacionamento comercial com os diferentes operadores de

---

[423] Quanto aos outros mercados de produto relevantes – o mercado dos canais desportivos por assinatura e o mercado dos direitos exclusivos de transmissão televisiva dos jogos de futebol que têm lugar regularmente ao longo do ano (todos os anos) envolvendo equipas nacionais –, considerou-se que a concentração não era susceptível de produzir consequências negativas.

[424] A Sportinveste Multimédia, S.A., é uma empresa comum *constituída pelas empresas-mãe das empresas notificantes* – ou seja, pela PT Multimédia – Serviços de Telecomunicações e Multimédia, S.G.P.S., S.A. (que detém a PT Conteúdos a 100%) em conjunto com a Sportinveste – SGPS, S.A (que detém a PPTV a 100 %) –, juntamente com a Sportinveste Multimédia, SGPS, S.A.

comunicações móveis e de internet (designadamente no que respeita ao acesso, disponibilização e condições comerciais dos conteúdos); quanto à fixação da receita mínima mensal, passará a estar sujeita a *critérios economicamente proporcionais*.

Para permitir a *monitorização* de todos estes compromissos impôs-se a obrigação complementar de comunicar à AdC os contratos celebrados para a disponibilização do canal Sport TV aos distribuidores de televisão por cabo, bem como os contratos respeitantes à disponibilização e comercialização aos vários operadores de comunicações móveis e de internet dos direitos desportivos multimédia detidos pela Sportinveste, obrigação que se estende às respectivas renovações.

A duração destas obrigações coincidirá com a duração da exclusividade dos direitos de transmissão televisiva de jogos de futebol da Super Liga detidos pela Sport Tv[425].

Ccent. 03/2004 – LUSOMUNDO/OCASIÃO E ANUNCIPRESS, *decisão de 19.04.2004*

Foi identificado como relevante o *mercado dos anúncios classificados na imprensa escrita*, o qual apresenta um grau de concentração elevado mas onde não existem barreiras técnicas ou regulamentares significativas que dificultem a entrada de novas empresas. A única excepção seria a dificuldade de lançar um jornal idêntico ao Ocasião, composto exclusivamente por anúncios classificados, por configurar um investimento algo arriscado e de rentabilidade de curto prazo duvidosa, já que exige a captação inicial de audiências elevadas. Por isso, entendeu a AdC ser de acautelar a manutenção no mercado de uma publicação como o Ocasião, cuja importância social resulta, fundamentalmente, de ser a única

---

[425] Duração que a AdC considerou adequado manter nos quatro anos pretendidos pelas partes. Semelhante duração para o exclusivo parece-nos excessiva e criticável, tanto à luz das circunstâncias do caso como no confronto com o anterior Parecer do CC, proferido aquando da operação de concentração que resultou na criação da Sport Tv (cfr. *supra*, nota 321), documento, aliás, totalmente ignorado pela decisão da AdC; no confronto, também, com a decisão da Comissão relativa à Liga dos Campeões da UEFA, no âmbito do art. 81.º CE (decisão de 23.07.2003, caso 37.428, JO 2003 L 291/25); e, por último, no confronto com o caso *Newscorp/Telepiú* (cfr. *supra*, ponto II.F)3,III).

a divulgar anúncios gratuitos de particulares, anúncios que, de outro modo, nunca seriam difundidos.

A análise económica dos níveis de concentração no referido mercado[426] indiciou que a concentração poderia conduzir ao reforço da posição dominante do Grupo Lusomundo. Das actuações anti-concorrenciais propiciadas por tal reforço, apenas uma suscitou preocupações à AdC: justamente a (possível) alteração do modelo de negócio do jornal Ocasião, eliminando a gratuitidade dos anúncios para os particulares ou, mesmo, extinguindo a publicação (com transferência do *know-how*, *call center* e clientela, para os restantes jornais do Grupo).

Decidiu a AdC que as preocupações concorrenciais inerentes à operação poderiam ser devidamente acauteladas mediante a imposição de diversas condições e obrigações adoptando, por isso, uma decisão de não oposição no termo da primeira fase. Impôs, por um lado, o compromisso de a notificante *não descontinuar a circulação do jornal* Ocasião enquanto a respectiva exploração económica for rentável, associado à condição (destinada a impedir a adopção deliberada de medidas de gestão nocivas) de não serem tomadas medidas de gestão susceptíveis de desvirtuar o normal funcionamento do jornal. Por outro lado, impôs o compromisso de a notificante a *manter o acesso dos particulares à publicação gratuita* de pequenos anúncios classificados. Estas obrigações destinam-se a vigorar por um período de três anos e, para a adequada monitorização do seu cumprimento, será apresentado pela notificante à AdC um relatório anual circunstanciado sobre a matéria, juntando documentos que façam prova de que os compromissos estão a ser cumpridos.

Ccent. 16/2004 – CTT/VISABEIRA / CTT IMO, decisão de 14.07.2004

A operação notificada consistia na *criação de uma empresa comum*, a CTT IMO – Desenvolvimento, Projectos, Construção e Manutenção de Imóveis, S.A, controlada conjuntamente pelos CTT – Correios de Portugal S.A e pela Visabeira Serviços, Sociedade Gestora de Participações Sociais, S.A.[427]

---

[426] Já no mercado da imprensa escrita não se verifica qualquer reforço da Lusomundo, uma vez que o Ocasião é um jornal sem qualquer conteúdo editorial, não concorrendo, nesse vector, com os demais jornais e revistas.

[427] O Grupo Visabeira desenvolve actividades nas áreas da construção e telecomunicações, indústria, turismo e comércio e serviços.

A empresa comum deveria dedicar-se à realização de empreitadas de obras, realização de projectos, fiscalização e coordenação de obras, construção e manutenção de edifícios, bem como ao investimento e promoção imobiliária

A AdC adoptou uma decisão de não oposição no termo da primeira fase[428], associada à imposição de determinadas condições e obrigações. Desde logo, a introdução de modificações nos acordos relativos à constituição da empresa comum: a alteração dos estatutos de forma a garantir a possibilidade de uma gestão própria face às empresas-mãe e a fixação em três anos do período de duração da obrigação de não concorrência da Visabeira com a empresa comum. Impôs, também, à CTT IMO a obrigação de apresentar um relatório anual com indicação do volume de negócios, discriminando aqueles que foram realizados com os CTT. Aos CTT impôs a apresentação de um relatório anual com a listagem dos concursos públicos abertos na área de actuação da empresa comum (concursos nos quais os CTT figurassem como dono da obra), com indicação dos oponentes e respectivo vencedor. Ambas as obrigações vigoram para os exercícios de 2004, 2005 e 2006.

Ccent. N.º 8/ 2004 – UNITED BISCUITS *Iberia S.L / TRIUNFO-Produtos Alimentares, S.A , decisão de 30.07.2004*

Em causa estava a *aquisição do controlo exclusivo* da Triunfo pela United Biscuits, através da compra da totalidade das acções representativas do capital social daquela à Nutrinveste S.G.P.S., S.A.

A empresa adquirida dedicava-se à produção e comercialização de bolachas e a empresa adquirente ao fabrico e venda de bolachas, de produtos enlatados e de sobremesas "prontas a comer". A AdC determinou a passagem à fase de investigação aprofundada, por entender que a operação suscitava preocupações no que respeita ao mercado da comercialização de bolachas, ou, eventualmente, a outros mercados de produto mais restritos dentro do território nacional.

No termo do processo, foi adoptada uma decisão de não oposição[429] com a obrigação de a UNITED BISCUITS comunicar anualmente à AdC, durante os próximos 3 anos, os acordos celebrados com os seus seis principais clientes, bem como as tabelas de preços e condições de venda

---

[428] Ainda não integralmente divulgada no *site* da AdC.
[429] Ainda não integralmente divulgada no *site* da AdC.

praticados, os descontos concedidos (devidamente quantificados) e, ainda, o valor das vendas realizadas com cada um daqueles clientes (quer para marcas de produtor, quer para marcas brancas).

Ccent. 48/2003 – EDP/CGD/NQF (PORTGÁS), decisão de 20.09.2004

Em causa estava a *aquisição* pela EDP, Electricidade de Portugal, S.A., à Caixa Geral de Depósitos (CGD) *do controlo* da sociedade NQuintas – Projectos e Investimentos, S.A.

A operação consistia numa promessa de compra, por parte da EDP, associada a uma opção de venda, por parte da CGD, da totalidade das acções representativas do capital da NQF – Projectos de Telecomunicações e Energia, SGPS (NQF –PTE). Acontece que sociedade adquirida detinha o controlo conjunto da sociedade Portgás, entidade distribuidora – em regime de exclusivo e até 2028 – de gás natural em baixa pressão na região litoral norte[430]. A actividade de distribuição de gás natural é objecto de um monopólio legal de carácter regional, tendo a Portgás celebrado, em 1993, um Contrato de Concessão com o Estado Português por um período de 35 anos[431]. A Portgás distribui, igualmente, gás propano a clientes ainda não convertidos ao gás natural.

No que respeita à delimitação dos mercados, a AdC distinguiu como *mercado de produto* relevante o da *distribuição de gás natural em baixa pressão*, separando cuidadosamente o gás natural quer da electricidade, quer do gás propano.

---

[430] "A NQF – PTE detém totalmente a NQF – Energia. Esta, por sua vez, detém 51% da NQF – Gás, que por sua vez detém 25,34% da Portgás, o que significa na prática que a NQF – PTE detém uma participação indirecta na Portgás de 12,92%" (cfr. ponto 7 da decisão da AdC). Os outros accionistas da Portgás são as sociedades francesas GDF e ELYO, que detêm, em conjunto, 25,34%; e a GalpEnergia, com uma participação de 46,63%; os restantes 2,68% estão dispersos por accionistas minoritários.

[431] Existem seis redes regionais de distribuição de gás natural em baixa pressão, exploradas mediante concessão exclusiva e em regime de serviço público. À Portgás cabe a região litoral norte; à Lusitaniagás a região litoral centro; à Lisboagás o distrito de Lisboa; à Setgás a península de Setúbal; à Beiragás a região interior centro; e à Tagusgás a região do Vale do Tejo.

Entendeu que existia alguma substituibilidade técnica entre *electricidade* e gás natural, para determinadas utilizações domésticas, terciárias e industriais, sobretudo no longo prazo (face ao crescimento previsível de utilizações finais alternativas) ou no momento que antecede a escolha de equipamento pelos utilizadores das duas formas de energia. No curto prazo, todavia, a substituibilidade do lado da procura entre as duas fontes de energia está condicionada pelo tipo de equipamento já instalado e pela respectiva amortização (dado que o custo de conversão entre tipos de equipamento pode ser elevado), pelo que o mercado de electricidade permanece um mercado distinto.

Quanto ao *gás propano*, é, em teoria, um substituto do gás natural como fonte de energia, quer em usos domésticos, quer em usos terciários ou industriais. No entanto, após a troca de tubagens de gás propano para gás natural, e dada a necessária substituição de equipamentos complementares, um regresso ao consumo de gás propano implicaria um custo significativo, pelo que a AdC considerou que, nessas circunstâncias, os consumidores domésticos ficam relativamente cativos do gás natural. E, embora o problema não se ponha do mesmo modo para os utilizadores industriais, são poucos os casos de regresso a outras fontes de energia, após a introdução de gás natural. Tudo ponderado, numa uma perspectiva de curto a médio prazo, concluiu a AdC que o gás propano não deverá ser considerado como substituto do gás natural para a maioria dos clientes desta fonte de energia.

No que respeita aos *limites geográficos do mercado relevante*, a AdC, atendendo à natureza territorialmente circunscrita das várias concessões exclusivas da distribuição de gás natural, fê-los coincidir com *a região litoral norte*.

Assim definido, o mercado relevante do gás natural foi caracterizado como um mercado emergente, em fase de crescimento, com o gás a substituir outras fontes energéticas à medida que se expande a sua rede de distribuição.

Neste contexto, suscitou preocupação o facto de a concentração proporcionar à EDP, dentro dos limites geográficos relevantes, o controlo exclusivo sobre o mercado da distribuição e venda de electricidade em baixa tensão, em simultâneo com o controlo conjunto do mercado da distribuição exclusiva de gás natural em baixa pressão.

De uma outra perspectiva, porém, considerando todo o território nacional e a liberalização do mercado do gás natural, o ingresso da EDP na actividade de distribuição de gás natural a baixa pressão na região litoral norte poderia significar a entrada de um concorrente potencial da GDP no mercado nacional. Para isso, todavia, tornar-se-ia necessário que a EDP e a GDP permanecessem separadas. Ora, ao tempo da decisão da AdC, encontrava-se em fase de investigação aprofundada junto da Comissão Europeia a operação de concentração EDP/ENI/GDP[432], por levantar preocupações quanto à eliminação de concorrência potencial no mercado do gás natural. E a AdC não ignorou o facto de, se ambas as concentrações (*i.e.*, tanto a NQuintas/CGD/EDP – Portgás como a EDP/ENI/GDP) viessem a ser aprovadas sem condições, a EDP passar a deter o controlo conjunto de todas as seis distribuidoras regionais de gás natural em baixa pressão ligadas à rede de distribuição de gás em alta pressão[433].

Realce-se que a notificante apresentou dados quantitativos e qualitativos que permitiram à AdC considerar possível a realização de alguns *ganhos de eficiência*, embora condicionados pela obtenção do acordo dos restantes accionistas e com repercussão limitada no cliente final (circunscrita a algumas componentes da qualidade do serviço de atendimento e não abrangendo o tarifário de gás natural, excepto no que toca aos clientes industriais cujo tarifário está sujeito a negociação).

Tendo a notificante aceitado os compromissos propostos pela AdC, veio a ser adoptada, no termo da segunda fase, uma decisão de não oposição mediante a *imposição de compromissos completados por uma obrigação de monitorização*. O primeiro compromisso é destinado a possibilitar a aferição do grau de expansão da rede de distribuição e do consumo de gás natural na região concessionada, concretizando-se no envio de dados anuais relativos ao o valor do investimento efectuado na rede de distribuição e à extensão física da rede, bem como ao número de clientes e respectivo

---

[432] A Comissão Europeia (cfr. IP/04/1455, de 9 de Dezembro de 2004) veio a proibir o projecto de aquisição do controlo conjunto da GDP por parte da EDP e da ENI (uma empresa italiana do sector da energia), considerando que a operação constituiria um obstáculo a uma concorrência efectiva, já que iria reforçar a posição dominante da EDP nos mercados grossista e retalhista de electricidade em Portugal e a posição dominante da GDP nos mercados do gás em Portugal (a GDP detém direitos exclusivos de importação, armazenagem, transporte e fornecimento a nível grossista de gás natural e controla cinco das seis empresas regionais de distribuição de gás em Portugal, sendo a sexta empresa controlada pela EDP). Concluiu a Comissão que a operação de concentração reduziria significativamente (ou poderia, até, contrariar) os efeitos da liberalização dos mercados da electricidade e do gás, aumentando os preços a nível dos consumidores e dos utilizadores industriais. As soluções propostas pelas notificantes revelaram-se insuficientes para dar resposta às preocupações suscitadas.

[433] Cfr. pontos 93 a 96 da decisão da AdC.

consumo total. O segundo compromisso destina-se a aferir a repercussão nos consumidores finais da Portgás dos ganhos de eficiência resultantes da concentração; concretizando-se no envio anual do tarifário praticado junto dos clientes industriais e de dados estatísticos que permitam avaliar a dimensão dos ganhos de eficiência, bem como a sua repercussão na qualidade do serviço de atendimento ao cliente final. Para "efeitos de monitorização do cumprimento das obrigações impostas", o envio de todos estes dados deverá ser realizado até ao dia 31 de Março do ano seguinte ao ano a que se reportam e prolongar-se até a 2010 (ou até ao ano de resolução do contrato de concessão, caso ocorra antes).

A AdC impôs, finalmente, à EDP, o compromisso de manter, no futuro, a separação jurídica actualmente existente em relação à empresa Portgás.

Ccent. 28/2004 – CAIXA SEGUROS/ NHC (BCP SEGUROS), decisão de 30.12.2004

A operação consistia na *aquisição de parte da actividade de seguros do Grupo Banco Comercial Português (BCP)* – ramos comercializados através de canais directos e de redes de mediação – *pela Caixa Geral de Depósitos (CGD)*. Excluída ficou toda a actividade seguradora do grupo BCP designada como *bancassurance* (seguros angariados ou comercializados pelos balcões da rede bancária).

Juridicamente, a operação seria levada a cabo através da aquisição do controlo exclusivo de um lote de sociedades por parte do grupo CGD (através da Caixa Seguros – SGPS, S.A.): a Império Bonança – Companhia de Seguros, S.A; a Seguro Directo Gere – Companhia de Seguros, S.A; a Impergesto – Assistência e Serviços, S.A.; e a Servicomercial – Consultoria e Informática, Ldª. Todas estas empresas desenvolviam actividades na área seguradora e eram detidas, directa ou indirectamente, pela Seguros e Pensões Gere, SGPS, S.A., *holding* do grupo BCP para o sector segurador.

A AdC resolveu dar início a uma investigação aprofundada, por entender que a operação em causa seria susceptível de criar uma posição dominante da qual poderiam resultar entraves significativos à concorrência efectiva em *diversos mercados nacionais de seguros do ramo Não Vida*.

No final, a AdC adoptou uma decisão de autorização com condições e obrigações[434] destinadas a dissipar as preocupações relativas ao mercado

---

[434] Ainda não publicada mas alvo do Comunicado n.º 13/2004.

do seguro automóvel, no segmento do canal telefónico (canais directos) e na rede de mediação. Assim, a CGD *comprometeu-se a vender a terceiros*, no prazo de um ano, o canal telefónico de seguro automóvel Seguro Directo Gere[435]. Aceitou, ainda, a *limitação do número de mediadores* da Caixa Seguros em regime de exclusividade a um terço do número total de mediadores inscritos no Instituto de Seguros de Portugal. Por outro lado, a CGD comprometeu-se a *restringir a um período máximo de dois anos a sua utilização da marca Médis*, relativa à carteira transferida na operação, bem como a correspondente gestão de sinistros pelo BCP. Foram impostas obrigações de envio anual de informações destinadas a permitir à AdC efectuar a *monitorização* dos compromissos e acompanhar a evolução do mercado.

Registe-se, por último, que foram alterados os prazos de duração de um conjunto de *restrições acessórias* da concentração.

---

[435] Trata-se do primeiro compromisso de alienação de actividade imposto pela AdC, pelo que será interessante, uma vez publicada a decisão, conhecer com maior detalhe os seus contornos.

ÍNDICE

NOTA DE APRESENTAÇÃO 5

SIGLAS E ABREVIATURAS 7

I. A DEFESA DA CONCORRÊNCIA E AS OPERAÇÕES DE CONCENTRAÇÃO 9

A) A TEORIA ECONÓMICA E OS FUNDAMENTOS NORMATIVOS DO DIREITO DA CONCORRÊNCIA 11

1. Concorrência perfeita, monopólio e oligopólio 12
   I – Funcionamento de um mercado em concorrência perfeita; II – Funcionamento de um mercado monopolista; III – Funcionamento de um mercado oligopolista 12

2. Dificuldades de uma abordagem (puramente) económica do direito da concorrência 19
   I – Objecções metodológicas; II – Dificuldades práticas e de construção teórica; III – Desvalorização do modelo da concorrência perfeita 19

3. Os fundamentos normativos do direito da concorrência e o papel da teoria económica 22
   I – Emergência histórica do direito da concorrência; II – Possíveis fundamentos normativos; III – O postulado da concorrência praticável 22

B) AS OPERAÇÕES DE CONCENTRAÇÃO 28

1. Motivos e potenciais benefícios das operações de concentração 29
   I – Razões na origem das operações de concentração; II – Benefícios das concentrações 29

2. Modalidades e riscos das operações de concentração.................. 31
    I – Concentrações horizontais, verticais e conglomerados; II – Justificação de uma fiscalização ex ante... 31

II. O CONTROLO COMUNITÁRIO DAS OPERAÇÕES DE CONCENTRAÇÃO: O REGULAMENTO (CE) N.º 139/2004 DO CONSELHO.................. 35

A) APONTAMENTO HISTÓRICO E NORMATIVO.................................. 37

1. O percurso até ao Regulamento das Concentrações.................. 37
    I – A interpretação das normas do Tratado; II – Interesses subjacentes à elaboração do Regulamento das Concentrações........... 37

2. A revisão de 1997... 39
    I – Evolução posterior a 1989; II – Alterações introduzidas em 1997; III – A criação da ECA Network...................................... 39

3. A situação actual... 41
    I – O percurso até novo Regulamento das Concentrações; II – Medidas adicionais de carácter não legislativo; III – Outros instrumentos comunitários relevantes.. 41

B) ATRIBUIÇÃO DE COMPETÊNCIAS E RELAÇÕES DE COOPERAÇÃO............... 47

1. A competência da Comissão e os seus desvios......................... 47
    I – Sentido e alcance da competência exclusiva da Comissão; II – Protecção de interesses legítimos dos Estados-membros....... 47

2. Os mecanismos de remessa... 71
    I – Remessa às autoridades nacionais de defesa da concorrência; II – Remessa à Comissão de concentrações sem dimensão comunitária; III – Princípios gerais em matéria de remessa................. 71

3. A cooperação entre a Comissão e os Estados-membros e as relações com países terceiros.. 71
    I – Cooperação entre a Comissão e os Estados-membros; II – Relações com países terceiros: extraterritorialidade, acordos de cooperação e reciprocidade.. 71

C) ÂMBITO DE APLICAÇÃO... 75

1. *Noção de concentração relevante* 75
I – Fusão; II – Aquisição de controlo; III – Controlo singular; IV – Controlo conjunto; V – Excepções; VI – Criação de empresa comum.. 75

2. *Aferição da dimensão comunitária*.. 85
I – Os dois níveis de delimitação da existência de dimensão comunitária; II – O apuramento do volume de negócios; III – A imputação geográfica do volume de negócios; IV – O conceito de 'empresas em causa'. 85

D) TRAMITAÇÃO PROCESSUAL 91

1. *Introdução*... 91

2. *Notificação*.. 93
I – Sistema da notificação prévia: justificação, sujeitos notificantes e momento da notificação; II – Conteúdo e forma da notificação; III – Período pré-notificação; IV – Patologias da fase de notificação; V – Os memorandos fundamentados; VI – A «fase zero». 93

3. *A regra da suspensão da concentração* 103
I – Conteúdo e alcance; consequências da sua violação; a derrogação da suspensão; II – Problemas de articulação com o direito nacional: validade e eficácia dos negócios jurídicos em causa. 103

4. *Primeira fase*... 108
I – Início, conteúdo e intervenientes; II – Prazos; III – Tipos de decisão susceptíveis de encerrar a primeira fase 108

5. *Segunda fase* 113
I – Início e conteúdo; II – Intervenientes e procedimentos; III – Prazos; IV – Tipos de decisão susceptíveis de encerrar o processo 113

6. *Procedimento simplificado* 119

E) CONDUÇÃO DO PROCESSO, ACESSO AO PROCESSO E FISCALIZAÇÃO DAS
DECISÕES.. 121

1. *Poderes atribuídos à Comissão na condução do processo*................. 122
   I – Poderes relativos à instrução do processo; II – Poderes
   relativos à aplicação de sanções; III – Poder de revogar as suas
   próprias decisões.. 122

2. *Acesso ao processo: participação e publicidade*............................... 127
   I – Audição de interessados; II – Publicações feitas pela Comissão; III – Sigilo comercial ou profissional................................. 127

3. *Recurso das decisões relativas a operações de concentração*............ 132
   I – Recurso de anulação e recurso por omissão; II – Recurso
   contra decisão de aplicação de sanção... 132

F) APRECIAÇÃO SUBSTANTIVA DAS OPERAÇÕES DE CONCENTRAÇÃO............ 140

1. *Introdução*... 140

2. *Delimitação dos mercados relevantes*... 142
   I – Mercado de produto e mercado geográfico; II – Substituibilidade da procura e a substituibilidade da oferta. 142

3. *O entrave significativo à concorrência efectiva*................................. 145
   I – O novo critério de avaliação substantiva das concentrações;
   II – Quotas de mercado e níveis de concentração; III – Efeitos
   não coordenados; IV – Efeitos coordenados; V – Concorrentes
   potenciais e aumento do poder de mercado dos compradores;
   VI – Integração vertical, conglomerados e criação de empresa
   comum.. 145

4. *Os factores de compensação relevantes e o argumento da empresa
   insolvente*.. 162
   I – O poder de compensação dos compradores; II – A dimensão
   das barreiras à entrada; III – Os ganhos de eficiência; IV – O argumento da empresa insolvente. 162

5. *Restrições acessórias*... 168
   I – Regime aplicável; II – Conceito de restrições acessórias e
   casos específicos. 168

G) COMPROMISSOS DIRIGIDOS A TORNAR A CONCENTRAÇÃO COMPATÍVEL COM O MERCADO COMUM 172

1. Introdução de alterações e apresentação de compromissos 172
   I – Alterações e compromissos: iniciativa das partes; II – Modalidades e características dos compromissos aceitáveis; III – Apresentação na primeira e na segunda fase 172

2. Execução dos compromissos assumidos 179
   I – Regras-base para os compromissos de alienação; II – Consequências da violação dos compromissos assumidos 179

III. O CONTROLO NACIONAL DAS OPERAÇÕES DE CONCENTRAÇÃO: A LEI N.º 18/2003, DE 11 DE JUNHO 185

A) APONTAMENTO HISTÓRICO E NORMATIVO 187

1. Referência ao sistema anterior 187
   I – Os diplomas de 1988 e de 1993; II – A repartição dos poderes relativos ao controlo de concentrações; III – Apreciação crítica. 187

2. A situação actual 192
   I – A reforma legislativa de 2003; II – Síntese do novo quadro institucional de controlo das concentrações 192

B) ÂMBITO DE APLICAÇÃO 195

1. Operações de concentração sujeitas a controlo 195
   I – Sectores abrangidos; II – Noção de concentração relevante .. 195

2. Aferição do impacto nacional 200
   I – Concentrações abrangidas; II – Cálculo da quota de mercado e do volume de negócios 200

C) TRAMITAÇÃO PROCESSUAL 203

1. Notificação 203
   I – Prazo para apresentação e consequências da falta de notificação; II – Conteúdo da notificação; III – Produção de efeitos, pagamento de taxas e publicação; IV – A regra da suspensão da operação. 203

2. *Processo de decisão*... 213
   I – Instrução e decisão de primeira fase; II – Investigação aprofundada e decisão de segunda fase. 213

D) CONDUÇÃO DO PROCESSO, ACESSO AO PROCESSO E FISCALIZAÇÃO DAS DECISÕES... 219

1. *Poderes atribuídos à Autoridade na condução do processo* 219
   I – Poderes relativos à instrução do processo; II – Poderes relativos à aplicação de sanções... 219

2. *Audiências, participação e publicidade* 225
   I – Audiência de interessados; II – Acesso ao processo e publicações; III – Sigilo e confidencialidade 225

3. *Recurso das decisões relativas a operações de concentração* 230
   I – Recurso judicial; II – Recurso extraordinário; III – Recurso da decisão de aplicação de sanção 230

E) APRECIAÇÃO SUBSTANTIVA DAS OPERAÇÕES DE CONCENTRAÇÃO 235

1. *Referência ao modelo anterior* 235
   I – O critério de avaliação substantiva das operações de concentração; II – Dúvidas e dificuldades de interpretação 235

2. *O actual modelo de apreciação substantiva* 239
   I – O novo modelo de apreciação; II – Restrições acessórias e criação de empresa comum. 239

3. *Sinopse das principais decisões da AdC* 242